HOW
LOGIC WORKS
A USER'S GUIDE

逻辑学入门

普林斯顿大学的
经典逻辑课

[美] 汉斯·哈沃森（Hans Halvorson）

陈龙 郭佳宏 译

中国广播影视出版社

图书在版编目（CIP）数据

逻辑学入门：普林斯顿大学的经典逻辑课 /（美）汉斯·哈沃森著；陈龙，郭佳宏译. — 北京：中国广播影视出版社，2023.1

书名原文：HOW LOGIC WORKS: A User's Guide

ISBN 978-7-5043-8798-1

Ⅰ. ①逻… Ⅱ. ①汉… ②陈… ③郭… Ⅲ. ①逻辑学—基本知识 Ⅳ. ①B81

中国版本图书馆CIP数据核字(2022)第213361号

逻辑学入门：普林斯顿大学的经典逻辑课

［美］汉斯·哈沃森　著

陈　龙　郭佳宏　译

策　　划	颉腾文化	
责任编辑	任逸超	
责任校对	龚　晨	
出版发行	中国广播影视出版社	
电　　话	010-86093580　010-86093583	
社　　址	北京市西城区真武庙二条9号	
邮　　编	100045	
网　　址	www.crtp.com.cn	
电子信箱	crtp8@sina.com	
经　　销	全国各地新华书店	
印　　刷	北京市荣盛彩色印刷有限公司	
开　　本	880毫米×1230毫米　1/32	
字　　数	220(千)字	
印　　张	9.125	
版　　次	2023年1月第1版　2023年1月第1次印刷	
书　　号	ISBN 978-7-5043-8798-1	
定　　价	59.00元	

Foreword | 推荐序

　　在大学的逻辑课堂上，我常这样说：逻辑学是一门关于推理和论证的科学，旨在告诉我们，什么样的推理和论证是好的、正确的、安全的和有效的，什么样的推理和论证是不好的、不正确的、不安全的和无效的，并教给我们区分好的推理和论证与坏的推理和论证的规则、程序和方法，教会我们正确地进行推理和论证，识别和反驳错误的推理和论证，等等。在校外做逻辑普及讲演时，我有时候也这样说：逻辑学要求我们讲道理，告诉我们如何去讲道理，并告诉我们如何去识别他人（有时候包括我们自己）是如何地不讲道理，并如何去反驳这种不讲道理。在这种意义上，逻辑学是对于理性精神的培养和训练。

　　《逻辑学入门》（*How Logic Works: A User's Guide*）的作者是美国普林斯顿大学哲学讲席教授。该书所提供的逻辑技术虽不复杂，所传达的逻辑观念却比较完整。前七章采用自然推演的方法，以非形式系统的方式，结合日常语言实例，聚焦于如何实际地进行简单推理，讲授有关命题联结词合取（∧）、析取（∨）、否定（¬）、蕴涵（→）、等值（↔）的推理规则，然后讲授有关全称量词（∀）、存在量词（∃）和等词（＝）的推理规则。后四章进入逻辑观念层面，讲述命题逻辑和谓词逻辑的理论及其模型，以及像可靠性和完全性等元逻辑概念及其结果，基本上点到为止，不做过于专深的技术性探讨。该书的特点是简洁、清晰、准确，它结合日常语言中的应用实例，是一本挺不错的逻辑学入门书，可供大学生和一般逻辑学爱好者阅读。热忱向各位读者推荐！

陈 波

武汉大学哲学学院人文社科讲席教授

国际哲学学院（IIP, 巴黎）院士

国际科学哲学学院（AIPS，布鲁塞尔）院士

2022 年 10 月 30 日于武汉珞珈山

Translator's Preface | 译者序

　　导论性的著作，尤其像逻辑学这种兼具理论性和技术性的学科，通常面临着这样的挑战：既要以一种严谨而有效的方式呈现新信息以便让感兴趣的入门者能理解，同时又要以一种饶有趣味的方式讲述这些内容从而使得读者不至于迷失在符号和细节中。你正在阅读的这本逻辑导论著作就很好地取得了这种平衡。作者汉斯·哈沃森是普林斯顿大学哲学系的斯图亚特讲席教授，《逻辑学入门》一书是哈沃森在多年来向本科生教授逻辑学导论的教学实践和经验中总结提炼出来的一本重要著作。它从熟悉的日常推理和概念出发，详细地介绍了经典命题逻辑和谓词逻辑的主要内容，包括自然推演证明系统、模型论和逻辑元理论，其中还穿插了大量的辅助练习。

　　与其他的逻辑入门教科书不同，作者并没有把基本的符号逻辑教授成一种脱离普通大众的抽象思维或死记硬背的数学练习，而是把它描述成一种清晰而严谨的推理技巧。正如作者在前言中所说的，本书的一大特色在于强调以推理规则而非模型上保真来刻画有效性这个逻辑学中最核心的概念。这一选择不仅从教学实践上被证明是十分有效的，同时也有利于读者将推理这种技能转换到其他生活场景和应用中。换言之，本书不仅仅展示了逻辑能够起作用，它还真正教会了你逻辑是如何起作用的。译者也从事过多年的逻辑学教学工作，深有同感，希望本书能吸引更多对推理和论证感兴趣的读者进入逻辑学这个有趣而深邃的领域。

在翻译工作上，陈龙和郭佳宏有一定的分工，两人最后共同对译文进行了互相改进，并一起校对了全书。感谢北京师范大学博士生李侃伦，硕士生罗昊轩、宁梦芹对翻译的协助和试读建议，感谢颉腾文化的编辑对出版工作的推进和帮助；感谢国家社科基金重大项目"大数据背景下的人工智能及其逻辑的哲学反思"（19ZDA041）对相关逻辑学研究和人才培养的支持。由于书中符号众多，翻译过程中也发现了原书的一些纰漏，译文难免也可能会有疏漏，如有任何问题还请读者及时指正，不吝赐教。

陈龙　郭佳宏
2022 年 11 月

本书没有任何具体主题，或者更准确地说，本书关乎一切。因为逻辑这门学科没有任何主义或信条。没有一组概念可以将有逻辑的人和没有逻辑的人区分开来，不管欧洲启蒙思想，还是当代的自然科学，或者某个普林斯顿哲学家的意见。简单来说，逻辑的学习不能被归结为学习任何特殊的事实和知识，而是学习一种技能，一种能够辨别好与坏的论证的技能。

无数迹象表明，无论从事什么职业，这种技能都是必需的。首先，逻辑思维能够帮助我们思考如何达成自己的目标。其次，现代社会中很多中高端工作都要求拥有强大的逻辑能力，如计算机编程、购买股票期权、治疗疾病、起诉罪犯、发现新能源等，甚至抚育智识健全的下一代都需要逻辑能力。另外，无论宗教信仰者、无神论者、不可知论者，还是持有其他主义——我们都希望做自己能做的一切，以使自己的观点与现实更为贴近。就此目的而言，逻辑的效用是尤与伦比的，因为它可以让我们从生活中那些糟糕的论证中脱离出来。

本书将通过最前沿的理论来阐述什么是好的论证。同时，本书还将提供一些工具。当然，如何使用这些工具全凭您自己做主。

关于如何使用本书的一些说明

本书的前六章（到"量化"为止）的内容对应美国一般大学里一学期的形式逻辑课程。但本书这部分内容大约只有若干有名的逻辑教材 1/4 的篇幅。这是有意为之的：逻辑主要帮助我们组织已有的思想，而不是给那些需要被组织的凌乱思想添加一些额外的负担。

第 7 章主要关于形式逻辑的应用，尤其是考虑将形式逻辑应用于自身（逻辑元理论）。在某种意义上，这部分内容超出了一般的形式逻辑课程的内容，使其看起来比前面章节的内容难度要大，但事实并非如此。之所以造成这样的错觉，是因为那些用于论证的规则变得没有那么明确了。本章将直观地说明本章所使用的规则和前面章节中的内容并无二致。

在展示了如何用形式逻辑来表达理论之后，便可以开始用形式逻辑来表达一个关于自身的理论。第 8 章通过集合论来定义语言的解释（模型）概念以及塔尔斯基关于"真"的严格定义。第 9 章提出了关于命题逻辑的理论，并证明了可靠性定理和完全性定理。最后，第 10 章给出了关于量词逻辑理论类似结果的证明概要。内容循序渐进，最后到达逻辑的高级应用，包括模态逻辑、集合论和哥德尔定理。

说明（给教师和那些正在决定使用哪本逻辑教材的人）

无论为了表达一个思想，还是做出一个论证，或是表述一个理论，都需要选择某种语言来实现。同样地，为了提高逻辑能力，可以借助某个逻辑系统。本书筛选出了以下几个选择。

第一个选择，"树"[1]与"论证"。"树"的优点是可以直接使用，不会花费太多精力。但是，我们的目标是尽其所能成为一个优秀的逻辑思考者。如果不加思考，只是利用已经被证明的诀窍来解决问题，这样并不会成为一个好的逻辑思考者。但是这恰恰就是逻辑树的功能——通过一套固定的方法，以此评估简单论证的有效与否。

---

[1] 有时也被称为语义列表，是一种判断论证有效性的机械方法。——译者注

如果我们的目标是为了制造逻辑自动机的话，那么可以使用"树"。但是由于我在教人思考，本书倾向于教授人类特有的论证以及评估论证的技巧。因此，本书首先集中在如何进行严格的论证，然后是（非算法式的）检测非有效论证的技巧。

第二个选择，菲奇式（Fitch-style）系统与莱蒙式（Lemmon-style）系统。菲奇式系统非常直观，并且比较容易学习。但美中不足的是，菲奇式系统不太便于理解，通常很难理解为什么菲奇式系统能够成立，甚至更难想象这些规则会有什么不同（这更加深了在表述逻辑规则的过程中不需要任何人类的创造力参与其中的刻板印象）。与之相反，莱蒙式系统虽然学习起来更难，但是它更灵活，同时也更易于反思和理解。相比菲奇式系统，莱蒙式系统理解起来更容易，即使稍微改变规则，也可以轻易观察到结论的不同之处。因此，本书倾向于学习起来更困难的莱蒙式系统，它更有助于我们成为一个更清晰和更有创造力的逻辑思考者。

本书至少有四大特色。

首先，本书以内在方法（推理）为主，而不是简单地讲解一些外在方法，如用真值表来验证论证有效性。多年来的教学实践更加确证了这个方法的正确性。以论证为中心的逻辑方式更容易让人理解信息，而且这种技能也更容易转换和应用到其他智识任务中。

其次，用推理规则而非保真来定义形式有效性的概念。要想准确地理解保真的概念，首先需要知道集合论中有效推理的概念。然而，坦率地说，我们并没有一个清楚而明晰的保真概念，至少在用集合论来阐明它之前。因此，用推理规则来定义有效性，我们更强调设计规则中用以刻画关于有效性概念的直觉所必需的创造力。

再次，在第 7 章中，我们避免了严格的形式证明，而只要求掌握"非形式严密"。同样，我们的目标仍是将获得的知识应用到其他知识领域中，而在这些领域中，严格的形式证明也许并不合适或者根本没多大用处。

最后，在第9章中，我们介绍了逻辑元理论，但是只将其称为"只是另外一个理论而已"，因为本章是通过谓词逻辑和部分集合论来表达命题逻辑的元理论。因此，逻辑终究又回到了自身。

给读者的提示

本书习题中带星号的题目更具挑战性，其很多困难的结论都是排中律（$P \lor \neg P$）的某个特殊形式。如果遇到不会证明的结论，那么可以试试先证明出排中律，然后再通过它得到所证的结论。

Contents | 目录

逻辑学入门：普林斯顿大学的经典逻辑课

第 11 章　超越逻辑

第

1

章

人
类
的
逻
辑

你或许是一个充满好奇心的人，也可能已经随意地翻过这本书了。这样的话，你大概会看到一些陌生的符号，也许就此被迷住——就像一位考古学家被古老的神秘记号迷住一样。又或者你会因此打退堂鼓，觉得这本书是为那些对数学感兴趣的人而写的。

　　其实，我想把生命中的时光用来思考人类生存的大问题——什么事物是存在的，我们知道什么，以及我们应该如何生活。计算一个函数的导数？解决一个微分方程？不。这些问题还是留给那些需要考虑如何建造更好桥梁的工程师们吧。我更喜欢去思考那些真正有意义且充实的大问题。

　　但这是一个错误的二分谬误。事实上，这种二分根本不存在。符号逻辑不仅仅是为数学家们而存在的，它绝没有脱离人类生活中真正重大且深层次的问题。恰恰相反，符号逻辑代表着关于什么是理性的最佳表述。

　　尽管逻辑是符号化的，但是这种"数学"属性并不意味着其与人文艺术等方面的属性（如文学、诗词、历史、哲学等）是对立的。数学是所有人类活动中最能直观展现逻辑思维的学科。但逻辑本身确实和所有以求真为目标的人类智力活动密切相关。如果你曾经为某个断言据理力争，或者评估过其他人的某些论证，那么这个过程就是在使用逻辑——不管你是否意识到，也不管你用得好不好。

　　本书的目标很简单：它能让我们意识到自己是如何使用逻辑的，并且教我们如何更好地使用它。如果开始学习使用符号逻辑，那么我们会成为一个优秀的思考者，同时也能更好地明白成为一个优秀的思考者意味着什么。

论　证

　　许多关于逻辑的图书都是这样开头的："逻辑学的对象是……"。这种说法存在一定的误导性。在某种意义上，逻辑没有任何对象，它并不是关于某种东西的理论，它是生活中的一种思维方式。

　　让我们试着从旁观者的角度来看待自身。假设你是一个刚好抵达地球的外星人，你尝试去理解，当人类说他们在进行逻辑思考的时候，他们到底在做什么。例如，有两个人——安妮和伯特，安妮在试图说服伯特相信某些事情是真的。安妮可能会这样说：

　　　　无人驾驶一定会在可预期的未来变为现实。只有不了解科技进步的人才不会这么想。

　　这里安妮在试图说服伯特无人驾驶一定会在可预期的未来变为现实。但是她并不是通过某种物理外力胁迫伯特，又或是通过智识恐吓他。相反，她给伯特提供了一个理由——为什么伯特应该相信她的结论。更明确地说，安妮要论证的**结论**是"无人驾驶一定会在可预期的未来变为现实"。安妮为这个结论提供的理由——"只有不了解科技进步的人才不会这么想"，这个理由应该被叫作这个论证的**前提**。因此，论证是由一个前提以及该前提所支撑的结论组成的。

因此，论证涉及三个概念：**论证、结论**以及**前提**。论证是由结论和前提构成的，它们通常是特殊的语句。值得注意的是，这些语句是断言（即它们能够做出一个或真或假的陈述）。因此，论证是由断言（陈述）组成的，这些断言中只有一个结论，其他是前提。

论证的核心要点在于它不只是一组不相关的语句集合。假设有十张卡片，每张卡片代表一个陈述。现将它们随意组合，其结果并不能称为没有一个**论证**。一组陈述要想成为一个论证，其中的若干部分必须要在某种意义上和这组中某个特定的陈述有一个特殊的关系。以卡片为例，将卡片分成两组，我必须先给你一组卡片，并宣称"这些是我的前提"，然后再交给你一张特定的卡片，说"这是我的结论，而且此结论可以从我的前提中逻辑推导出来"。

其中，"逻辑推导"意味着什么呢？其实在生活中时常用到"逻辑推导"，它的意义类似"支撑""蕴涵""基于""表明"等。也就是说，我们偶尔在生活中做出的评论就是一种"逻辑推导"，如我们可以从"客厅地毯上有曲奇碎屑"这个事实，推导出"有人在客厅吃东西"。

我们真正要理解的正是"逻辑推导"与"前提"以及"结论"之间的关系。我们想知道：这个关系什么时候才存在于不同的陈述之间？某个陈述什么时候蕴涵另一个陈述？对人类的理性而言，没有比陈述之间的蕴涵关系更本质的了。

我们不会轻易给出蕴涵的定义，而是逐步说明。也就是说，我们并不打算给你提供一个如下的形式定义：

一个陈述蕴涵另一个陈述，当且仅当……

这样的定义或许是一个有趣的定义，但并不是本书的目的。本书更像是给逻辑鉴赏家们提供的训练手册。就像一个好的品酒师只需尝一口就能鉴别出好酒一样，逻辑鉴赏家们在遇到一个好的论证时自然也能认出来。

逻辑形式

逻辑研究始于古希腊——或许也存在于其他时期的其他地方，但是我们关于其历史知之甚少。它起源于一个最基本的洞见——一个论证的好坏完全取决于论证的**形式**，而非**内容**。为了更好地区分形式与内容，首先需要理解什么是"好的"论证。如下所述：

所有的鲸鱼都是哺乳动物。
戴维·哈塞尔霍夫是头鲸鱼。
因此，戴维·哈塞尔霍夫是哺乳动物。

上述论证有两个前提和一个结论。我们用"因此"表示结论所在。但是，严格来说，"因此"这个词并不是结论的一部分，结论仅指命题"戴维·哈塞尔霍夫是哺乳动物"。

这是一个好的论证吗？我希望你的回答是"依情况而定"。上述例子绝不是一个完美的论证，因为该论证中有一个错误前提——"戴维·哈塞尔霍夫是头鲸鱼"。或许你根本就不知道戴维·哈塞尔霍夫是谁？假设戴维·哈塞尔霍夫是某位不知名作家赫尔曼·梅尔维尔某部作品中一头著名的鲸鱼的名字，那么，在这种情况下——"因此，戴维·哈塞尔霍夫是头鲸鱼"——是一个好的论证吗？是的，这无疑是一个好的论证。

如果你热衷哲学讨论的话，那么也许会心存疑惑。你可能会认为，上述论证是否是一个好的论证取决于如何定义"好的"。如果"好的"意味着"有趣的、有益的、不平凡的"，那么这个论证可能不是一个好的论证。然而，逻辑词汇中并不包含像"有趣"这样主观意味很强的词。逻辑是关于好的论证的科学，它关注的是如何鉴别出好的论证中"好的"一词的客观含义。

这个由古希腊人传递给我们的洞见，其意义在于我们可以通过分解出"好的"一词中两个不同的部分，在客观意义上定义好的论证。第一个部分比较容易理解，但是在实践中却很难取得共识——前提是真的吗？第二个部分虽然难以捉摸，但是却是作为一门客观学科的逻辑学要处理的对象——前提支持（蕴涵）结论吗？如果前提确实蕴涵结论，那么我们就说这个论证是有效的。

定义 如果一个论证的前提蕴涵其结论，那么这个论证是有效的。

有效与前提或结论的真假并不直接相关。其核心问题是对条件的判断：如果前提为真，那么结论是否也为真？

你应该很容易想到一些论证，在这些论证中，你同意前提支持结论，尽管你认为其前提是错误的。"前提将会支撑结论"这个语句也许会有帮助，其想法是，"如果前提是真的，那么它们蕴涵的结论也同样为真"。

你可能也会想到其他论证，其前提和结论都为真，但是前提并不蕴涵结论。例如，"我喜欢喝咖啡"这个陈述是真的，结论"我身高超过180cm"也是真的。但是"从我喜欢咖啡"这个陈述到"我的身高为 180cm "这个论证显然是无效的。逻辑有效性取决于前提和结论之间的联系，而与前提和结论本身的真假无关。

共同形式

我们如何更好地把握这个难以捉摸的有效性概念以及与之相关的蕴涵概念呢？让我们从一些最明显的例子开始——明显有效以及明显无效的例子。例如，上节中的例子明显是有效的，而下面这个例子则是明显无效的：

> 普林斯顿是新泽西州的一个城市。
>
> 因此，上帝并不存在。

你会认为这两个陈述都是真的，但你并不会认为第一个陈述蕴涵第二个陈述。不同的真陈述之间也许并没有任何关系。这也是为什么这个论证是无效的——因为前提没有为结论提供足够的支持。

再如：

> 所有鲸鱼都是肉食动物。
>
> 斑比[①]是一头鲸鱼。
>
> 因此，斑比是肉食动物。

这是一个有效论证吗？在给出答案之前，请记住有效性概念与

---

① 不太清楚作者这里是指任何一个叫 Bambi 的人还是迪士尼动画片中那头叫 Bambi 的小鹿。不管怎样，并不影响作者的论证。——译者注

前提和结论是否为真没有任何关系，它仅仅是前提和结论之间某种正确的关联。

假设你正在学习一门新语言，并不知道"鲸鱼"或者"斑比"是什么意思。你猜想，"鲸鱼"和"老虎"也许是同一个意思，"斑比"可能是费城动物园某只老虎的名字。

最神奇的事情发生了：你并不需要知道任何有关"鲸鱼""肉食动物""斑比"的意义就能知道上述论证是有效的。这是为什么呢？这里并不打算给出答案。假设你和我拥有一样的直觉，即上述论证是有效的。如果你还不确定的话，让我重新表述一下：

> 假设所有的鲸鱼都是[①]肉食动物，并且假设斑比是一头鲸鱼的话，那么能逻辑推导出斑比是肉食动物吗？

这个论证的有效性不是显而易见吗？

前面提过，论证的有效性完全不取决于内容词项（content words）的意义。换句话说，无论我们怎么解释论证中的内容词项，即使用其他词项代替原有词项，其有效性也不会改变。因此，给定一个有效论证（如上述例子），我们能创造出如下的论证图示，其中的变元可以用任何内容词项来替换：

> 所有 X 都是 Y。
>
> m 是 X。
>
> 因此，m 是 Y。

---

① 作者这里的新表述用的是虚拟语气（were），而前面例子中用的是直陈语气和现在时（are）。中文翻译用"假设……"加以区分。——译者注

无论将什么词语代入 X、Y、m（只要代入结果是合语法的语句），那么得到的都将是一个有效论证。

上述用变元表示的论证图示就像一个构造论证的蓝图。选择一些合适的词项，代入其中，即可得出一个有效论证，这一过程称为**论证形式**。无论代入什么词项，最终的论证都是有效的。

为什么我们从一开始就知道哪些论证是有效的呢？老实说，我们仅仅只是凭借直觉认为如此而已。这个论证形式不是人类在某座山的某块石牌上发现的，而是由人类自己总结推理出来的，其目的是为了刻画一组我们直觉上认为有效的论证的共同形式。

这也是本书前半部分的重点内容：收集若干显而易见的有效论证形式，然后将这些简单的论证形式串联起来获得一些更长、更复杂的有效论证。

第

2

章

推

演

下述论证是一个有效的论证（下划线用于区分前提与结论）：

玫瑰是红色的，并且紫罗兰是蓝色的。

玫瑰是红色的。

这个论证之所以有效，因为结论只是重述了前提中的其中一个语句。换言之，这个论证的形式如下：

$$\frac{P并且Q}{P}$$

其中，P 表示"玫瑰是红色的"，Q 表示"紫罗兰是蓝色的"。显然，无论用何种语句代入 P 和 Q，所得到的论证都是有效的。

这个论证形式之所以有效，主要在于"并且"起作用的方式。"并且"是一个特殊的词，能将两个陈述联结成一个更大的陈述，后者逻辑蕴涵原有的两个陈述。

我们通常用"∧"作为"并且"的缩写，因此，$P \wedge Q$ 用来表示"P 和 Q"上述论证用符号表示为：

$$\frac{P \wedge Q}{P}$$

我们的论证逐步从日常语言转向符号语言——但这只是因为我们在试图刻画有效论证的本质。"∧"并不是新产生的语言，它表示的就是"并且"这个概念，只不过用一种更简洁的方式表达出来而已。本书中的所有情形都与此类似，并不需要引入日常生活之外的新东西。从这方面而言，逻辑学与生物学、化学以及物理学等经验科学有着巨大的差异。例如，物理学中"量子场"的概念，在日常交流中，我们很少谈论它。但是在逻辑学中，我们接触到的概念一般都是日常生活中常见的概念。

合取消去规则（∧E）

对任意两个语句 ϕ 和 ψ，可以从合取式 $\phi \wedge \psi$ 推出单独的 ϕ 和单独的 ψ。

其中，ϕ 和 ψ 用来强调推理规则的图示特征。例如，ϕ 可以用来表示任意语句，这个语句可以是 P、Q，也可以是 $P \wedge Q$、$P \wedge (P \wedge Q)$。因此，合取消去规则可以从 $P \wedge Q$ 推出 P，也可以从 $(Q \wedge P) \wedge Q$ 推出 $(Q \wedge P)$。

实践中通常用线性形式进行推理，从顶端逐渐移向底端。如下就是一个典型的合取消去规则的使用：

（1）$P \wedge Q$ A

（2）P 1∧E

其中，第 1 行中的 A 表示对问题提出的假设 (assumption)。[①] 第 2 行的"1∧E"表示合取消去规则的对象是第 1 行。在一个正确书写（有效）的证明中，每一行要么是假设，要么能通过某条推理规则得出。

---

① 　在本章中，所有假设都将作为待解问题的部分被直接给定。在下一章中，我们将解释如何来制造新的假设。——译者注

再来看一个稍微复杂的证明，从（$P \wedge Q$）$\wedge$（$R \wedge P$）中推出 P。

（1）（$P \wedge Q$）$\wedge$（$R \wedge P$）　　　　A

（2）$P \wedge Q$　　　　　　　　　1$\wedge$E

（3）P　　　　　　　　　　　　2$\wedge$E

注意，这并不是证明 P 的唯一方式。我们也可以先得到 $R \wedge P$ 这个合取支，然后再推出 P。事实上，逻辑规则并不会直接规定必须采取的步骤，它只规定可以采取的推演步骤的范围。想证明什么，以及如何证明，这些都取决于我们。

就像一个合取式可以分解出合取支一样，若干个别命题也可以联结成一个合取式。规则如下：

合取引入规则（$\wedge$I）

对任意给定的两个语句 ϕ 和 ψ，如果已经证明了 ϕ 和 ψ，那么可以推出合取式 $\phi \wedge \psi$，用图示表示为：

$$\frac{\phi \quad \psi}{\phi \wedge \psi}$$

因此，当使用合取引入规则时，需要注明每一行所对应的合取支。例如：

（1）P　　　　　　　　A

（2）Q　　　　　　　　A

（3）$P \wedge Q$　　　　　1,2 $\wedge$ I

需要注意的是，同一行可以反复使用。例如，下述论证也是合取引入规则的有效应用：

（1）P A

（2）$P \land P$ 1,1 $\land$ I

不同合取支所在行的顺序并不重要。例如，如果 Q 先于 P 出现，那么可以使用合取引入规则推出 $Q \land P$ 或者 $P \land Q$。

此时我们需要引入一个新的技巧。假设已知合取式 $P \land Q$，现将它与另外一个命题 R 联结起来，即把第一个复合陈述与第二个简单陈述联结起来，这时只需使用括号即可，如下：

（1）$P \land Q$ A

（2）R A

（3）$(P \land Q) \land R$ 1,2 $\land$ I

或许有人认为括号不是必要的，因为合取支的先后顺序并不重要。在某种意义上，这种想法是正确的。但是让我们暂且谨慎一点，记录下最终合取式的不同来源。

同样值得注意的是，合取引入规则是一个图示规则。合取消去规则可以从任意一个合取式中得出合取支，比如 P 和 $Q \land R$ 都可以从合取式 $P \land (Q \land R)$ 中推出，但不能使用合取消去规则从合取式 $P \land (Q \land R)$ 中推出 Q。因为原始公式并不是 Q 和其他公式的合取式。每一个合取式只有两个合取支。上述式子中，两个合取支分别是 P 和 $Q \land R$，后者本身又是一个合取式，因此 Q "潜藏"在合取式 $P \land (Q \land R)$ 的第二层（第 9 章中将解释"层"的相关内容）。但是，就目前而言，我们的直觉可以让我们避免错误。

有了这两条规则（$\land$ E 和 $\land$ I），便可以开始证明一些简单的公式了。

习题 2.1

（1）证明 $Q \land P$ 可以从 $P \land Q$ 推出。也就是说，把 $P \land Q$ 写在第 1

行，反复运用合取的两条规则，直到推出 $Q \wedge P$ 为止。

（2）证明 $P \wedge (Q \wedge R)$ 可以从 $(P \wedge Q) \wedge R$ 推出。

在本书中，如果一个概念真的非常重要，我们极有可能会为它单独发明一个符号。这么做有助于我们辨别出这一概念出现的示例。本书最重要的概念是**有效论证**（以及与之相关的一个陈述**蕴涵**另一陈述），用符号 ⊢ 表示。因此，用 $P \wedge Q \vdash P$ 作为"$P \wedge Q$ 逻辑蕴涵 P"的简写。更准确地说，$P \wedge Q \vdash P$ 意味着我们有一个正确书写的证明——始于 $P \wedge Q$，终于 P。符号串"$P \wedge Q \vdash P$"被称为一个**矢列**，表示在符号语言系统中逻辑有效的论证。

最常见的矢列形式如下：

$$\phi_1, \cdots, \phi_n \vdash \psi$$

该矢列表示从 $\phi_1, \cdots, \phi_n$ 到 ψ 的形式证明。例如，利用合取引入规则可以很简单地写出一个三行的证明，从而确立 $P, Q \vdash P \wedge Q$ 这一矢列的有效性。同理，一个四行的证明也可以确立 $P, Q \vdash P \wedge (P \wedge Q)$ 这一矢列。

需要说明的是，最好不要把形如 $\phi \vdash \psi$ 的矢列看作正在描述的人工语言中的语句。设想我们正在设计一种人工智能（Artificial Intelligence，AI），将某些规则设定为程序输入以便其能做出有效推理。在此情形下，P 和 Q 是 AI 语言中的语句，$\wedge$ 是 AI 语言中用于构造语句的联结词。而 ⊢ 并不是和 $\wedge$ 同一类型的符号。⊢ 不是 AI 语言的一部分，而是设计语言的一部分——用来描述 AI 可允许的推理过程。$\phi \vdash \psi$ 表示 AI 可以通过给定的规则从 ϕ 推导出 ψ，但是 $\phi \vdash \psi$ 本身并不是设计 AI 所需要断定的语句之一。

通过陈述一些规则（如 $\wedge$I 和 $\wedge$E），逐步建立用 ⊢ 表示前提和结论之间的关系。这一过程需要额外的耐心和细心，因为我们并不希望宣称的某个有效论证在之后被论证为非有效的。

除上述两种规则，还可以使用析取引入规则。析取引入规则类似于"或者……或者……"的语句格式，通常用符号"∨"表示。也就是说，"或者 P 或者 Q"可以缩写为"$P \vee Q$"。

在介绍析取引入规则之前，首先需要了解析取在日常语言中的两种不同用法。不相容析取具有排他性。例如，某人要么出生于英国，要么出生于美国（任何人都不可能同时在两个地方出生）。另外，析取表示两种情况中至少有一种情况是成立的。例如，某个人或者是英国公民，或者是美国公民——事实上他可能同时是两国的公民。这种形式的析取称之为相容性析取。

如果我们采取析取的相容性用法，那么任何一个析取都可以从它的某一析取支推出来。例如，假设我是一个美国公民，那么你就知道我或者是美国公民，或者是英国公民。通常并不需要做出这种推理方式——一旦知道了某个析取支为真，又何必去断定整个析取呢？在日常生活中，析取常用于断定整个析取为真，但是不知道哪一个析取支为真的情形。例如，你知道我要么是美国公民，要么不是美国公民，尽管你并不知道哪种情况属实。

用∨表示相容性析取，其规则如下。

析取引入规则（∨I）

给定任意一个语句 ϕ，可以推出 $\phi \vee \psi$，无论 ψ 是什么语句。同理，给定任意一个语句 ϕ，可以推出 $\psi \vee \phi$，无论 ψ 是什么语句。用图示表示为：

$$\frac{\phi}{\phi \vee \psi} \qquad \frac{\phi}{\psi \vee \phi}$$

析取引入规则中与众不同的一点是信息丢失。从一个更强的前提 P，可以推出一个弱化的结论 $P \lor Q$。为什么要做这样的推理呢？简单地说，弱化前提在某种语境下格外有用，通过对不同前提的弱化可以得到相同的弱化之后的结论。第 3 章将详细讨论这一想法。现在尝试将析取引入规则和合取规则组合一起。

（1）$P \land Q$ A
（2）P $1 \land$ E
（3）$P \lor R$ $2 \lor$ I
（4）Q $1 \land$ E
（5）$R \lor Q$ $4 \lor$ I
（6）$(P \lor R) \land (R \lor Q)$ $3,5 \land$ I

注意，第 3 行中的 R 在析取的右边，而第 5 行中的 R 在左边。析取引入规则对两种方式都是允许的。

析取引入规则允许添加任何一个新的公式作为析取支。因此，如下这个论证也是有效的：

（1）P A
（2）$P \lor P$ $1 \lor$ I

析取引入规则看上去似乎太宽泛了，因为前提中的 ϕ 并没有对出现在结论 $\phi \lor \psi$ 中的 ψ 做任何限制。因此，如下这个论证也是有效的：

克拉斯是一名教授。

因此，或者克拉斯是一名教授，或者他是一个连环杀手。

你或许觉得这个有效论证很奇怪，在我们确切地知道某一个析取支为真的情况下，一般不会再去断定整个析取。假设你告诉某人（此人并不认识克拉斯），克拉斯或者是一名教授，或者是一名连环杀手，那么他很可能会推断你并不知道哪种情况为真。如果你有证据证明克拉斯并不是一名教授，那么你可以断定他是一名连环杀手。但是从逻辑角度而言，这个推断并不合理。如果你从一开始就相信克拉斯是名教授，但又获得了新的证据，证明他并不是教授，那么你很可能会撤回之前的断言，即克拉斯要么是一名教授，要么是一个连环杀手。

是时候澄清一下我们的方法论了。我们的目标并不是为了捕捉日常语言中那些关于好的论证的所有直觉，而是为了找出关于有效性这个概念的最佳形式化模型。形式模型通常有两个截然不同的好处。首先，它和事实能很好地吻合（在此情形下，事实即我们关于有效论证的直觉）。其次，我们希望形式化工具既足够强大又易于控制。用一个例子来说明也许更好理解。回想一下物理学是如何描述抛射体运动的。物理学家最初做的工作就是某些理想化的假设（如不考虑空气阻力）。在应用于现实生活中时，这些假设往往都不成立。但是这些假设能使物理学家们通过强大的抽象推理得出很多有用的信息，这些信息在很多不同的情境中都近似为真。

换个角度来说，物理学家关于抛射体运动的模型是真实世界中运动的一个类比。同理，形式逻辑也可以看成是真实世界中好的论证的一个类比。和任何类比一样，它总有一些不足之处。例如，当我们尝试用逻辑符号"∨"来表示日常语言中"或者"表达的所有细微含义时，这些不足恰恰是我们在构造一个既足够强大又易于控制，且可应用于很多不同的现实场景中的形式系统时所必须付出的代价。

习题 2.2

证明如下矢列成立。

（1）$P \wedge Q \vdash Q \vee R$

（2）$P \wedge Q \vdash (P \vee R) \wedge (Q \vee R)$

（3）$P \vdash Q \vee (P \vee Q)$

（4）$P \vdash (P \vee R) \wedge (P \vee Q)$

目前为止，我们已经找出了两个可以构造有效推理的逻辑词语："并且"和"或者"。那么，还有其他逻辑词项吗？当然，并且还有很多。例如，"如果 ϕ，那么 ψ"，用符号表示为"$\phi \rightarrow \psi$"。该语句称为**条件句**，前面的部分 ϕ 叫作条件句的**前件**，后面的部分 ψ 叫作条件句的**后件**。

$\phi \rightarrow \psi$ 本身既不蕴涵 ϕ，也不蕴涵 ψ。它只是表示，如果有了 ϕ，那么可以推出 ψ。因此，$\rightarrow$消去规则需要另外一个前提，如下所示：

肯定前件（MP）

对任意给定的 $\phi \rightarrow \psi$ 和 ϕ，可以推出 ψ。用图示表示为：

$$\frac{\phi \rightarrow \psi \quad \phi}{\psi}$$

按照之前的习惯，我们应该将这条规则称为"$\rightarrow$消去规则"。但是鉴于此规则已经有了一个很古老的拉丁名称——modus ponens，因此依然将其称为 MP 规则。

和其他逻辑规则一样，MP 规则也是一个图示规则。也就是说，它适用于任意的条件句，如 $P \rightarrow Q$、$(P \vee Q) \rightarrow R$ 等。如下就是 MP 规则应用的一个例子：

（1）（$P \vee Q$）$\rightarrow R$ A

（2）P A

（3）$P \vee Q$ 2∨I

（4）R 1,3 MP

上述例子中，第 1 行应用 MP 规则的条件句的前件本身是一个复合公式（析取式 $P \vee Q$）。不管条件句的前件和后件是简单式还是复合式，MP 规则都适用。需要注意的是，这条规则必须用于整行而非某个部分。例如，不能将 MP 规则应用于语句 $P \vee (Q \rightarrow R)$ 和 Q，因为第一个语句是一个析取，而非条件句。

有时候条件句会互相嵌套。例如，语句"如果你选修这门课，那么如果你认真完成作业，那么你就将学会一些逻辑"。这时，你需要运用两次 MP 规则来分离该条件句的后件。如下是一个从 $P \rightarrow (Q \rightarrow R)$ 和 $P \wedge Q$ 到 R 的推导：

（1）$P \rightarrow$（$Q \rightarrow R$）   A

（2）$P \wedge Q$ A

（3）P 2∧E

（4）$Q \rightarrow R$ 1,3 MP

（5）Q 2∧E

（6）R 4,5 MP

需要注意的是，只有当前提中的某一行是一个条件句，并且此条件句的前件也在前提中时，才可以应用 MP 规则。例如，给定 $(P \rightarrow Q) \rightarrow R$ 和 P 这两个前提，不能推出 Q，或者 $Q \rightarrow R$。$(P \rightarrow Q) \rightarrow R$ 这个条件句的前件是 $P \rightarrow Q$。

习题 2.3

证明以下论证是有效的（提示：可使用 $\wedge$ E、$\wedge$ I、$\vee$ I、MP 规则）。

(1) $P \to (Q \to R), P \to Q, P \vdash R$

(2) $(A \vee B) \to T, Z \to A, T \to W, Z \vdash W$

(3) $(A \to B) \wedge (C \to A), (C \wedge (W \to Z)) \wedge W \vdash (B \vee D) \wedge (Z \vee E)$

(4) $P \to (P \to Q), P \vdash Q$

(5) $P \wedge (P \to Q) \vdash P \wedge Q$

我们的大脑是如此习惯于运用 MP 规则，以至于有时根本意识不到运用 MP 规则得出了错误的论证。例如，下述论证就听到过很多次：

如果上帝存在，那么客观的道德规则也存在。
存在客观的道德规则。
上帝存在。

上述论证形式如下：

$$P \to Q$$

$$\frac{Q}{P}$$

这个推理看上去像是反向的 MP 规则，因为条件句的后件是前提之一，而前件是结论。然而这个论证并不是有效的。思考一个有着相同形式的论证例子：

如果 UCLA[①] 在帕洛阿托[②] 的话，那么它也在加利福尼亚。

UCLA在加利福尼亚。
_____
UCLA在帕洛阿托。

这个论证的前提显然是正确的，但是结论明显是错误的，因而该论证不是一个有效论证，并且其形式并不足以保证有效性。

一般而言，如果一个论证形式是无效的，那么它一定会有一些前提为真而结论为假的示例，这些例子就被称为此论证形式的**反例**。通常那些非有效的论证形式被叫作**谬误**，尤其是当人们误把它们当成有效的时候。上述例子就是一个典型的**肯定后件**谬误实例。

否　定

如果我们用符号"¬"表示"情况并非如……"的否定词语。也就是说，¬P 是"情况并非如 P"的缩写。当有了这个新的联结词之后，就可以刻画用联结词"如果……那么……"表示的有效推理。如下推理：

如果n可以被4整除，那么 n 是偶数。

n不是偶数。
_____
n不能被4整除。

上述论证是有效的。事实上，该论证是一个非常有名的论证形式的一个示例。

---

① 加州大学洛杉矶分校的英文缩写。——译者注
② Palo Alto，加利福尼亚的一个城市。——译者注

与 MP 规则一样，MT 规则不仅适用于 $P \to Q$ 的简单条件句也可以应用于任何复杂的条件句，如 $(P \land Q) \to R$ 或 $P \to (Q \land \neg Q)$。

否定后件（MT）

对任意给定的 $\phi \to \psi$ 和 $\neg \psi$，可以推出 $\neg \phi$。用图示表示为：

$$\frac{\phi \to \psi \quad \neg \psi}{\neg \phi}$$

习题　2.4

证明 $Q \to (P \to R), \neg R \land Q \vdash \neg P$。

MP 规则可以重新表述为：$\phi \to \psi$ 条件句中前件 ϕ 是后件 ψ 的**充分条件**。换句话说，ϕ 是真的足以保证 ψ 也是真的。MT 规则可以重新表述为：$\phi \to \psi$ 条件句中后件 ψ 是前件 ϕ 的**必要条件**，即 ψ 是假的足以说明 ϕ 也是假的。为了更好地理解充分条件和必要条件的差别，举一个更日常的例子来说明——雨和云。当我们说雨是云的充分条件时，并不意味着是雨导致了云的存在，而只是说语句"正在下雨"为真，足以保证语句"有云存在"也为真。当我们说云是雨的必要条件时，这意味着语句"有云存在"为假，可以得出语句"正在下雨"也为假。

另外，充分理解"如果……那么……"和"只有……才……"的区别是非常重要的。思考如下两个例子：

只有当爱丽丝取得一个很高的医学入学考试分数时，她才能被哈佛医学院录取。
如果爱丽丝取得一个很高的医学考试入学分数，那么她就能被哈佛医学院录取。

第一个语句表达的是"取得一个很高的考试分数"是"爱丽丝被录取"的一个必要条件。第二个语句表达的是"取得一个很高的考试分数"是"爱丽丝被录取"的一个充分条件。一般情况下,第一个语句是真的,无论爱丽丝是谁。而第二个语句通常都是假的,因为只有一个很高的医学入学考试分数,还不足以进入世界上最好的医学院。

为了理解 MT 规则的全部效应,需要对否定逻辑联结词的作用做更多的讨论。你会发现,关于否定的逻辑作用所引发的讨论远比你所认为的更具争议。但是限于本书只是一本入门的介绍性著作,我们将从否定的最简单的作用开始。

当我还很小的时候,我被教育在英语中最好不要使用双重否定,如"你并非一无所知"[①]。我母亲告诉我,这句话实际上意味着你知道某些东西,因此正确的表述应该是"你什么都不知道"[②]。当然此书的目的不在于教你如何更好地使用英语。作为一门有生命力且不断成熟的语言,英语中有大量细微差别的表述。在很多情况下,双重否定并不一定都意味着肯定,与之相反,我们的逻辑符号语言是极其直白和精确的。事实上,我们规定双重否定和没有否定是逻辑等价的。

双重否定(DN)

给定 ϕ,可以推出 $\neg\neg\phi$。给定 $\neg\neg\phi$,可以推出 ϕ。用图示表示为:

$$\frac{\phi}{\neg\neg\phi} \qquad \frac{\neg\neg\phi}{\phi}$$

---

① 原文为 you don't know nothing。——译者注
② 原文为 you don't know anything。——译者注

很多逻辑学家、数学家和哲学家们一直对 DN 消去规则的有效性存在争执。争议之处在于：仅仅通过证明某些东西不是真的，而得出其他东西是真的，其推理过程是怎样的呢？DN 消去规则的反对者们通常被称为直觉主义者，他们的想法源自 20 世纪早期的某个数学哲学流派。然而本书中采取的方法论态度更倾向经验主义。尤其是我们不想去探讨可否通过某些柏拉图式的洞见来断定 DN 规则是否是有效的。相反，我们将把这个规则作为一个试验性的规则，并探讨它的逻辑后果。我们相信，问哪些逻辑规则是正确的规则这种深奥的哲学问题是有益的，但是在探索这些规则的所有后果之前最好先搁置这个哲学问题。

与其他逻辑联结词一样，否定符号也可以重复应用。如¬P、¬¬P 或¬¬¬P 等。当一个公式中有两个或更多的否定符号时，我们就可以使用 DN 消去规则，移除最前面的两个否定符号。例如，下述就是一个有效推理：

（1）¬¬¬P A
（2）¬P 1 DN

需要注意的是，联结词的应用顺序可能会对语句的语义产生影响。例如，¬（$P \rightarrow Q$）和¬$P \rightarrow Q$ 就是两个完全不一样的语句（前者是一个否定句，后者是一个条件句）。我们规定否定符号仅适用于紧随其后的语句。因此，在¬$P \rightarrow Q$ 中否定只应用于 P，而在¬（$P \rightarrow Q$）中否定符号应用到 $P \rightarrow Q$。只有当某个语句被整体否定了两次时，才能应用 DN 消去规则。例如，¬（¬$P \rightarrow Q$）语句无法应用 DN 消去规则，因为第一个否定符号应用到的范围是一个条件句，即¬$P \rightarrow Q$ 而不是¬P。同样地，DN 引入规则也不能应用于一个语句的分句。例如，不能通过 DN 引入规则从 $P \rightarrow Q$

推出¬¬P→Q，因为后者是一个条件句，而非一个被否定了两次的语句。[①]

现在将所有的演绎规则组合起来，用其证明一些其他的有效式，如P→¬Q、Q⊢¬P。

（1）P→¬Q A

（2）Q A

（3）¬¬Q 2 DN

（4）¬P 1,3 MT

注意，在使用 MT 规则之前，我们需要先推导出第 3 行来，因为 Q 自身并不是 ¬Q 的否定。形式逻辑中没有任何捷径，每条规则都必须严格按照它所陈述的方式被应用。

如下是一个更复杂的证明，¬P 可以从¬（P→Q）→Q 和¬Q 推演出来。

（1）¬（P→Q）→Q A

（2）¬Q A

（3）¬¬（P→Q）   1,2 MT

（4）P→Q 3 DN

（5）¬P 4,2 MT

上面的推演中，¬Q 被使用了两次：第一次得到¬¬（P→Q），第二次得到¬P。

---

① 后面章节将会证明任意子公式 ϕ 确实是可以用¬¬ϕ 来替换的。但是目前我们只希望从最小数量的严格推理规则开始，通过一些工作证明这些有限的规则已经足够允许我们推导出许多有意思的东西了。

等　价

有人或许已经注意到,有些证明是双向的。例如,可以从 $P \land Q$ 推出 $Q \land P$,反之亦然。通常用符号 $P \land Q \dashv\vdash Q \land P$ 来表示双向证明,并且这两个语句是可证等价的。从逻辑的角度而言,可证等价语句在一定程度上,其意义是相同的。

习题　2.5

证明如下矢列。

（1）$P \land (Q \land R) \dashv\vdash (P \land Q) \land R$

（2）$P \dashv\vdash P \land P$

小　结

本章我们辨别了一些比较简单的有效推理形式,这些形式都基于一些特殊的逻辑词,如"并且""或者""如果……那么……""并非"。这些推理形式分别是肯定前件、否定后件、双重否定、合取引入、合取消去以及析取引入。

习题　2.6

正如前面提到的一样,形式逻辑和日常语言中的论证只是大致匹配。尽管如此,为了提高我们的直觉,不妨先看几个日常语言中的论证,然后尝试用符号来形式化地表达它们。让我们从表达某些语句的逻辑形式入手。首先辨别出整个语句的逻辑结构。然后思考这句话断言了什么？它是一个没有内在逻辑复杂度的原子语句吗？它是其他语句的合取吗？它是其他语句的析取吗？等等。

例如，"猫在垫子上"就是一个原子语句。这时，最好的做法是用符号来表示它，如 P。与之不同的是，"猫在垫子上，狗在狗窝里"则是两个原子语句的合取，最好将其形式化为 $P \wedge Q$。

将下述语句用最能展示其内在逻辑结构的符号表达出来。首先识别出语句中的原子语句并用符号表示。然后将这些符号和逻辑符号（$\vee$、$\wedge$、$\neg$、$\rightarrow$）结合起来，完整的翻译整个原子语句（提示：每句话都给出了代表不同原子语句的大写字母）。

1. 那并非是真的，如果罗恩不完成他的作业，赫敏就会帮他完成。（R, H）

2. 哈利会被烧焦，除非他能避开这条龙的火焰攻击。（S, E）

3. 亚里士多德既不是一个伟大的哲学家，也不是一个伟大的科学家。（P, S）

4. 只有当马克完成所有作业或是贿赂他的课程教授，他才能在逻辑考试中得到 A。（A, H, B）

5. 邓布利多会被杀害，而且要么麦格教授接替他成为校长并使霍格沃茨将继续兴盛，要么它将衰退。（K, M, F）

6. 关于斯内普教授的道德地位，哈利和邓布利多的判断并非都是正确的。（H, D）

习题　2.7

证明下述推理形式是有效的。证明中的每一行要么是给定的前提，要么是通过某个规则从之前的某行中推导出来的（提示：可使用 MP、MT、DN、$\wedge$I、$\wedge$E、$\vee$I 规则）。

（1）$\neg\neg Q \rightarrow P, \neg P \vdash \neg Q$

（2）$P \rightarrow (P \rightarrow Q), P \vdash Q$

（3）$(P \wedge P) \rightarrow Q, P \vdash Q$

（4）$P \vdash Q \vee (\neg\neg P \wedge R)$

习题　2.8

通过给出一个反例来证明如下论证形式是无效的。也就是说，给出一些日常语言中的句子来替换 P、Q 和 R，使得这些论证的前提为真，但是结论明显为假。

（1）$P \rightarrow \neg Q, \neg P \vdash Q$

（2）$P \rightarrow R \vdash (P \vee Q) \rightarrow R$

第

3

章

假

定

我们的目标是找出有效论证和无效论证的区别。为此可以将其分解为两个子目标。首先，写下足够多的推理规则，通过对这些规则进行不同的组合来重现任一有效论证。其次，我们不能允许规则系统中包含任何一条有可能导致无效论证的规则。

当一个逻辑系统能够重现所有直观上有效论证[①]的时候，就称这个逻辑系统是**完全**的。如果没有其他的目标，要创造出一个完全的逻辑系统是很容易的。例如，如果规则是"所有推理都是允许的"，那么这个系统就可以自动推导出所有的有效论证。但是很明显这是一个愚蠢的做法。反之亦然，当系统包含的规则太少时，也许若干有效的推理无法用这个系统刻画出来。如果通过某一限制性的逻辑滤镜而使得我们无法看到某些有效论证，这会是逻辑之耻。这可能会使我们错失很多重要的真理，尤其是那些可能影响我们生活的真理。

第 2 章已经记录了一些明显有效的推理规则。现在的问题是，我们是否记录了足够多的规则。换句话说，通过已有的规则，我们

---

① 目前这个阶段我们只能使用"直观上有效论证"这个稍显模糊的概念，在第 9 章中我们将会引入一个更精确的对应的概念——保真。

可否重现每一个有效论证？

这绝非一个简单的问题。思考下述论证：

（1）$P \lor Q$ A

（2）$\neg P$ A

（3）Q 1, 2 ?

上述论证显然是有效的。[①] 如果已知 P 和 Q 二者之一必为真，同时已知 P 不是真的，那么当然可以知道 Q 是真的。但是从第 2 章的规则中，我们能证明这个论证是有效的吗？很显然，答案是否定的，我们无法从之前的规则中证明这个论证的有效性。一个简单的线索是第一个前提——一个析取式，然而我们的规则中还没有任何以析取式作为前提的论证形式。

对于那些热爱挑战的读者，可以证明上述论证不能从第 2 章的推理规则中推导出来。我们可以假设 $P \lor Q$ 永远为真，无论 P 和 Q 是否为真。显然，使用第 2 章的推理规则只能从真的前提得到真的结论。然而上述论证却可以从两个真的前提推导出一个错误的结论。

因此，矢列 $P \lor Q$、$\neg P \vdash Q$ 是直观上有效的，但是却无法从前面给定的规则中推导出来。鉴于我们的目标是要推导出所有的有效论证，因此需要添加一些新的规则，使得我们能够推出这个论证。例如，每当我们碰到一个直观上有效的论证时，就将其作为一条新的推理规则添加到系统。然而这一做法是不明智的。首先，这种做法会使我们的规则系统快速膨胀，变得不受控制。其次，所产生的系统很难再被称为一个系统，因为任何一个系统应该都是有规律可循的。我们并不想随机挑选基本的逻辑规则，而是希望能通过某些

---

① 历史上大多数逻辑学家也是这个看法。他们甚至为这个论证形式给出了一个特殊的名称：modus tollendo ponens，如今经常被称为析取三段论。但是要注意：析取三段论不是我们系统的一个基本推理规则。

原则来挑选。第2章中的逻辑规则对应的挑选原则在于：每一个特殊的逻辑词语（并且、或者、如果……那么……、并非）都有一个对应的规则。例如，从 $P \land Q$ 这个合取式可以分别推出 P 或是 Q。

我们已经有了 → 的消去规则，但是没有对应的引入规则。我们有了 $\lor$ 的引入规则，但是没有对应的消去规则。因此我们可以通过添加相应的规则来扩充我们的系统。让我们从如何论证一个条件句成立的想法开始。

假设我们想说服某人"如果 ϕ，那么 ψ"，其中 ϕ 和 ψ 都是要么为真，要么为假（但是我们也许并不知道它们是真还是假）的语句。例如，我们想说服某人"如果公司税缩减，那么预算将难以平衡"，或者"如果上帝不存在，那么就不会有任何道德规则"，又或者"如果 m 是一个有理数，那么 m^2 也是有理数"。由上述例子可以发现，"如果 ϕ，那么 ψ"的论证都是以一种略显奇怪的方式展开的：假定 ϕ。例如，如果要论证 m^2 是有理数，论证过程如下：

假定 m 是一个有理数，那么存在两个整数 a 和 b，使得 $m = a/b$。因此，$m^2 = a^2/b^2$，得出 m^2 也是一个有理数。

据此可以推导出：如果 m 是一个有理数的话，m^2 同样也是有理数。

"假定"这个词在这里扮演了一个很特殊的角色，看上去似乎和逻辑毫无关系。有人或许会认为逻辑的核心要义在于从已建立的事实中推演出新的东西，这和"假定"这种推理方式似乎毫不相干。当某人说"假定……"的时候，并不是在做任何直接的推演。恰恰相反，更像是在邀请同伴一起玩一个游戏——要求其论证同伴暂时接受某个论断，即使他们并不知道该论断是否为真。

此时你可能会认为允许假定这种做法会给逻辑造成混乱。如果

逻辑学入门：普林斯顿大学的经典逻辑课

人们能随意假定他们所想的东西，这如何还能是逻辑的？然而，如果两个论辩者一直记录他们的假定的话，这种方式就是逻辑的。

让我们设想一下关于实际论证的某种理想化描述：在某个场景中，我们在论证中使用了某种记分卡。论证开始后，首先在记分卡上列出大家都同意的共同前提。比如我们都同意将形如 a/b 这种形式的数字称之为有理数，而且同意 $(a/b)^2 = a^2/b^2$ 等。在之后的论证过程中，我们可以随时使用这些前提中的任意一个。除此之外，我们还可以"假定"某个东西为真，只要将其作为新前提明确地记录在记分卡上即可，然后我们继续推演。然而，如果将推导出来的结论当作原始共同前提的逻辑后果，这会是一个严重的逻辑错误：我们此时推导出的任何命题都是原始前提加上额外的假定之后的逻辑后果。

到目前为止都比较好理解。然而，如果想知道原始前提可以推出什么结论，这时该怎么办呢？有没有办法去掉那些在论证过程中添加的额外假定呢？此时，就可以使用→引入规则了。一个条件句的结论表达的就是：它以某些东西为条件。尤其当假定 ϕ 时，经过一个漫长而详细的推导后得出 ψ，那么可以得出结论 $\phi \rightarrow \psi$，并且不必再考虑最初假定了 ϕ。因为当认为 $\phi \rightarrow \psi$ 时，就说明已经明确注意到了结论 ψ 依赖于 ϕ 这个假定。

这便是→引入规则背后所蕴涵的想法。幸运的是，在逻辑系统中实施这个想法是很简单的。首先引入某种"记分卡"来帮助我们记录论证中的各种假定。在书写证明的过程中，在数字行的最左边新增一列。这一列将会滚动记录下我们在论证的每一阶段起作用的假定总和。因此，如果现在要证明 $P \vdash P \vee Q$，记分卡首先将记录共同前提 P，该前提是论证最开始时共同做出的假定。由此，证明的第一行表述如下：

1 （1） *P*   A

这一行有四列，其中包含新增的列。最左边的"1"列称为"依赖数字"，即记录在记分卡中的假定。换句话说，最左边的列表示论证过程中我们所依赖的假定有哪些。

我们其实是在提出关于"证明"这一概念的某种新的想法。证明并不是一列语句，其中每一个语句都是由其前面的语句推导出来的。相对地，证明是由一系列矢列组成的，每一个矢列又等价于一列语句蕴涵其他语句。相应地，推理规则应该被重新看作我们从某一已有矢列生成新矢列的方法。

这种看待证明的方式相对第 2 章的方式而言，更为民主。在第 2 章中，所有的证明都是从给定的前提开始的。从现在开始，任何人可以在证明的任一阶段添加新的假定。即对任一语句，可以表述为：

n （*n*） ϕ A

它表达的是 $\phi \vdash \phi$ 这一矢列，因为依赖数字"*n*"指向 ϕ 语句。使用假定的正式规则如下：

假定规则（A）

在论证的任一阶段，可以假定任意所需要的命题，只要将这个假定添加到论证的记分卡中即可。

假定规则的图示如下：

$$\overline{}$$

$$\phi \vdash \phi$$

其中，横线表示的是：给定横线之上的矢列，可以推出横线之下的矢列。在上述情形中，横线上并没有任何前提，也就是说，在任意情形下都可以推出 $\phi \vdash \phi$。

上述证明可以继续表述为：

$$
\begin{array}{llll}
1 & (1) & P & A \\
1 & (2) & P \vee Q & 1 \vee I
\end{array}
$$

证明中最右边的一列和前面章节一样都是表示第 2 行可以通过对第 1 行使用 $\vee I$ 规则得到。最左边的依赖数字 1 表明第 1 行中所做的假定在第 2 行中依旧存在。一般而言，对于我们在第 2 章中学到的所有规则，当我们断定前提是引入规则的假定时，其假定在断定结论时依然存在。例如，合取引入规则应该被重新表述为：

给定 $\Gamma \vdash \phi$ 和 $\Delta \vdash \psi$，可以得到 $\Delta, \Gamma \vdash \phi \wedge \psi$。

或者用图示表述为：

$$
\begin{array}{llll}
\Gamma & (*) & \phi & \\
\Delta & (\star) & \psi & \\
\Gamma, \Delta & (\dagger) & \phi \wedge \psi & *, \star \wedge I
\end{array}
$$

换句话说，当我们使用合取引入规则从第 * 行和第 ★ 行得到 † 行的时候，第 † 行的依赖假定应该是前两行的假定之和。

让我们来看看假定引入规则是如何应用在矢列 $(P \vee Q) \rightarrow R$，$P \vdash R$ 的证明中的。我们被要求在 $(P \vee Q) \rightarrow R$ 和 P 这两个假定下证明结论 R。因此，从记录下这些假定开始，在最左边一栏中为其分配一个依赖数字：

$$
\begin{array}{lll}
1 & (1) & (P \vee Q) \rightarrow R \quad A
\end{array}
$$

2	（2） P	A
2	（3） $P \lor Q$	2 $\lor$ I
1,2	（4） R	1,3 MP

此后的论证和第 2 章中的推演一样。首先通过对第 2 行使用析取引入规则得到第 3 行，并且将其假定也移到第 3 行。然后通过对第 1 行和第 3 行使用 MP 规则得到第 4 行，同样将这两行的假定移到第 4 行。

回顾第 2 章所做的证明，将其每一阶段所依赖的假定记录并重新书写证明，这或许会是一个不错的主意。这个过程看上去有些烦琐，但是从理解的角度而言其实很简单，如果要使用某条规则，只需要把应用规则所需要的那些行的假定照搬到新的结论行即可。比如：

1	（1） P	A
2	（2） Q	A
1,2	（3） $P \land Q$	1,2 $\land$ I
1,2	（4）$(P \land Q) \land P$	3,1 $\land$ I

从上述例子中可以清楚地看到假定的列表并不需要包含重复的数字。如果要推导出第 3 行，需要第 1 行和第 2 行，以及这两行所依赖的所有假定。要推导出第 4 行，需要第 3 行和第 1 行，以及这两行所依赖的所有假定。然而，我们并不需要在第四行的左端写上 "1,1"，因为我们只需要注意到假定 1 还在起作用即可。同样，依赖数字的书写顺序并不重要，"1,2" 和 "2,1" 同样有效。

接下来看一下第 2 章的另一个论证：

1	（1） $P \land \neg \neg Q$	A
1	（2） $\neg \neg Q$	1 $\land$ E

1	（3）	Q	2DN
1	（4）	$Q \vee R$	3∨I

第 2 行的合取消去规则引用了第 1 行，因此将第 1 行的假定移到第 2 行。该思路同样适用于第 3 行的双重否定消去规则和第 4 行的析取引入规则。

再来看看→引入规则。追踪记录假定的要点是让作为推理者的我们能够随时策略性地做出新的假定，并且在之后将其消去。因此→引入规则，有时也被称为条件证明（conditional proof），其形式如下：

如果在某个语境 Γ 下假定了 ϕ，并且从 ϕ 和 Γ 可以推导出 ψ，那么在同样的语境 Γ 下，可以断定条件句 $\phi \rightarrow \psi$。

我们必须理解用证明中的行数来具体地实施这个普遍想法的过程。例如，假设在证明的第 m 行假定了 ϕ：

m	（m）	ϕ	A

注意，这里的依赖数字和行数是一样的，都是 m。对于引入假定的行，其原理都如此。现在假设有另外的一行：

$n_1, \cdots, n_k, m$	（n）	ψ	

条件证明规则允许从上述两行推导出新的一行：

$n_1, \cdots, n_k$	（n'）	$\phi \rightarrow \psi$	m, n CP

注意，第 n' 行的假定 m 被消去了。这个依赖数字的消失意味着我们不再假定 ϕ，可以断定"如果 ϕ，那么 ψ"。

再来看一个条件证明的简单例子。否定后件（MT）规则说的是从 $P \rightarrow Q$ 和 $\neg Q$ 可以推出 $\neg P$。现在假设所有人都同意 $P \rightarrow Q$，但是并非所有人都赞同 $\neg Q$。然而，依然可以推出"如果 $\neg Q$，那么 $\neg P$"。论证如下：

易位证明

$P \rightarrow Q \vdash \neg Q \rightarrow \neg P$

1	（1） $P \rightarrow Q$	A
2	（2） $\neg Q$	A
1,2	（3） $\neg P$	1,2 MT
1	（4） $\neg Q \rightarrow \neg P$	2,3 CP

虽然我们的形式证明系统并没有对第 1 行（所有人都同意的假定）和第 2 行（只是为了证明添加的额外假定）的假定做特别的区分。但是这并不重要，重要的是我们能够形式化表示日常论证中引入假定这一常用方法。

条件证明（CP）

任何一个以 Γ, ϕ 作为依赖前提推导出 ψ 的证明，都可以被转换为一个从 Γ 推出 $\phi \rightarrow \psi$ 的证明。用图示表示为：

$$\frac{\Gamma, \phi \vdash \psi}{\Gamma \vdash \phi \rightarrow \psi}$$

相比通过记住该图示来掌握条件证明，将其应用到证明中更容易掌握。让我们开始证明一下条件句的传递性，即如果 $P \rightarrow Q$，并且 $Q \rightarrow R$，那么 $P \rightarrow R$。

1	（1）$P \to Q$	A
2	（2）$Q \to R$	A
3	（3）P	A
1,3	（4）Q	1,3 MP
1,2,3	（5）R	2,4 MP
1,2	（6）$P \to R$	3,5 CP

第 3 行的假定是因为我们想证明 $P \to R$。因此当我们在这一行假定 P 时，只需要推导出 R 就可以了，因为后面便可以用 CP 规则得到 $P \to R$。在做出假定 P 之后，后续的一切证明就和第 2 章一样轻松了。我们可以一直推演，直到得到 R 为止。然后第 6 行回到我们的主要目标，通过 CP 规则消去第 3 行引入的假定。

在下面这个证明中，我们将假定的层次更进一步。也就是说，我们首先做出一个假定，接着进行推演，会发现推演的目标结论同样也是一个条件句，因此还需要再做一个假定：

1	（1）$(P \land Q) \to R$	A
2	（2）P	A
3	（3）Q	A
2,3	（4）$P \land Q$	2,3 $\land$ I
1,2,3	（5）R	1,4 MP
1,2	（6）$Q \to R$	3,5 CP
1	（7）$P \to (Q \to R)$	2,6 CP

在第 2 行中，以证明 $Q \to R$ 为目标假定了 P，但是为了证明 $Q \to R$，还需要假定 Q。有了这两个假定便回到了之前熟悉的推演过程了，直到在第 5 行推出 R。第 6 行通过 CP 规则消去第二层的假

定 Q，然后在第 7 行中再次使用 CP 规则消去第一层的假定 P，从而得到目标条件句。

当要证明的条件句的前件是一个复合句时，情况可能会更复杂一些。例如，假定要从 $P \rightarrow (Q \rightarrow R)$ 推出 $(P \wedge Q) \rightarrow R$，可以使用合取引入规则。但要避免单独假定 P 和 Q，否则就会存在两个依赖数字，而 CP 规则每次只能消去一个。为了正确使用 CP 规则，必须假定所证明的条件句结论的整个前件。证明如下：

前置证明

$Q \rightarrow R \vdash (P \rightarrow Q) \rightarrow (P \rightarrow R)$

1	（1）$Q \rightarrow R$	A
2	（2）$P \rightarrow Q$	A
3	（3）P	A
2,3	（4）Q	2,3 MP
1,2,3	（5）R	1,4 MP
1,2	（6）$P \rightarrow R$	3,5 CP
1	（7）$(P \rightarrow Q) \rightarrow (P \rightarrow R)$	2,6 CP

上述证明的结论 $(P \rightarrow Q) \rightarrow (P \rightarrow R)$ 是一个以条件句为前件的条件句。需要注意的是：前件本身也是一个条件句，同样需要假定。对于上述论证，既不应该尝试证明 $P \rightarrow Q$，也不应该假定 P。而是先假定 $P \rightarrow Q$，然后尝试从 $Q \rightarrow R$ 和 $P \rightarrow Q$ 这两个前提中推导出 $P \rightarrow R$。

在尝试做习题之前，我们先来讲解一个让复杂证明变容易的方法。比如，思考一下被称为"弱化"（weakening）的矢列：$\neg P \vdash \neg (P \wedge Q)$。如果直接证明的话似乎毫无办法：仅仅从 $\neg P$ 开始证明得不到任何结论。此时，我们推荐使用逆否证明，即证明这个矢列的逆否命题：$P \land Q \vdash P$。当然这个证明是非常简单的，证明如下：

$(P \land Q) \to P$ CP

$\neg P$ A

$\neg (P \land Q)$ MT

简单地说，通过 MT 规则把一个需证明的矢列转化为它的逆否命题的证明。

习题   3.1

证明如下矢列成立。

1. $P \vdash Q \to (P \land Q)$

2. $(P \to Q) \land (P \to R) \vdash P \to (Q \land R)$

3. 置换：$P \to (Q \to R) \vdash Q \to (P \to R)$

4. 后置：$P \to Q \vdash (Q \to R) \to (P \to R)$

5. 收缩：$P \to (P \to Q) \vdash P \to Q$

6. 扩张：$P \to (Q \to R) \vdash (P \land Q) \to R$

7. 强化：$(P \lor Q) \to R \vdash P \to R$

8. 弱化：$\neg P \vdash \neg (P \land Q)$

9. **德摩根律 (DM)**：$\neg (P \lor Q) \vdash \neg P \land \neg Q$

（提示：先证明单个合取支，再然后使用合取引入规则。）

*10. $P \to \neg P \vdash \neg P$

无依赖假定的证明

有了消去假定规则（即条件证明，CP 规则）之后，我们可以证明任意的、没有任何依赖假定的有效论证。例如，下面就是关于"如果 P，那么 P"这个简单真理的证明：

1　　（1）P　　　　　　　　A
　　　（2）$P \to P$　　　　　　1,1 CP

我们将这个结论写作矢列 $\vdash P \to P$，它没有任何额外的前提，此时便称这个矢列为**可证式**。换句话说，这个结论是任何人在任何时候都可以引用的一个命题。

需要注意的是：在使用条件证明时，某一行必须是一个真正的假定。否则会证明出一些错误的结论，比如下面的例子：

1　　（1）$P \land Q$　　　　　A
1　　（2）P　　　　　　　　1$\land$E
1　　（3）Q　　　　　　　　1$\land$E
　　　（4）$P \to Q$　　　　　2,3 CP　　　　⟸错误

此处我们试图对第 2 行和第 3 行使用 CP 规则，尽管第 2 行并不是一个假定。第 2 行依赖于第 1 行的合取式 $P \land Q$，从逻辑角度而言，这个合取式是一个比 P 更强的断言，因此当我们以 P 为假定条件做推理时，消除它对 $P \land Q$ 的依赖关系是不正确的做法。

习题　3.2

证明如下矢列成立。

1. $\vdash (P \wedge Q) \to (Q \wedge P)$

2. $\vdash (P \wedge Q) \to P$

3. $\vdash Q \to (P \to Q)$

4. $\vdash Q \to (P \to P)$

*5. 排中律 (EM)：$\vdash P \vee \neg P$

实质蕴涵怪论

在我们讨论最后两条逻辑规则之前，先谈一谈有关条件证明可能带来的一些困惑。最简单的办法就是写下如下两个（有效）证明。如果这些证明对你没有任何困扰的话，那么你可以直接略过本小节。

首先证明一个被称为**正悖论**（positive paradox）的结果：假定 Q，可逻辑推出 $P \to Q$。由于逻辑的普遍性，这个结果意味着，从一根火柴被点着就会发亮这个假定，可以推出，如果我们在水中，一根火柴被点着就会发亮。

正悖论

$Q \vdash P \to Q$

1	（1）	Q	A
2	（2）	P	A
1	（3）	$P \to Q$	2,1 CP

此处新的假定 P 出现在第 2 行中，它是在结论 Q 已经被断定之后出现的。这个做法看上去很糟糕，似乎是对 CP 规则的误用，因为 CP 规则的核心在于假定某个命题之后可以推出什么新的结论。在

上述证明中，结论已经存在，新的假定似乎是多余的。由此得到的结论"如果 P，那么 Q"岂不是具有误导性？毕竟在假定 P 之前，Q 已经存在了。

如果你对上述证明被看作是有效论证存在疑虑的话，那么你会有很多支持者。早在现代符号逻辑诞生的 20 世纪初，有很多哲学家就觉得上述论证很可疑。我们无法过多地讨论其中的细节，但是值得一提的是，要想修改 CP 规则来阻止上述类型的论证出现，这绝非易事。最简单的想法可能是：在应用 CP 规则证明条件句时，前件必须被使用才行。我们可以试着在逻辑系统中做一些相应的规定，例如，结论所出现的那行必须依赖于假定前件所出现的那一行。上述证明显然违背了这一规定，因为依赖数字 2 并没有出现在第 1 行的依赖命题之中。

可惜的是，即便是经过修改后的 CP 规则，与其他可靠的规则组合起来也会得到和修改前一样的结果。思考如下这个只用到修改后的 CP 规则的证明。

1	（1） Q	A
2	（2） P	A
1,2	（3） $P \land Q$	1,2 $\land$ I
1,2	（4） Q	3 $\land$ E
1	（5） $P \rightarrow Q$	2,4 CP

此处 CP 规则应用到了第 2 行和第 4 行，而且第 2 行的假定已经被使用了，才得出第 4 行的结论。因此，这个证明没有违背我们修订后的规则，虽然它得到了和之前同样的结论。事实上，不难看出，用之前更"自由"的 CP 规则推出的结论，都可以用修改后更"保守"的 CP 规则推出。因此，新的规则只是看上去更保守一些，我们也可

以一直用修改前的更简洁的 CP 规则。

还有一些比正悖论更困扰人的结果。下面是一个包含若干悖论式矢列的证明：

1	（1）$\neg P$	A
2	（2）P	A
3	（3）$\neg Q$	A
2	（4）$\neg Q \to P$	3,2 CP
1,2	（5）$\neg \neg Q$	4,1 MT
1,2	（6）Q	5 DN
1	（7）$P \to Q$	2,6 CP

上述证明的第 6 行证明了被称为"爆炸原理"（ex falso quodlibet, EFQ）的逻辑规则，可以简单地理解为"从错误出发，你可以得到一切"。之所以叫作"爆炸原理"，是因为 P 和 $\neg P$ 共同组成了一个定时炸弹，当它们被触发的时候就会生出一切其他语句。最后一行被称作**负悖论**（negative paradox），它意味着从某个语句的否定可以推出任何以其前件的条件语句。

EFQ 规则已经困扰了逻辑爱好者一千多年了。你可能会认为如下这个想法无疑是错误的：如果一个人有了两个不一致的信念（如 P 和 $\neg P$），那么他就是"万能推理者"，即他可以推导出任何语句 Q。事实上，上述想法源自语言中"推断"（infer）这个词的歧义。例如，你无意中听到有人说"我推断太阳会坍塌"。你可能会假定那个人相信太阳会坍塌。然而，"推断"另一层含义——仅仅表达某人从一些论断（他并不必然真正相信）推导出其他的论断（他同样也不必相信）。例如，你可能从关于太阳质量的一些反事实假设推断出太阳会坍塌。但你并不相信太阳真正拥有那么大的质量，然而你相信如果太阳有那么大的质量，它就会坍塌。

因此，我们应该始终牢记，逻辑推理的典范应用不是从一个我们能完全确定的前提集推导出一些额外的结论。更常见的是，逻辑经常被用来从我们不那么确定的前提推导出我们同样也不那么确定的结论。在逻辑推理中，我们最感兴趣的往往不是结论本身，而是前提和结论之间的联系。同样逻辑本身也并不要求我们一定要接受那些从已经接受的前提出发通过有效论证得出的结论。反之，逻辑也许会告诉我们，此时应该拒绝之前接受的前提中的某一项。至少本书会这么推荐，如果你发现自己相信的前提集逻辑蕴涵 P 和 $\neg P$。

从析取前提出发的推理

假设你被困在一间小黑屋，无法看到外面的情形。然而你有一部手机，并且可以接收朋友安吉丽娜发来的短信。但是安吉丽娜并不是一个那么直截了当的人：如果你问她一个问题的话，她总是以某个析取式回答。例如，你问她外面的天气如何，她可能会说"要么在下雨，要么在下雪"。

当然，安吉丽娜对你而言并非毫无帮助，因为你可以从她的信息中推导出一些有用的信息（假设安吉丽娜总是说真话）。例如，假设你是某魁地奇俱乐部的成员，该俱乐部规定：如果下雨或下雪就取消当天的训练。此时，安吉丽娜的陈述对你而言就足以推论出今天并不会有任何魁地奇训练了。

你所做的推论大致如下：

要么在下雨，要么在下雪。（安吉丽娜告诉你的）

如果天在下雨，那么不会有魁地奇训练。（俱乐部规定）

如果天在下雪，那么不会有魁地奇训练。（俱乐部规定）

因此，不会有魁地奇训练。

上述推理的形式如下：

$$\frac{P_1 \vee P_2 \quad P_1 \to Q \quad P_2 \to Q}{Q}$$

上述论证毫无疑问是有效的，因此我们将其当作如何从包含析取式的前提推演的典范例子。

在形式化析取消去规则之前，让我们推广这个规则需要两个形如 $P_1 \to Q$ 和 $P_2 \to Q$ 的条件式前提这个想法。思考这种可能性：结论 Q 是从两个不同的推理中得出的。在上述例子中，你知道了要么在下雨，要么在下雪，因为安吉丽娜告诉了你这个事实。接着你会思考：首先，如果天在下雨，那么不会有魁地奇训练（此时你可能需要一些其他的背景信息 Δ_1，并且这个推理可能既漫长又复杂）。其次，如果天在下雪，那么也不会有魁地奇训练（此时你可能也需要依赖其他的背景信息 Δ_2 来推出结论 Q）。你已知或者 P_1 或者 P_2 为真。并且根据不同情形进行了具体的推理，得出了结论 Q。当然，如果你想严格地证明这个结论，需要记录用到的所有额外信息。也就是说，断定 Q 可以从 $P_1 \vee P_2$ 这个析取式以及所有的背景信息 Δ_1、Δ_2 中推导出来。

整个论证形式可以用下图表示。这里用 Γ 表示推导出 $P_1 \vee P_2$ 的原始背景信息。当在第 n 行应用析取消去规则时，需要指出结论不仅仅取决于 Γ，同样也依赖于 Δ_1、Δ_2 所提供的额外信息。

$$\boxed{\Gamma \qquad (m) \quad P_1 \lor P_2}$$

$$\boxed{\begin{array}{llll} m_1 & (m_1) & P_1 & A \\ & \vdots & & \\ \Delta_1, m_1 & (n_1) & Q & \end{array}} \qquad \boxed{\begin{array}{llll} m_2 & (m_2) & P_2 & A \\ & \vdots & & \\ \Delta_2, m_2 & (n_2) & Q & \end{array}}$$

$$\Gamma, \Delta_1, \Delta_2 \quad (n) \qquad Q \quad m, m_1, n_1, m_2, n_2 \lor E$$

图 3.1 析取消去规则允许从一个析取式通过各个析取支
子论证推导出一个结论

在子论证中引入其他信息的原因在于我们可以使用某个析取式
和其他前提一起来推导某个结论。

比如，思考这两个前提：$P \lor Q$ 和 $Q \to P$。显然它们应当蕴涵 P。
分情况讨论：如果 P 成立，那么 P 自然成立；如果 Q 成立，通过
$Q \to P$ 这个前提同样也可以得到 P。但是在第二步中不能忘记引入
的其他信息。换句话说，这个条件句的前提也应该被记录下来。上
述论证的证明形式如下：

1	（1）	$P \lor Q$	A
2	（2）	$Q \to P$	A
3	（3）	P	A
4	（4）	Q	A
2,4	（5）	P	2,4 MP
1,2	（6）	P	1,3,3,4,5 $\lor$E

上述论证中唯一需要注意的地方是，如何计算第 6 行所依赖的
前提。第 6 行依赖于第 1 行的析取式所依赖的任何东西。第 1 行明

显依赖于自身。此外，我们还需要考察两个子论证。第一个子论证比较简单，它始于第 3 行的假定 P，也终于此。它仅仅是从 P 推出 P。第二个子论证从第 4 行假定 Q 开始，然后通过第 2 行的假设，得到了第 5 行。因此第二个子论证假定了第 2 行以及第 2 行所依赖的所有前提。因此，我们才把 2 这个依赖数字放在了第 6 行之前。但是我们并不需要第 3 行或是第 4 行作为依赖前提 $P \vee Q$，因为它们是单纯的假设性设定，用来帮助我们推导出析取式前提的结论。当我们使用析取消去规则时，我们要"忘记"那些子论证，包括它们所使用的前提。唯一需要记住的是，两个子论证都得出了相同的结论。

在使用析取消去规则时，如何更精确地判断结论所依赖的前提？其常用方式有两种。首先通过一个图示证明：

Γ	(m)	$P_1 \vee P_2$	
m_1	(m_1)	P_1	A
	$\vdots$		
Δ_1, m_1	(n_1)	Q	
m_2	(m_2)	P_2	A
	$\vdots$		
Δ_2, m_2	(n_2)	Q	
$\Gamma, \Delta_1, \Delta_2$	(n)	Q	$m, m_1, n_1, m_2, n_2 \vee$ E

也就是说，$\vee$E 引用了五行：析取式（m 行），第一个子论证的假定前提（m_1 行），第一个子论证的结论（n_1 行），第二个子论证的假定前提（m_2 行），第二个子论证的结论（n_2 行）。第 n 行所依赖的前提是如下三组依赖关系的并集：

1. 在第m行$P_1 \lor P_2$所依赖的Γ。

2. 在第n_1行结论Q所依赖的Δ_1，如果m_1在Δ_1中的话就去掉m_1。

3. 在第n_2行结论Q所依赖的Δ_2，如果m_2在Δ_2中的话就去掉m_2。

在大部分应用中，我们都会下意识地遵循这些规则。然而，对那些潜在的有志于研究逻辑学的人而言，最严格的表述为：第n行所依赖的所有前提，用集合论的语言来说即：

$$\Gamma \cup (\Delta_1 \backslash \{m_1\}) \cup (\Delta_2 \backslash \{m_2\})$$

这正是上面所说的各种依赖关系的符号化表达。

正如之前所提到的，建议你通过具体的例子来理解抽象的原则。那么让我们从析取式$P \lor (P \land Q)$推出P这个证明出发。

1	（1）	$P \lor (P \land Q)$	A
2	（2）	P	A
3	（3）	$P \land Q$	A
3	（4）	P	3$\land$E
1	（5）	P	1,2,2,3,4$\lor$E

此处第2行假定了第一个析取支P。有了假定P，无须过多推理就很容易得到P。因此，第5行在使用析取消去规则时，需要引用两次依赖数字2：第一次是作为析取支，第二次是作为从这个析取支得到的结论。第3行我们假定了第二个析取支$P \land Q$，并且在第4行得到了同样的结论P。因此依赖数字3和4都需要记录在第5行的析取消去规则使用行。（思考一个问题：假设是从1,2,2,3,2而非1,2,2,3,4得到第5行的结论，那么第5行的依赖数字应该包括哪些？）

析取消去规则更严谨的图示表达为：

> **析取消去（∨E）**
>
> $$\frac{\Gamma \vdash \phi \lor \psi \quad \Delta, \phi \vdash \chi \quad \Theta, \psi \vdash \chi}{\Gamma, \Delta, \Theta \vdash \chi}$$

析取消去规则是指把三个独立的证明转化为一个证明。当然，这三个证明一般不会明确给出，需要我们将其构造出来。

例如，假设要证明 $P \lor Q \vdash Q \lor P$，那么应该从每个析取支出发，分别得出其对应的结论。证明如下：

交换律

$P \lor Q \vdash Q \lor P$

1	（1）	$P \lor Q$	A
2	（2）	P	A
2	（3）	$Q \lor P$	2∨I
4	（4）	Q	A
4	（5）	$Q \lor P$	4∨I
1	（6）	$Q \lor P$	1,2,3,4,5∨E

在这个例子中，$P \lor Q$ 是假定前提，它不是从其他命题推导出来的。因此第 6 行使用析取消去规则时，首先需要引用的便是矢列 $P \lor Q \vdash P \lor Q$，其次是第 3 行的矢列 $P \vdash Q \lor P$，再次是第 5 行的矢列 $Q \vdash Q \lor P$。此处，得到第 6 行的结论所依赖的所有前提如下：（a）第 1 行中析取式 $Q \lor P$ 所依赖的前提 Δ，这里 Δ 恰恰就是 $P \lor Q$ 本身。（b）被用来从第一个析取支 P 推出 $Q \lor P$ 的辅助假设 Γ，这里 Γ 恰好是空集。(c)被用来从第二个析取支 Q 推出 $Q \lor P$ 的辅助假设 Δ，此处 Δ 同样也是空集。

让我们再看一个更简单但是也更容易迷惑人的例子：我们可以

通过运用析取消去规则∨E，从析取式 $P \vee P$ 推导出 P：

1	（1）	$P \vee P$	A
2	（2）	P	A
1	（3）	P	1,2,2,2,2∨E

第一个和第二个析取支都是相同的，即 P。因此第 2 行的假定 P 可以同时被当作两个子论证的前提。由于结论也是 P，因此，第 2 行也被当作是子论证的结论。于是在第 3 行使用析取消去规则时，引用了四次依赖数字 2：两次作为子论证的前提，两次作为结论。

让我们再看一个析取消去被误用的例子，这对我们理解这条规则也许是有帮助的。直观上，我们认为不能从 $P \vee Q$ 推导出 P。例如，从 2 要么是奇数，要么是偶数这个论断是得不出 2 是奇数这个结论的。思考下述证明：

1	（1）	$P \vee Q$	A
2	（2）	P	A
3	（3）	Q	A
2,3	（4）	$P \wedge Q$	2,3∧I
2,3	（5）	P	4∧E
1	（6）	P	1,2,2,3,5∨E ⟸错误

上述论证看上去毫无问题，除了第 6 行的依赖关系。第 6 行应该包括第 5 行（即第二个子论证的结论）所依赖的所有前提，除了依赖数字 3 之外（子论证的前提假定）。因此第 6 行的依赖数字中应该包括 2。然而如果是这样的话，它就变成了一个关于矢列 $P \vee Q, P \vdash P$ 的证明，这一点也不令人诧异。

习题 3.3

证明如下矢列成立。

1. $(P \to R) \wedge (Q \to R) \vdash (P \vee Q) \to R$
2. 结合律：$P \vee (Q \vee R) \dashv\vdash (P \vee Q) \vee R$
3. 析取三段论：$P \vee Q, \neg P \vdash Q$
4. 分配律：$P \wedge (Q \vee R) \dashv\vdash (P \wedge Q) \vee (P \wedge R)$
5. 分配律：$P \vee (Q \wedge R) \dashv\vdash (P \vee Q) \wedge (P \vee R)$
6. 实质蕴涵：$\neg P \vee Q \dashv\vdash P \to Q$
7. DM：$\neg P \vee \neg Q \vdash \neg (P \wedge Q)$

在之前的习题中，我们已经证明了 $P \vee (Q \vee R)$ 等价于 $(P \vee Q) \vee R$。因此在接下来的讨论中，我们只需将其写成 $P \vee Q \vee R$ 即可，不再考虑我们所讨论的到底是哪一个等价的命题。

归谬法

开篇我们便提到了逻辑是一个帮助我们区分正确和错误的论断工具。此刻，我们可以说逻辑的主要功能是从已知为真的论断中，通过逻辑推导出新的真论断。然后从相反的角度来看，逻辑也许会更有效，即它可以帮助我们证明哪些论断永远不可能为真。

例如，假设安吉丽娜有一个信念 P，你明确知道 P 是错的。同时假设你和她都很擅长逻辑，知道如何区分有效的和无效的推理。因此，你可以说服安吉丽娜，让她相信信念 P 是错误的，方法为：给出一个有效论证，这个论证的前提是 P（以及你们共同认可的其他背景信息 Γ），从这个前提推导出一个安吉丽娜认为是错误的结

论 C。如果她真的相信逻辑推理的可靠性，她就应该放弃信念 P，或者她必须修改对 C 的看法。

在极端的情形下，C 可能是一个让所有理性的人（包括安吉丽娜）都必须拒绝的荒谬的命题。例如，C 可能是一个形如 $\psi \wedge \neg \psi$ 的逻辑矛盾。我们将这种极端情形称为归谬法（reductio ad absurdum, RAA）的论证策略的典范例子，其字面意思是"归结到荒谬"。这个策略背后的直观想法是：如果一个命题 ϕ 能够推出类似 $\psi \wedge \neg \psi$ 的矛盾，那么 ϕ 应该被抛弃。这个论证策略可以用如下的图示表达 $\psi \wedge \neg \psi$：

归谬法（RAA）

一个从 Γ 和 ϕ 出发能推出 $\psi \wedge \neg \psi$ 的证明，可以被转换为从 Γ 出发推出 $\neg \phi$ 的证明。如下：

$$\frac{\Gamma, \phi \vdash \psi \wedge \neg \psi}{\Gamma \vdash \neg \phi}$$

当写出线性形式时，RAA 必须引用两行：一行是假定前提所出现的那行，也就是 ϕ；另一行是矛盾所在的那一行，如 $\psi \wedge \neg \psi$。RAA 的结论取决于得出矛盾所依赖的任何前提，除了假定前提 ϕ 之外。和条件证明类似，所得到的矛盾并不需要取决于假定前提 ϕ。如下是一个应用 RAA 的标准证明：

1	（1）	$P \to Q$	A
2	（2）	$P \to \neg Q$	A
3	（3）	P	A
1,3	（4）	Q	1,3 MP
2,3	（5）	$\neg Q$	2,3 MP

1,2,3	（6）	$Q \wedge \neg Q$	4,5 $\wedge$ I
1,2	（7）	$\neg P$	3,6 RAA

这里假定前提 P 是用来从第 1 行和第 2 行的条件句的前提分离 Q 和 $\neg Q$ 的。然而，即便不使用任何假定前提同样也可以用 RAA，下述关于 EFQ 的证明便是例子。

1	（1）	$Q \wedge \neg Q$	A
2	（2）	$\neg P$	A
1	（3）	$\neg\neg P$	2,1 RAA
1	（4）	P	3DN

此处第 2 行的假定出现在于第 1 行的矛盾之后。这看上去有点欺骗性，类似于在条件句证明中，假定前件出现在要证明的后件之后一样。然而，RAA 允许这样的构造。注意，在得出矛盾时我们并没有使用第 2 行的假定，因此第 3 行的依赖命题和第 1 行是一样的。

正如上述论证显示的那样，RAA 经常和 DN 规则一起使用，这一组合使得 RAA 成为一个强有力的证明正面结果的工具。一般而言，如果想证明 P，那么只需要证明 $\neg P$ 会推出矛盾即可。下面关于排中律的证明便是一个例子：

1	（1）	$\neg(P \vee \neg P)$	A
2	（2）	P	A
2	（3）	$P \vee \neg P$	2 $\vee$ I
1,2	（4）	$(P \vee \neg P) \wedge (P \vee \neg P)$	3,1 $\wedge$ I
1	（5）	$\neg P$	2,4 RAA

1	（6）	$P \lor \neg P$	5 $\lor$ I
1	（7）	$(P \lor \neg P) \land \neg (P \lor \neg P)$	6,1 $\land$ I
	（8）	$\neg\neg (P \lor \neg P)$	1,7 RAA
	（9）	$P \lor \neg P$	8DN

在证明其他很多命题时，EM 可以被当作一个很有用的辅助定理。事实上，在遇到较难证明的命题时，EM 和 RAA 是最有效的工具。如下有效矢列：

$$\vdash ((P \to Q) \to P) \to P$$

要想直接证明它，我们几乎毫无头绪。因为它是一个条件句，有人可能想假定其前件（$P \to Q$）$\to P$，然后试图推出 P。然而，由于其前件本身又是一个条件句，很难从它得出结论，除非再做一些新的假定。如果继续这么做的话，可能会越来越混乱。因此，让我们试试 EM 这个利器：首先写下一个 $P \lor \neg P$ 的证明，然后从它的两个析取支出发，分别展开两个子论证。从第一个析取支 P 可以直接得到 P。

至于第二个析取支，根据前面提到的负悖论 $\neg P \vdash P \to Q$，可以从 $\neg P$ 出发推出 $P \to Q$，再结合（$P \to Q$）$\to P$ 这个假设，即可得出 P。整个推演的结构如下：

	$\vdots$	
	$P \lor \neg P$	EM
＊	P	A
★	$\neg P$	A
	$\vdots$	
★	$P \to Q$	负悖论

逻辑学入门：普林斯顿大学的经典逻辑课

†	$(P \rightarrow Q) \rightarrow P$	A
★,†	P	
†	P	$\vee$E
	$((P \rightarrow Q) \rightarrow P) \rightarrow P$	CP

其中，*、★、†这些符号代表了未知的依赖数字。当然，如果要把所有证明细节都列出来，这个证明会很长。第4章将会讲解如何在一个证明中引入另外一个证明的方法，通过该方法我们就能把证明长度控制在一个范围之内。

习题 3.4

证明如下矢列成立。

1. 实质蕴涵：$P \rightarrow Q \vdash \neg (P \wedge \neg Q)$
2. DM：$\neg (P \wedge Q) \vdash \neg P \vee \neg Q$
3. 实质蕴涵：$\neg (P \rightarrow Q) \vdash P \wedge \neg Q$
*4. 链序：$\vdash (P \rightarrow Q) \vee (Q \rightarrow P)$
*5. $P \rightarrow (Q \vee R) \vdash (P \rightarrow Q) \vee (P \rightarrow R)$
6. $(P \wedge Q) \rightarrow \neg Q \vdash P \rightarrow \neg Q$

习题 3.5

那些拒绝双重否定消去（DN）规则的人一般也会拒绝排中律（EM）。这个习题解释了为何如此。用 EM 和 EFQ 来推出 DN，即在不使用 DN 规则的情况下证明矢列 $\neg \neg P \vdash P$。在证明的任意阶段都可以引用 $P \vee \neg P$，并且从矛盾可以推出一切命题。

讨论：相比 DN 规则，排中律看上去要更加正确吗？

证明：从旧到新

俗话说得好，"与其干得多，不如干得巧"[1]。在之前的各种证明中我们花费了不少时间，现在是变得更聪明的时候了。在本章中，我们将讨论如何更加快捷且可靠地进行证明。这里的关键词是"可靠"。也就是说，我们不想因为使用了一些证明捷径，导致你错误地判断哪些是能被证明的，哪些又是不能被证明的。

例如，假设要证明矢列⊢($P \to Q$)∨¬($P \to Q$)。也许你之前从来没有证明过这个命题。然而，如果你足够勤奋的话，应该已经证明过一个类似⊢P∨¬P的排中律矢列了。假设你将这个证明存储在某个文档中（如 em.txt），然后通过使用"查找并替换"功能将$P \to Q$代入P，所得到的结果应该就是($P \to Q$)∨¬($P \to Q$)。这就是一个聪明的证明方法：任意取一个旧的证明，通过查找和替换代入新的公式，然后即可得到一个新的证明。

上述方法被称为"代入"，也就是本章中第一节要讨论的内容。除此之外，本章还将讨论一个能将旧的证明转换为新证明的便捷方法——切，以及将公式中的子公式替换为任意一个逻辑等价的公式的方法。应用这三个方法，便可以轻松处理和应对命题逻辑中复杂的有效式了。

---

[1] 此处的英文原文是：Don't work harder, work smarter。——译者注

代入规则

本节我们讨论使用"查找和替换"从旧证明生成新证明这一方法的理论根基。为此我们首先需要定义"代入示例"的概念。其主要思路是：查找和替换操作将公式 ϕ 变成了它的代入示例 ϕ^*，并且将 $\phi \vdash \psi$ 这个证明转化为了 $\phi^* \vdash \psi^*$。

符号语言中的语句要么是由 P、Q、R 等符号组成，要么是通过联结词 $\neg$、$\wedge$、$\vee$、$\rightarrow$ 组合起来的复杂公式。现在是时候来更精确地定义语言中生成所有语句的方式了。我们将 P、Q、R 等符号称为原子语句，因为它们没有内在结构。同样规定如果 ϕ 和 ψ 都是语句，那么 $\neg\phi$、$\phi \wedge \psi$、$\phi \vee \psi$ 和 $\phi \rightarrow \psi$ 都是语句（严格来说，我们需要在构造这些公式的每一阶段都加上括号。但是此处我们省略使用否定 $\neg$ 生成新语句时的括号，以及语句最外层的括号）。并且还规定，所有合法的语句都是通过有限步上述构造方式得到的。

接着对"**翻译**"进行定义。为了简单起见，假设语言中的原子语句以 P、Q、R 等形成一列。一个"**重新解释**"是一个赋值，这个赋值将每一个原子语句 X 指定为某个新的语句 $F(X)$。例如，$F(P)$ 可能是另外一个原子语句 R，或者它可能是一个复合语句 $R \rightarrow \neg S$，$\neg P$ 或者 $P \wedge \neg P$。我们对赋值 F 不做任何限定，只要它指定的语句是一个合法的语句即可。

一旦我们有了重新解释 F，就可以用它来翻译任意语句 ϕ。简单地说，$F(\phi)$ 的定义为：将 ϕ 中所有的原子语句 X 替换为 $F(X)$ 之后所得到的新的语句。这个操作所得到的一个字符串一定是一个合法的语句，我们就将其称为 ϕ 的一个代入示例。

通过几个例子来帮助我们更好地理解上述定义。假设将 P 重新解释为 $Q \rightarrow P$，并且将 Q 重新解释为 $\neg R$。这一解释将会得到如下的代入示例：

$$P \to Q \qquad \leadsto \qquad (Q \to P) \to \neg R$$
$$P \lor \neg P \qquad \leadsto \qquad (Q \to P) \lor \neg (Q \to P)$$
$$Q \to P \qquad \leadsto \qquad \neg R \to (Q \to P)$$

在某种意义上，代入示例保留了原子语句的形式。$F(\phi)$ 是 ϕ 这个语句所体现的某个示例的形式。然而 $F(\phi)$ 可能会有比 ϕ 更复杂的结构。比如所有语句都是原子语句 P 的代入示例。

习题 4.1

判断下列哪些公式是 $P \to \neg Q$ 的代入示例并说明如何重新解释 P 和 Q 以得到相应的公式。

1. $\neg Q \to \neg P$
2. $(P \to \neg Q) \to R$
3. $(P \to \neg Q) \to \neg (P \to \neg Q)$

所有的推理规则都是图示的，也就是说，它们只依赖于语句的形式。因此，代入规则是维持有效性的，因为它保留了原子语句的形式，这一原理称为"**代入定理**"，我们将在第 9 章详细证明。此时我们只需要表述这个结论即可。

代入规则

　　$\phi_1, \cdots, \phi_n \vdash \psi$ 这 个 证 明 可 以 转 化 为 $F(\phi_1), \cdots, F(\phi_n)$ $\vdash F(\psi)$，其中 F 是对非逻辑词项的一个重新解释。

代入元规则正是已知条件的严格形式化：查找和替换操作维持

了证明的有效性（只要将替换限制在原子语句上，并且所替换的语句是一个合法的语句即可）。值得注意的是，代入规则和譬如分离规则（MP）等其他规则都可以生成新的有效论证，但其原理并不相同。为了更好地理解，我们假设将所有有效矢列的证明存储在文档中（如proofs.txt）。每一个这样的证明都是由有限多的行构成的，并且每一行的最右端都给出了此行据以成立的理由，如 $\wedge I$、$\wedge E$、MP 等。证明中没有任何一行的右端会写上"代入"。相反，代入元规则表示存在 proofs.txt 这个文档中的任意一个证明，在 proofs.txt 中都有一个与之对应的证明，即之前那个证明中的所有原子语句都被替换为某个其他语句之后的新的证明。

习题 4.2

判断下述论证的对错，并简单解释。

1. 如果 ϕ 不可证，那么 ϕ 的任何代入示例都不可证。
2. $(P \wedge Q) \to R$ 这个语句的某一个代入示例是可证的。

切规则

本节引入另外一个元规则——切。该规则如果使用恰当的话，能够极大地增强证明的效率。假设要证明如下矢列：

$$P \to (Q \vee R) \vdash (P \to Q) \vee (P \to R)$$

在很多次尝试都失败了之后，我们决定使用最有力的武器——归谬法。假定这个结果的否定，然后试图推导出矛盾。矛盾式

$\neg((P \rightarrow Q) \lor (P \rightarrow R))$ 看上去似乎并不是那么好用，我们已经证明过如下形式的德摩根律：$\neg(P \lor Q) \vdash \neg P \land \neg Q$。因此将 $P \rightarrow Q$ 代入 P，并且将 $P \rightarrow R$ 代入 Q，得到如下证明：

$\neg((P \rightarrow Q) \lor (P \rightarrow R)) \vdash \neg(P \rightarrow Q) \land \neg(P \rightarrow R)$

如何将上述证明转化成之前在进行的证明呢？这时就可以通过切元规则来实现。生成的证明如下：

1	（1）	$P \rightarrow (Q \lor R)$	A
2	（2）	$\neg((P \rightarrow Q) \lor (P \rightarrow R))$	A
2	（3）	$\neg(P \rightarrow Q) \land \neg(P \rightarrow R)$	cut,DM

这条规则最基本的思路是：如果已经证明了一个矢列 $\phi \vdash \psi$，那么可以使用它来辅助进行其他证明，只要那个证明的某一行是 $\Gamma \vdash \phi$，即可得到 $\Gamma \vdash \psi$。我们将这条规则的形式表述如下：

切

假定已经证明了 $\phi_1, \cdots, \phi_n \vdash \psi$，那么在任何证明中，如果有如下这些行 $\Gamma_1 \vdash \phi_1, \cdots, \Gamma_n \vdash \phi_n$，便可以推出 $\Gamma_1, \cdots, \Gamma_n \vdash \psi$。

与代入规则一样，切规则并不是一条新的推理规则。相反，它是一种保证：如果某个证明存在，那么某一个其他的证明也存在。再次假定某个文档 proofs.txt 包含所有的正确证明。"切"这个词不会出现在这些证明中的任何一行。如果 proofs.txt 这个证明文档中包含 $\phi_1, \cdots, \phi_n \vdash \psi$，并且也包含所有的 $\Gamma_i \vdash \phi_i$，那么切规则保证该文档中一定会包含 $\Gamma_1, \cdots, \Gamma_n \vdash \psi$ 这个证明，即便这个证明本身只用到了诸如 $\land$ I 和 MP 等推理规则。

然而，在写证明时，可以引用切规则，将其扩展成一个正确的书面证明。例如，假设已经证明了 $\phi \vdash \psi$（将其称为 hocus pocus），并且在新证明的第 m 行出现了 ϕ。那么在接下来的一行可以通过引用切规则写下 ψ。

$$\Gamma \quad (m) \quad \phi$$
$$\vdots$$
$$\Gamma \quad (n) \quad \psi \qquad \text{cut,hocus pocus}$$

如果有人对使用切规则表示疑惑，那么可以这么做：首先写下 $\phi \vdash \psi$ 的证明，然后通过 CP 规则在新的一行得出 $\vdash \phi \rightarrow \psi$。然后在下一行使用 MP 而非切规则得到证明结论。

$$\Gamma \quad (m) \quad \phi$$
$$\vdots$$
$$\quad (n_1) \quad \phi \rightarrow \psi$$
$$\Gamma \quad (n_2) \quad \psi \qquad m,n_1 \ \text{MPP}$$

因此，对已经证明过的矢列使用切规则其实是一种告诉别人你可以写出整个证明的便捷方法。

很多时候切规则的使用都涉及 $n=1$ 的特殊情况，也就是说，证明了 $\phi \vdash \psi$ 之后，会发现接下来一行便是：

$$\Gamma \quad (m) \quad \phi$$

此时切规则可以直接得出如下结论：

$$\Gamma \quad (n) \quad \psi \qquad m,\text{cut}$$

比如，当 $n=2$ 时，假定已经证明了析取三段论 $P \lor Q, \neg P \vdash Q$，

并且证明中有如下两行：

Γ_1　(m)　$P \vee Q$

Γ_2　(n)　$\neg P$

那么使用切规则可以得出：

Γ_1, Γ_2　　(n')　　Q　　　　m, n cut

当 $n=0$ 时，切规则也尤为有用。在此情形下，我们已经证明了一个无前提的矢列 $\vdash \psi$。在接下来使用切规则进行证明的过程中，任意一行都无须依赖任何前提，即可直接写入 ψ。因此，假定已经证明了排中律（lem）$P \vee \neg P$，那么在证明的过程中，我们可以随时插入如下行：

(n)　$P \vee \neg P$　　　cut, lem

对证明而言，切规则远比代入规则更有力，因为代入规则仅仅只是生成了一个新的证明，而切规则可以在新的证明中插入任何已有的证明。

当然，我们也可以把切规则和代入规则结合起来使用。例如，我们已经证明了排中律，然后通过代入规则可以证明 $\vdash (P \to Q) \vee \neg (P \to Q)$。然后切规则可以将该矢列转化为如下证明：

(n)　$(P \to Q) \vee \neg (P \to Q)$　　　　cut, lem

严格来说，这一行的后面应该写上"代入 + 切"，然而代入规则的结果如此明显，以至于我们通常不用提及它。

让我们再看一个使用切规则的例子。假定我们已经有了排中律 $\vdash P \vee \neg P$ 和正悖论 $P \vdash Q \to P$ 的证明。我们将利用这些结果证明矢列⊢ $(P \rightarrow Q) \lor (Q \rightarrow P)$：

	（1）	$P \lor \neg P$	cut,lem
2	（2）	P	A
2	（3）	$Q \rightarrow P$	2 cut, pos paradox
2	（4）	$(P \rightarrow Q) \lor (Q \rightarrow P)$	3 $\lor$ I
5	（5）	$\neg P$	A
5	（6）	$\neg Q \rightarrow \neg P$	5 cut, pos paradox
2	（7）	$\neg \neg P$	2 DN
2,5	（8）	$\neg \neg Q$	6,7 MT
2,5	（9）	Q	8 DN
5	（10）	$P \rightarrow Q$	2,9 CP
5	（11）	$(P \rightarrow Q) \lor (Q \rightarrow P)$	10 $\lor$ I
	（12）	$(P \rightarrow Q) \lor (Q \rightarrow P)$	1,2,4,5,11 $\lor$ E

第 2 行得到了矢列 $P \vdash P$，通过正悖论可以得出 $P \vdash Q \rightarrow P$，因此在第 3 行中通过切规则将这两个矢列组合起来得出 $P \vdash Q \rightarrow P$。使用正悖论从第 5 行可以推出第 6 行。注意，如果使用负悖论，我们可以直接从第 5 行得到 $P \rightarrow Q$。

当且仅当

本节介绍最后一条元规则——替换规则。为了更方便地讨论该规则，我们先为其定义一个符号。

我们经常从数学家或哲学家那里听到 "当且仅当" 这个短语。该短语比一般的条件句表达的意思更强，它意在表达一个双向条件句，或者说等值原则。比如下面这句话：

你会在考试中得到A，当且仅当你认真学习的话。

这句话其实有两层意思。首先，如果你认真学习的话，那么你会在考试中得到 A。其意在表示认真学习是考试得到 A 的一个**充分条件**。其次，只有当你认真学习，你才能在考试中得到 A，这意味着认真学习是考试得到 A 的一个**必要条件**。

我们用↔这个符号来表示"当且仅当"。与条件句一样，这个联结词可以将两个不同的语句 ϕ、ψ 结合起来形成一个新的语句 $\phi \leftrightarrow \psi$。如果我们要有效地使用该联结词，必须知道它的推理规则。幸运的是，我们已经知道了"如果……那么……"和"并且"这两个联结词的含义，那么该联结词的意义是非常清晰的。$\phi \leftrightarrow \psi$ 应该等价于 $(\phi \to \psi) \wedge (\psi \to \phi)$。事实上，我们会将这个等价关系嵌入等值的引入和消去规则中。

等值引入（↔I）和等值消去（↔E）

$$\frac{\Gamma \vdash (\phi \to \psi) \wedge (\psi \to \phi)}{\Gamma \vdash \phi \leftrightarrow \psi} \qquad \frac{\Gamma \vdash \phi \leftrightarrow \psi}{\Gamma \vdash (\phi \to \psi) \wedge (\psi \to \phi)}$$

为了验证这些规则是好的推理规则，让我们尝试证明"P 当且仅当 P"是个逻辑真理。

1	（1）	P	A
	（2）	$P \to P$	1,1 CP
	（3）	$(P \to P) \wedge (P \to P)$	2,2 ∧ I
	（4）	$P \leftrightarrow P$	3 ↔I

在很多技术性的写作中，人们经常用 iff 作为"当且仅当"的缩写。另外一个有同样效力的短语可能是"当……"[①]。比如，数学家们经常这样来表达一个数学定义："我们说一个数 n 是质数，当……"，其实他们想表达的是："一个数 n 是质数，当且仅当……"。

命题逻辑中条件句 $P \to Q$ 的断定条件远比日常生活语境下条件句的断定条件弱得多。尤其是对于 $Q \vdash P \to Q$。也就是说，Q 本身就足以作为断定 $P \to Q$ 的充分条件了。这一结果同样告诉我们，如果 P 和 Q 同时被断定，那么 $P \leftrightarrow Q$ 这个等值式也是可以被断定的。证明如下：

1	（1）	$P \wedge Q$	A
1	（2）	Q	$1 \wedge E$
1	（3）	$P \to Q$	2 cut,pos paradox
1	（4）	P	$1 \wedge E$
1	（5）	$Q \to P$	4 cut,pos paradox
1	（6）	$(P \to Q) \wedge (Q \to P)$	$3,5 \wedge I$
1	（7）	$P \leftrightarrow Q$	$6 \leftrightarrow I$

这个证明表示矢列 $P \wedge Q \vdash P \leftrightarrow Q$ 这个是有效的。一个类似的证明（见习题）可以得出 $\neg P \wedge \neg Q \vdash P \leftrightarrow Q$。这两个结果组合起来，再加上析取消去规则便可以证明下述矢列：

$$(P \wedge Q) \vee (\neg P \wedge \neg Q) \vdash P \leftrightarrow Q$$

习题 4.3

证明如下矢列。可以利用任何已经证明过的矢列来调用切规则（如排中律、正悖论、负悖论）。

[①] 原文是：just in case。——译者注

1. $P \leftrightarrow Q \vdash Q \leftrightarrow P$

2. $\vdash (Q \rightarrow P) \vee (P \rightarrow R)$

3. $P \leftrightarrow Q \dashv\vdash (P \wedge Q) \vee (\neg P \wedge \neg Q)$

4. $\neg (P \leftrightarrow P) \vdash Q \wedge \neg Q$

5. $P \leftrightarrow Q,\ Q \leftrightarrow R \vdash P \leftrightarrow R$

6. $\neg (P \leftrightarrow Q) \dashv\vdash (P \leftrightarrow \neg Q)$

7. $\vdash (P \leftrightarrow Q) \vee (P \leftrightarrow R) \vee (Q \leftrightarrow R)$

替换规则

代入元规则只允许从原子语句开始以联结词为框架对公式变形。**替换规则**则要更灵活：它允许对整个子公式进行替换。

替换规则的原理是非常简单的。假定已经证明了 $\phi \vdash \psi$ 和 $\psi \vdash \phi$。因此，"就一切逻辑目的而言"，ϕ 和 ψ 是等价的。如果 ϕ 和 θ 处于某种推理关系之中，那么 ψ 也应该也处于这一关系中。这表示，在任何论证中，ψ 可以扮演 ϕ 的一切逻辑角色。

思考如下矢列：

$$R \vee ((Q \rightarrow R) \rightarrow P) \vdash R \vee ((\neg Q \vee R) \rightarrow P)$$

我们可以通过使用析取消去规则来证明它，虽然证明会比较长。在假定前提中的第二个析取支之后，再假设 $\neg Q \vee R$，然后将 $\neg Q \vee R \vdash Q \rightarrow R$ 的证明填充进去以获得完整的证明。

让 θ 表示语句 $Q \rightarrow R$，θ' 表示 $\neg Q \vee R$，用 ϕ 表示 $R \vee ((Q \rightarrow R) \rightarrow P)$，也就是说，$\phi$ 是公式 $R \vee (\theta \rightarrow P)$，论证的结论则是 $R \vee (\theta' \rightarrow P)$。

在做了很多证明之后，会发现上述步骤永远是成立的。如果一

个公式 θ 是另一个公式 ϕ 的组成部分，并且 θ 等价于 θ'，那么永远可以找出如下证明：$\phi \vdash \phi[\theta'/\theta]$。其中，$\phi[\theta'/\theta]$ 是将 ϕ 中的 θ 用 θ' 替换之后得到的新公式。

这种方法可以永远可靠吗？答案是可以。我们可以放心地使用这个规则，但是要证明它的话还需要一些耐心。最关键的一点是，要核对所有的逻辑联结词是否都保留了语句间的相互可推导性。例如，θ 和 θ' 是相互可推导的（即逻辑等价），那么无论 ψ 是什么，合取式 $\theta \wedge \psi$ 和 $\theta' \wedge \psi$ 都是相互可推导的，这同样也适用于 $\theta \to \psi$ 和 $\theta' \to \psi$ 等公式。同样的道理，$\chi \vee (\theta \wedge \psi)$ 和 $\chi \vee (\theta' \wedge \psi)$ 也是相互可推导的。也就是说，一旦知道了 $\theta \dashv\vdash \theta'$，那么无论 θ 在 ϕ 中嵌入得有多深，依然能得出 $\phi \dashv\vdash \phi[\theta'/\theta]$，其中的 $\phi[\theta'/\theta]$ 是将 ϕ 中的 θ 用 θ' 替换之后得到的新公式。

替换规则可以帮助我们证明很多其他公式。如果我们假定 $\phi \dashv\vdash \phi[\theta/\theta']$，那么，如果 $\Gamma \vdash \phi$，则 $\Gamma \vdash \phi[\theta/\theta']$。也就是说，如果有一个从 Γ 到 ϕ 的证明，那么一定存在一个从 Γ 到 $\phi[\theta/\theta']$ 的证明。

等价替换 （RE）

如果在证明中的某一行给定了 $\Gamma \vdash \phi$，并且 θ 是 ϕ 的一个子公式，那么如果 θ 等价于 θ'，即可在下一行直接推出 $\Gamma \vdash \phi[\theta/\theta']$。其中 $\phi[\theta/\theta']$，这是将 ϕ 中的 θ 用 θ' 替换之后得到的新公式。图示如下：

$$\frac{\vdash \theta \leftrightarrow \theta' \quad \Gamma \vdash \phi}{\Gamma \vdash \phi[\theta/\theta']}$$

在使用替换元规则时，可以使用已经证明过的任意一个等价式。如果可以记忆一些重要的等价式（见附录），证明速度将会大大提升。比如，如下关于皮尔士律的新的证明：

1	（1）	$(P \rightarrow Q) \rightarrow P$	A
1	（2）	$\neg(P \rightarrow Q) \lor P$	1 RE
1	（3）	$(P \land \neg Q) \lor P$	2 RE
4	（4）	$P \land \neg Q$	A
4	（5）	P	4 $\land$ E
6	（6）	P	A
1	（7）	P	3,4,5,6,6 $\lor$ E

第 2 行中用等价式 $\phi \rightarrow \psi \dashv\vdash \neg \phi \lor \psi$ 进行了替换（当对整行进行替换时，同样也可以用切规则）。在第 3 行中，等价式 $\neg(\phi \rightarrow \psi)$ $\dashv\vdash \phi \land \neg \psi$ 对首个析取支进行了替换。

替换规则非常好用，尤其是在把某个公式 ϕ 转化为和它等价的另外一个具有某种特殊形式的公式 ϕ' 时。例如，某一类特殊公式的形式是所有的否定符号只在原子语句出现，所有的合取符号只出现在原子语句或是否定的原子语句之间，没有蕴涵或是等值联结词（这种形式的公式称为**析取范式**，将在第 5 章中详细探讨）。比如，如下语句：

$(P \land Q) \lor (P \land \neg Q) \lor (\neg P \land Q) \lor (\neg P \land \neg Q)$

本书不会提供将任意公式转换为其析取范式的诀窍，只是提供一些具体的操作示例。首先，写出如下矢列的证明：

$(P \rightarrow Q) \lor (Q \rightarrow P) \vdash (P \lor \neg P) \lor (Q \lor \neg Q)$

1	（1）	$(P \rightarrow Q) \lor (Q \rightarrow P)$	A
1	（2）	$(\neg P \lor Q) \lor (\neg Q \lor P)$	1 RE
1	（3）	$\neg P \lor (Q \lor (\neg Q \lor P))$	2 RE
1	（4）	$\neg P \lor ((Q \lor \neg Q) \lor P)$	3 RE
1	（5）	$\neg P \lor (P \lor (Q \lor \neg Q))$	4 RE

1 （6） $(\neg P \lor P) \lor (Q \lor \neg Q)$ 5 RE

1 （7） $(P \lor \neg P) \lor (Q \lor \neg Q)$ 6 RE

由于结论是一个重言式，因此它能从前提中推出来一点也不意外（因为重言式可以从任意的前提推出来）。有趣的地方在于这里的每一步转化用的都是等价替换规则（RE），因此这个推导是可逆的——前提和结论是逻辑等价的。

习题 4.4

指出上述证明中用到了哪些等价式。

现在我们通过一系列等价式把 $P \leftrightarrow Q$ 转化为 $(P \land Q) \lor (\neg P \land \neg Q)$。

$$P \leftrightarrow Q \quad \dashv\vdash (P \to Q) \land (Q \to P)$$
$$\dashv\vdash (\neg P \lor Q) \land (\neg Q \lor P)$$
$$\dashv\vdash ((\neg P \lor Q) \land \neg Q) \lor ((\neg P \lor Q) \land P)$$
$$\dashv\vdash ((\neg P \land \neg Q) \lor (Q \land \neg Q)) \lor ((\neg P \land P) \lor (Q \land P))$$
$$\dashv\vdash (\neg P \land \neg Q) \lor (Q \land P)$$

在最后一行中，我们使用了等价式 $\phi \lor \bot \dashv\vdash \phi \dashv\vdash \bot \lor \phi$。对于任意的矛盾式 $\bot$ 和任意语句 ϕ，该等价式都成立。在这个意义上，矛盾对于析取运算就如同 0 对于加法运算一样（是个单位元）。

习题 4.5

使用合适的逻辑等价式将下列公式转化为析取范式。

1. $(P \to Q) \lor (Q \to R)$
2. $(P \leftrightarrow Q) \lor (P \leftrightarrow R) \lor (Q \leftrightarrow R)$

第

5

章

真

假设你花费了很多时间尝试证明某个矢列，如 $\phi \vdash \psi$。经过了 10 个小时左右的努力，依旧毫无头绪。那么要到什么时候才能合理地说这个矢列根本不能被证明出来呢？并不是需要一个更聪明的人来证明，而是利用一切逻辑规则都不可能从 ϕ 推出 ψ。

一般而言，尝试证明某个东西以失败告终，并不是这个东西不能被证明的理由，同样与一个人是否足够聪明无关。你可能是有史以来最聪明的人，但是即便如此，你也不能证明某个东西，也无法作为那个东西不能被证明的根据。例如，数百年以来无数的数学家都尝试证明被称为"费马大定理"的数学结论。经过无数次的失败后，有些数学家开始认为：他们没有证明这个定理，也许恰恰是因为这个定理本身就是错误的。然而这个定理是正确的。1995 年，无比耐心的数学家安德鲁·怀尔斯找到了一个证明。这个证明非常长，如果用我们的符号写出来的话会超过 100 万行。

这里的教训是：如果要证明某个东西是不可证的，那么需要一些不同类型的证据——不同于其他人都失败了的证据。

形式逻辑最伟大的功绩之一是它能告诉我们如何去证明某些东西是不可证的。本章中我们就来解释逻辑学家在命题逻辑这一范围内所用到的工具。事实证明，对于命题逻辑而言，要想知道哪些东西是可证的或不可证的，是非常容易做到的。其核心就在于找出一个简单的、可检测出来的属性，使得那些可证的论证都有这个性质，而那些不可证的论证都缺乏这个性质。对命题逻辑而言，相应的属性便是保真。当我们用一个简洁而准确的数学方式来定义"真"之后，这个属性便会成为可检测的。

真值表

假设原子语句 P、Q、R 等是关于世界的偶然事件的报告。比如 P 代表了如下这个陈述：1941 年 12 月 7 日，普林斯顿在下雨。但是要牢记，逻辑永远不关心某件事物是真还是假。因此对我们来说，符号 P 本身并不是一个真或假的论断，它只是代表了那些可为真或假的陈述。

给定这个假设，整个语句的状况便可以通过判定原子语句的真假来表示。假设"让 P 为真，让 R 为假"等，那么我们可以把所有这些不同的真假组合通过一个很简洁的表格表示如下：

P	Q	R
1	1	1
1	1	0
1	0	1
1	0	0
0	1	1
0	1	0
0	0	1
0	0	0

为了便于记录，我们用 1 代表真，0 代表假。由于只有 3 个原子语句，因此一共有 8 个不同的真假组合。我们所采用的约定是对最左边的语句（这里是 P）先写下 4 个 1，然后再写 4 个 0；对于后面的语句其真值改变两次（2 个 1，2 个 0，然后再写 2 个 1，2 个 0）。这个模式保证我们一定会把所有不同的真假组合全部写出来。

真值函项（即布尔）逻辑的核心在于一旦决定了所有原子命题的真假，它的工作就可以结束了，因为原子语句的真值完全决定了复合语句的真值。例如，假设 P 是真的，那么 $\neg P$ 自动就变为假的。也就是说，关于 P 和 $\neg P$ 之间的真值关系如下：

P	$\neg P$
1	**0** 1
0	**1** 0

我们把上面这个表称为否定联结词的**真值表**。因此，否定就是布尔运算意义上的"非"，它将 1 和 0 的真翻转过来。事实上，否定的真值表并不仅仅应用于否定的原子语句，它适用于一切否定命题。因此，我们将上表重新表述如下：

ϕ	$\neg\,\phi$
1	**0** 1
0	**1** 0

然后我们就可以开始尝试计算更加复杂的语句的真值了。思考语句 $\neg\neg P$：

P	$\neg\,\neg P$
1	**1** 0 1
0	**0** 1 0

这里我们先用 P 的真值来计算 $\neg P$ 的真值，然后再用 $\neg P$ 的值计算 $\neg\neg P$。第二列（第一个否定符号所在的列）是**中心列**，它是我们最后计算出来的值，也代表了语句 $\neg\neg P$ 在不同情形下的真值。

现在让我们看看如何计算有关合取、析取和蕴涵的真值。合取是最直观的：只要在两个合取支都为真的情形下，整个合取式才为真。因此，如果 $P \wedge Q$ 为真，那么 P 和 Q 都应该为真。如果两者中有一个或两个都为假，那么 $P \wedge Q$ 也为假。真值表如下：

P Q	$P \wedge Q$
1 1	1 **1** 1
1 0	1 **0** 0
0 1	0 **0** 1
0 0	0 **0** 0

类似的简单规则可以帮助我们计算析取式的真值：如果一个析取式的任意一个析取支为真，那么整个析取式也为真。真值表如下：

P Q	$P \vee Q$
1 1	1 **1** 1
1 0	1 **1** 0
0 1	0 **1** 1
0 0	0 **0** 0

这时，可能有人会说上述析取式的真值表并不准确，因为当两个析取支都为真的时候，析取式不应该为真。这个想法确实有一定的合理性，我们会在后面恰当的时候来重新思考关于析取这个逻辑概念到底以何种形式表达才是最可取的。但是要记住目前我们讨论的是关于人类逻辑的一个理想模型，因此在形式模型和日常直觉间

的冲突是很难完全消除的。

　　一个复合语句 ϕ 的真值可以通过由内向外的方式逐步计算出来。首先把出现在 ϕ 中的原子命题 P、Q、R……的每一行的真值放在复合语句对应的栏下面，然后通过其他联结词（$\vee$、$\wedge$、$\neg$）的真值表来一步一步地计算复合子公式的真值，直到最后计算出 ϕ 的**主联结词**为止。主联结词也是我们在构造公式 ϕ 时最后插入的联结词。公式 $\neg P \vee (Q \wedge R)$ 的真值表如下。

P Q R	$\neg P$ $\vee$ $(Q \wedge R)$
1　1　1	0　**1**　1　1　1
1　1　0	0　1　**0**　1　0　0
1　0　1	0　1　**0**　0　0　1
1　0　0	0　1　**0**　0　0　0
0　1　1	1　0　**1**　1　1　1
0　1　0	1　0　**1**　1　0　0
0　0　1	1　0　**1**　0　0　1
0　0　0	1　0　**1**　0　0　0

　　我们通常将上面的表称为 $\neg P \vee (Q \wedge R)$ 的**真值表**。到目前为止，关于哪些语句是命题逻辑中的合法语句，并没有给出严格定义。然而，为了计算真值表，我们必须保证每一个合法的语句都是从原子命题 P、Q、R 等通过唯一的方式构造出来的。因此，如果 ϕ 不是这些原子命题之一，那么一定存在一个在构造过程中最后出现的联结词，也就是其**主联结词**。语句 $\neg P \vee (Q \wedge R)$ 的主联结词是 $\vee$，对应主联结词的那一栏称为**主要栏**，它给出了语句 $\neg P \vee (Q \wedge R)$ 在不同情形下的真假情况。

习题　5.1

写出 $P \wedge \neg P$ 的真值表。你如何看待这个表的意义？

现在我们知道了如何计算包含合取、析取以及否定的复合语句的真值了，那么包含蕴涵的语句怎么办呢？蕴涵的真值表如下：

$P\ Q$	$P \to Q$
1　1	1　**1**　1
1　0	1　**0**　0
0　1	0　**1**　1
0　0	0　**1**　0

我们需要接受这个真值表并且用它来解题。但是，这个真值表并没有直观地刻画出日常语言中"如果……那么……"的含义。比如"月亮是由绿色的芝士构成的"是假的，而"凯撒越过了鲁比肯河"是真的。因此，根据这个真值表，我们应该可以推断如下也为真："如果月亮是由绿色的芝士构成的，那么凯撒越过了鲁比肯河"。这句话看上去很奇怪。从真值表的第 1 行和第 4 行同样可以构造出另外一些更奇怪的例子。唯一看上去正确的便只有第 2 行。

此处，符号逻辑来到了一个哲学交叉口。简单地说，没有任何真值表可以充分刻画日常语言中"如果……那么……"这个短语的精髓。20 世纪的哲学家们花费了无数的时间来讨论这个令人头疼的联结词→，并且构造出很多有意思的方案。[①] 然而，同样需要说明的是，无论是在数学还是自然科学的实践中，我们都是在此真值表的意义上来使用蕴涵这个词的，包括相应的 MP 和 CP 规则。

---

① 你可以在任何一本有关"哲学逻辑"的书中了解到更多有关这个问题的争论。比如"相关逻辑"就是特意为了避免"实质蕴涵怪论"而被发明出来的。

就目前而言，最重要的事实在于→的真值表是与 CP 和 MP 的使用规则相吻合的，我们会在接下来讨论可靠性和完全性的时候来解释 "吻合" 的精确意义。这意味着，如果要改变→的真值表，那么也需要有关→的不同的推理规则。如果要使用有关的另外一些推理规则，就需要一个关于它的不同的真值表。

一旦我们都接受了蕴涵的真值表，等值的真值表便一目了然了：

$P\ Q$	$P \leftrightarrow Q$
1 1	1 **1** 1
1 0	1 **0** 0
0 1	0 **0** 1
0 0	0 **1** 0

换句话说，P 和 Q 有着相同的真值，当且仅当 $P \leftrightarrow Q$ 这个等值式为真。

习题 5.2

写出 $\neg P \leftrightarrow \neg Q$ 的真值表。你如何看待这个表的意义？

以真来证

我们可以用真值表来做什么？它有哪些实际价值？写出真值表并不难，如果想进行一些智力锻炼，那么它并不是一个很好的可选练习。真值表的真正用途（至少在我们目前的语境下）在于它能展示证明的限度。

正如我们感受到的，发现一个证明的过程往往需要一些创造性的思考。尤其是对那些比较长和困难的证明，我们需要找到通往结论的过渡性的目标结论。但是怎么才能找出它们呢？怎么知道哪些过渡结论是可行的，哪些又是不可行的呢？一旦找错了方向，代价可能是非常高的。如果找到的是一个根本不可证的过渡结论，那么可能会导致我们做大量的无用功；相反，如果过渡结论太弱不足以导出结论的话，我们也可能被困在死胡同。

为了理解真值表是如何帮助我们找出证明的，我们需要明白两个事实。我们会在第 9 章严格证明这两个事实。在此之前，我们需要引入一些术语：

定义 假设 $\phi_1, \cdots, \phi_n$ 和 ψ 都是命题逻辑的公式，且从 $\phi_1, \cdots, \phi_n$ 到 ψ 这个论证是**保真**的。当且仅当在包含着 $n+1$ 个语句的真值表中，如果在任意一行 $\phi_1, \cdots, \phi_n$ 都被赋值 1，那么 ψ 同样也被赋值为 1。

我们需要知道的第一个事实：

可靠性定理： 如果 $\phi_1, \cdots, \phi_n \vdash \psi$，那么从 $\phi_1, \cdots, \phi_n$ 到 ψ 这个论证是保真的。

可靠性定理的逆否命题表达的是，如果有可能出现 $\phi_1, \cdots, \phi_n$ 都为真，但是 ψ 为假的情况，那么 ψ 不可能从 $\phi_1, \cdots, \phi_n$ 被推演出来。这个结论便是：

如果真值表中的某一行中 $\phi_1, \cdots, \phi_n$ 都为真，但是 ψ 为假，那么不存在从 $\phi_1, \cdots, \phi_n$ 到 ψ 的证明。

真值表的这一行称为这个论证有效性的**反例**。让我们看一个简单的例子：$P \to Q$，$Q \vdash P$。该论证显然不是有效的，因为它就是肯定后件谬误的形式表达，其真值表如下图所示。

P Q	$P \to Q$	Q	P	
1　1	1　**1**　1	**1**	**1**	
1　0	1　**0**　0	**0**	**1**	
0　1	0　**1**　1	**1**	**0**	⟸反例
0　0	0　**1**　0	**0**	**0**	

这个真值表的前两行中结论 P 都为真，因此，这两行并没有提供太多关于该论证是否有效的信息。然而，第 3 行是一个重要的信号：因为前提从 $P \to Q$ 和 Q 都为真，但是结论 P 却为假。这是一个反例。依据可靠性定理，不可能存在从 $P \to Q$ 和 Q 到 P 的证明。

在没有前提的论证这种特殊情形下（只断定 ψ 这个结论），保真条件表示的是，如果前提都为真（这永远成立，因为根本没有任何前提），那么结论 ψ 也一定为真。因此，可靠性保证了如果矢列 $\vdash \psi$ 可证，那么 ψ 一定恒为真，即在真值表的每一行都为真。反过来，如果 ψ 的真值表有一行为假，那么矢列 $\vdash \psi$ 便不可证。比如 $\vdash P$ 不可证，也在意料之中。

可靠性定理是如何防止我们选择一些糟糕的证明策略的呢？假设我们被要求证明 $\vdash (P \to Q) \lor (Q \to P)$。由于该语句是一个析取式，我们可能会考虑先证明它的某一析取支，然后用析取引入规则，比如先证明 $\vdash P \to Q$。然而，$P \to Q$ 并不是一个重言式，矢列 $\vdash P \to Q$ 不是可证的。也就是说，我们选择的证明策略是注定要失败的。

因此，可靠性定理提供了一个帮助我们判定某些东西不能被证明的方法。我们已经知道了如何证明某些东西可以被证明的一个方法，即写出一个关于它的证明。除此之外，还有一个方法也可以帮助我们断定某些东西是可以被证明的——完全性定理。该定理告诉我们如果一个矢列是保真的，那么它便可以被证明。

完全性定理：如果从 $\phi_1, \cdots, \phi_n$ 到 ψ 这个论证是保真的，那么 $\phi_1, \cdots, \phi_n \vdash \psi$。

当 $n=0$ 时，完全性定理保证了如果 ψ 是一个重言式，那么 $\vdash \psi$。比如 $P \vee \neg P$ 是一个重言式：如果 P 为真，那么它为真；如果 P 为假，那么 $\neg P$ 为真，从而这个公式也为真。类似地，通过真值表可以很快看出皮尔士命题也是一个重言式，因而也可以被证明。

$P\ Q$	$((P$	$\to$	$Q)$	$\to$	$P)$	$\to$	P	
1 1	1	1	1	1	1	**1**	1	
1 0	1	0	0	1	1	**1**	1	
0 1	0	1	1	0	0	**1**	0	
0 0	0	1	0	0	0	**1**	0	

习题 5.3

写出 $\neg P \vee Q$ 和 $P \to Q$ 的真值表，并且说明二者是否互相蕴涵。

习题 5.4

证明 P 不能从 $P \leftrightarrow Q$ 中推出来。

习题 5.5

解释为什么 $P \wedge \neg P \vdash Q$ 是保真的。

捷　径

证明和真值表之间的对应关系为语句的分类提供了一种便捷的方法。我们定义了如下三个类，它们互不相交，且都包含所有类型的语句：

- 一个语句是**矛盾的**，如果它的真值永远是0（这里的"永远"是指其真值表的主联结词下的每一行）。
- 一个语句是**重言式**（永真式）的，如果它的真值永远是1。由可靠性和完全性可知，ϕ 是重言式当且仅当$\vdash \phi$。
- 一个语句是**或然式的**，如果它的真值既可以是0又可以是1。

上述不同类型的语句我们已经接触过了：$P \vee \neg P$ 是一个重言式，$P \rightarrow P$ 也是一个重言式，$P \wedge \neg P$ 是一个矛盾式，P 和 $P \vee Q$ 都是或然式。

语句之间的逻辑关系的精确定义如下：

- 语句 ϕ 和 ψ 是**逻辑等价**的，如果 ϕ 和 ψ 在共同的真值表中的每一行都有相同的真值。由可靠性和完全性可知，如果 $\vdash \phi \leftrightarrow \psi$，那么 ϕ 和 ψ 逻辑等价。
- 语句集 Γ 是**一致的**，如果其真值表中至少有一行使得 Γ 中的所有语句同时为1。如果 Γ 不是一致的，那么称其为**不一致**。

前面我们定义过"**可互相推导**"的语句中 ϕ 和 ψ，其含义是存在 $\phi \vdash \psi$，$\psi \vdash \phi$ 的证明，也可将其写作 $\phi \dashv\vdash \psi$。显然，$\phi \dashv\vdash \psi$，当且仅当$\vdash \phi \leftrightarrow \psi$，有时为了方便，我们也将这种关系写作 $\phi \equiv \psi$。可靠性和完全性定理保证了 ϕ 和 ψ 是可相互推导的，当且仅当 ϕ

和 ψ 是逻辑等价的 (见附录)。

例子： 要证明"如果 $\phi \dashv\vdash \psi$，那么 $\vdash \phi \leftrightarrow \psi$"。我们可以先假定 $\phi \dashv\vdash \psi$，它断定了如下两个证明的存在：$\phi \vdash \psi$，$\psi \vdash \phi$。根据条件证明规则，我们可以将这两个证明转换为 $\vdash \phi \rightarrow \psi$ 和 $\vdash \psi \rightarrow \phi$。然后根据合取引入规则将其组合为 $\vdash (\phi \rightarrow \psi) \wedge (\psi \rightarrow \phi)$。最后通过等值引入规则即可得出 $\vdash \phi \leftrightarrow \psi$。

需要注意的是，这里的证明并不是带依赖前提和数字的单个系统内的形式证明。相反，它是一个元理论的证明，论证的是某些形式证明的存在性。

习题 5.6

证明"如果 $\vdash \phi \leftrightarrow \psi$，那么 $\phi \dashv\vdash \psi$"。

真值表虽然容易，但是同时也很低效，有时甚至毫无意义。在写出一些真值表后，会发现即使写更多也学不到任何新的东西。因此，要么让计算机程序来找出真值表，要么找出一些规则，不用写出整个真值表就能快速找出所需要的某一行（或某些行）。本节是高度实用且非理论的，唯一的目标是提供一些实用法则来帮助我们快速找出真值表中最重要且最相关的一些行。

例如，假设我们想知道下列矢列是否有效：

$P \vee Q, R \wedge \neg Q \vdash R \rightarrow \neg P$

如果我们要写出完整的真值表，将需要八行。通过观察可知，如果这个矢列存在一个反例，那么其结论 $R \rightarrow \neg P$ 一定为假，因此 R 和 P 为真。然后继续观察前提可知，如果 P 为真，那么第一个析取前提也为真，同样如果 R 为真，只要 $\neg Q$ 为真，第二个合取前提也为真。

因此，如下一行便是这个论证有效性的一个反例：

P	Q	R	$P \lor Q$	$R \land \neg Q$	$R \to \neg P$
1	0	1	1 1 0	1 1 1 0	1 0 0 1

真值表中每一行的 0 和 1 都是对原子语句的指派，我们将这种真值指派称为一个**赋值**（valuation），用函数形式将其表达为：$v(P)=1$，$v(Q)=0$，$v(R)=1$。此处，赋值 v 使得上述论证的前提都为真，但是结论为假。由于上述论证并没有保真这个性质，因此结论便不可能从前提中证明出来。

因此，如果一个论证的结论是一个条件句，那么我们可以将注意力集中在真值表中前件为真而后件为假的那些行。同样的法则也适用于析取式结论：相关的行是那些两个析取支都为假的行。其他情况要更复杂一些，比如，当结论是一个合取式时，我们要考虑更多行，因为一个合取式为假有三种不同的方式。

接下来再考虑一个例子：假设我们要想知道 $P \land Q, \neg Q \lor R \vdash R$ 能否被证明。此论证的结论是一个原子语句 R，因此我们只需考虑它为假的情形即可。在 R 为假的情况下，第一个前提要想为真，只有 P 和 Q 同时为真才行。我们知道这些信息就足够了，因为当 Q 为真 R 为假时，第二个前提就为假。换句话说，不可能存在前提都为真而结论却为假的情形，因此这个论证是有效的，也是可证的。

上述假设与数独游戏类似。关键在于我们不是在随机猜测，只有当我们被迫接受前提为真、结论为假这个假定后，才为语句指派相应的真值。事实上，我们的论证过程如下：

假设从 ϕ_1 和 ϕ_2 到 ψ 的论证是无效的。
那么真值表中必定有一行，其中 ϕ_1 和 ϕ_2 为真，但是 ψ 为假。

如果 ψ 为假，那么……

如果 ϕ_1 和 ϕ_2 为真，那么……

[某些矛盾]

因此，从 ϕ_1 和 ϕ_2 到 ψ 的论证是有效的。

为了得出结论，在进行推理时（尤其是"如果 ψ 为假，那么……"，和"如果 ϕ_1 和 ϕ_2 为真，那么……"）必须格外谨慎。

在某些情况下，我们并不会被迫为原子语句指定任何真值，相反，我们可以有若干选项。此时通过系统搜查来看看是否存在一个反例。如现要判断 $(P \wedge Q) \to R \vdash P \to (Q \wedge R)$ 是否有效。如果结论为假，那么 P 为真，$Q \wedge R$ 为假。但是不幸的是，$Q \wedge R$ 为假有三种不同的方式。如果前提为真，我们能得到的信息也极为有限。有可能是 R 为真，有可能是 $P \wedge Q$ 为假，而且同样也有三种方式为假。此时，我们可以将 Q 和 R 的真值进行组合。如果 R 为真的话，前提一定为真。那有没有结论为假的可能呢？答案是有。如果 Q 为假的话，那么 $Q \wedge R$ 为假，因此整个结论也为假。于是我们便找到了一个反例：P 和 R 为真，Q 为假。此时前提为真，结论为假，因此这个论证是无效的，上述矢列也无法被证明。

保真论证有时可以被转化为一个形式证明，只要加入恰当的依赖数字和明确的推理规则即可。比如，如果 $P \wedge (Q \vee R)$ 这个前提为真的话，$(P \wedge Q) \vee (P \wedge R)$ 这个结论也一定为真。

（1）假设 $P \wedge (Q \vee R)$ 为真。

（2）那么 P 和 $(Q \vee R)$ 都为真。

（3）由于 $(Q \vee R)$ 为真，因此 Q 为真或是 R 也为真。

（4）如果 Q 为真，那么 $P \wedge Q$ 为真，那么 $(P \wedge Q) \vee (P \wedge R)$ 也为真。

（5）如果R为真，那么P∧R为真，那么(P∧Q)∨(P∧R)也为真。

（6）无论怎样 (P∧Q)∨(P∧R)都为真。

　　第2行使用了合取消去规则。第3行虽然看似像使用了析取消去规则，但它只是关于∨的真值表定义的一个重新表述而已。从第1行到第2行的转化也暗含了对∧真值表的运用。第4行和第5行都使用了合取引入和析取引入规则。第6行使用了析取消去规则。

　　让我们用另外一种形式再次写出这个论证的一部分，让它看上去更像一个完整的形式化证明：

1	（1）	$v(P∧(Q∨R))=1$	A
1	（2）	$v(P)=1$ 并且 $v(Q∨R)=1$	∧定义
1	（3）	$v(Q∨R)=1$	2 ∧ E
1	（4）	要么 $v(Q)=1$，要么 $v(R)=1$	∨定义
5	（5）	$v(Q)=1$	A
1	（6）	$v(P)=1$	2 ∧ E
1,5	（7）	$v(P)=1$ 并且 $v(Q)=1$	5，6 ∧ I
1,5	（8）	$v(P∧Q)=1$	∧定义
1,5	（9）	$v((P∧Q)∨(P∧R))=1$	∨定义

　　我们可以用类似的推理从 $v(R)=1$ 这个假定推出 $v((P∧Q)∨(P∧R))=1$，然后通过析取消去规则消去对 $v(Q)=1$ 和 $v(R)=1$ 这两个假定的依赖，从而证明出如下矢列：

$$v(P∧(Q∨R))=1 ⊢ v((P∧Q)∨(P∧R))=1$$

　　上述证明方式清晰明了，其优势在于使用了逻辑规则，但这种方式也有弊端，最明显的便是其低效性。如果我们的目的只在于说服某人，那么只需要呈现足够多的证据表明形式证明存在即可。

同样需要注意的是，我们真正想证明的并不是上述结论：

$$v(P \wedge (Q \vee R))=1 \vdash v((P \wedge Q) \vee (P \wedge R))=1 \qquad (*)$$

而是一个更普遍性的陈述：

对任意的 v, $[v(P \wedge (Q \vee R))=1 \vdash v((P \wedge Q) \vee (P \wedge R))=1]$

虽然我们已经证明了这个普遍陈述，但并没有一个逻辑规则能让我们从（*）直接得出这个普遍陈述。为了得出这个结论，我们需要谈论"所有赋值"，也就是说，我们需要对赋值进行量化。这就涉及谓词逻辑的内容，我们将在下一章中讨论。

习题 5.7

给下列无效论证提供一个反例。

1. $P \to Q, Q \vdash P$
2. $P \to R \vdash (P \vee Q) \to R$
3. $P \to R \vdash P \to (Q \wedge R)$
4. $P \to (Q \to R) \vdash (P \to Q) \to R$

习题 5.8

将下列语句按重言式、矛盾式和或然式进行归类。

1. $(P \to Q) \vee (Q \to R)$
2. $(P \to Q) \vee (P \to R)$
3. $(P \wedge Q) \vee (P \wedge \neg Q) \vee (\neg P \vee Q)$
4. $(P \to \neg P) \to P$

5. $P \rightarrow (\neg P \rightarrow P)$

习题　5.9

证明下列语句都是逻辑等价的（永远有相同的真值）。

1. $P \equiv \neg P \rightarrow P$
2. $Q \equiv P \leftrightarrow (P \leftrightarrow Q)$
3. $P \leftrightarrow R \equiv (P \leftrightarrow Q) \leftrightarrow (Q \leftrightarrow R)$

习题　5.10

下述矢列是可证的吗？说明理由。

1. $\vdash (P \rightarrow P) \rightarrow \neg P$
2. $P \leftrightarrow Q \vdash \neg P \leftrightarrow \neg Q$
3. $\vdash (P \leftrightarrow Q) \lor (Q \leftrightarrow P)$
4. $\vdash (P \leftrightarrow Q) \lor (P \leftrightarrow R) \lor (P \leftrightarrow R)$

习题　5.11

证明 $\rightarrow$ 联结词不满足结合律，即 $P \rightarrow (Q \rightarrow R)$ 和 $(P \rightarrow Q) \rightarrow R$ 不是逻辑等价的。

习题　5.12

假设你正在辅导一个学生，他尝试证明如下矢列：

$$P \rightarrow (Q \lor R) \vdash (P \rightarrow Q) \lor (P \rightarrow R)$$

如果有人提出先证明 $P \rightarrow Q$，然后用析取引入规则得到所证结论。你认为该证明策略是否正确？

习题 5.13

假设语句 ϕ 是矛盾的，关于 $\phi \rightarrow \psi$，可以得出什么结论？

习题 5.14

假设语句 $\phi \wedge \neg \psi$ 是矛盾的，请说明矢列 $\phi \vdash \psi$ 可证的原因。

作为可能世界集的命题

要理解语句和其真值之间的关系，还有另外一种方式，这种方式也是哲学家们讨论问题时经常用的。我们将真值赋值（真值表的某一行）理解为"事物可能发生的方式"。哲学家们有时用"可能世界"来表示某一种事物可能发生的方式。现在我们假设所有的"事物可能发生的方式"都被联结起来，变成一个包含所有可能世界的元宇宙。为了方便讨论，我们再设想一位全能者，他在思考这样的问题："我应该创造这些世界中的哪一个呢？"在他纵览过所有的可能世界后，他认为有些事物对他而言是特别重要的。比如他希望创造一个有彩色花朵的世界，如果让 P 代表语句"有彩色花朵存在"，那么这个全能者便决定消除所有没有彩色花朵的世界，即所有 P 为假而 $\neg P$ 为真的世界。简单地说，他可以通过使用一系列像 P 一样的命题来挑选具有某个特定属性的子世界集合。

尽管我们没有创造世界的能力，但是我们能够想象所有可能的世界，并且用命题来将其区分开。事实上，一切科学的工作便是界定我们所身处的世界属于所有可能的世界的什么位置。也就是说，科学在于发现哪些命题为真，因为每一个真命题都会缩小我们所处世界在所有可能的世界中的位置范围。

现在让我们将这个想法转变为一个有用的推理工具。本节我们只考虑两个原子命题——P 和 Q。因此,一共有 4 种可能的真值赋值,即有 4 个可能的世界—— v_1、v_2、v_3、v_4。一般而言,如果有 n 个原子命题,那么一共有 2^n 个可能的世界。如果有无穷多个原子命题,那么会有无穷多可能的世界。假设这些世界处在一个 4×4 的方格中,上方的格子是 $v(P)=1$ 的情况,左侧的格子中 $v(Q)=1$。

如果没有任何信息,那么一切皆有可能,也许会处于 v_1、v_2、v_3、v_4 的任何一个世界中。另外,如果只知道类似 $P \vee \neg P$ 的重言式,同样可能处于任何一个世界中。这也是我们常说重言式是空洞的或无意义的原因:它们无法排除任何可能性。如果已经知道 P 为真,那么我们所处的世界便不可能位于下面的两个方格中。如果用灰色方格来表示不存在的位置,则 P 为上方的两个方格,如图 5.1 所示。类似的,命题 Q 可以通过将右边的列涂灰来表示,$\neg P$ 可以通过将顶行涂灰表示,$\neg Q$ 则可以通过将左边的列涂灰表示。

有趣的是,这种图形化的表示让我们发现了一些"缺失命题",如 P 和 Q 这样的逻辑类型,即有两个灰色方格。比如,灰色方格位于右上角和左下角的命题。相应地,图形的命题 ϕ,既没有排除 P,

逻辑学入门:普林斯顿大学的经典逻辑课

也没有排除 Q，同样也没有排除 $\neg P$ 或是 $\neg Q$。它所排除的是 P 为真 Q 为假，以及 P 为假而 Q 为真这两种情形。也就是说，ϕ 要求 P 和 Q 有同样的真值，因此我们可以看出，ϕ 其实并没有缺失，它就是命题 $P \leftrightarrow Q$。

像 P 和 Q 这样的命题允许多种可能性的存在。像 $P \vee \neg P$，这样的重言式允许所有的可能性存在，而像 $P \wedge \neg P$ 这样的矛盾式则不允许任何可能性存在（它们永远不能为真）。另一类有趣的命题是那些只允许一种可能性存在的命题，这些命题通常极大充分。在上述情形中，一共有 4 个这样的命题，分别是 $P \wedge Q$、$P \wedge \neg Q$、$\neg P \wedge Q$ 和 $\neg P \wedge \neg Q$。我们用 4×4 的方格来表达所有可能的世界，如图 5.2 所示。方格中不同的着色都对应不同的命题，灰色区域表示命题所排除的情形。一个极大充分一致的命题只允许一个可能世界的存在。

图 5.2　两个原始语句的不同真值赋值的图像化表示

我们同样可以借助这些图形来更好地理解逻辑联结词是如何运作的。比如，假设我们断定：

$$(P \wedge Q) \vee (P \wedge \neg Q)$$

第一个析取支只允许世界 v_1 存在，而第二个析取支则只允许世界 v_2 存在。然而，我们断定的是一个析取式，它允许 v_1 或 v_2。因此，我们所断定的命题 ϕ 允许方格中上面的两个世界存在，也就是说，ϕ 必定逻辑等价于 P。

如果我们用灰色方格表示可能的世界中某些子集的所有可能方式，那么可以看出，在某种意义上，只有 16 个不同的命题。其中，一个命题允许所有可能的世界都存在，一个命题排除了所有可能的世界，4 个命题允许一个世界存在，4 个命题只排除一个世界，另外 6 个命题允许两个世界存在。当然，同一个命题可以用很多不同的语句来表示，比如，P 和 $P \wedge (Q \vee \neg Q)$ 表达的便是同一个命题。但是知道每一个语句都表达这 16 个不同命题中的唯一一个，这也是很好的。

在结束这一节讨论之前，我需要提醒大家注意一点，有人可能会认为每一个可能的世界 w 都存在一个极大充分的命题，使得 ϕ 只在这个世界 w 中为真，而在其他所有可能的世界中都为假。如果原子命题的数量是有限的，那么这个论断成立。但如果命题的数量是无穷的，并且我们要求任何命题都是有穷的符号串，它就不一定成立。如果一个语句 ϕ 只包含有穷个符号，那么一定存在某个原子命题 X，X 并不出现在 ϕ 之中。因此，对任意的 ϕ 为真的世界 w，一定存在另外一个 ϕ 也为真的世界 w'，而 X 在 w' 中的真值必定和 X 在 w 中的真值相反。因此，对一个有无穷个原子命题的语言来说，不存在极大充分的命题，也就是说，每一个命题都有许多不同的可能性。

在没有极大充分命题的情形下，对可能世界的研究从数学的角度而言变得更丰富了。事实上，作为数学分支之一的**拓扑学**研究的就是类似这样的集合，其中一些有特殊属性的子集（也就是我们说的命题）被称为"邻域"。

习题 5.15

1. 思考仅包含 P 和 Q 两个原子命题的任意两个语句 ϕ 和 ψ。用图示方式来表达当 ϕ 逻辑蕴涵 ψ 时，ϕ 和 ψ 涂色块之间的关系。

2. 如果 ϕ 和 ψ 不相容，用图示的方式解释 ϕ 和 ψ 灰色方格之间的关系。

3. 用涂色的方式证明 $(P \leftrightarrow Q) \lor (P \leftrightarrow \neg Q)$ 是一个重言式。尝试用同样的方式来构造一个高效的形式证明。

4. 让 P 代表任意一个你希望为真的语句。以下是证明 P 为真的方法：让 ϕ 表示"如果 ϕ 为真，那么 P 也为真"。证明 ϕ 为真，因此 P 也为真。（明显这里有些可疑之处）

第

6

章

量

化

下述论证在直觉上显然是有效的：

所有人都是会死的。
苏格拉底是人。

————————

苏格拉底是会死的。

然而，这个论证的有效性是无法通过前面章节讲到的方法来验证的。尤其是上述论证中的所有语句都不是逻辑复合句。也就是说，它们都不是合取、析取、蕴涵或否定式。用符号来表示，上述论证为 P，$Q \vdash R$，而这个矢列是无效的。因此，通过前几章的方法我们会得出上述关于苏格拉底的论证是无效的结论。显然这个结论是错误的。[①] 下面是另外一个在直觉上有效的论证：

邓布利多教授相信魔法。

————————

有些教授相信魔法。

————————————————

① 细心的读者可能会认为，如果把"所有人都是会死的"翻译成一个很长的合取式，那么这个论证就是有效的。我们可以通过一个以无穷多自然数为对象的前提来反驳这个想法。

用命题逻辑来形式化这个论证，其结构是 $P \vdash Q$，而这显然不是一个有效论证。

在接下来的讨论中，我们将默认上述论证都是有效的。为了理解它们**为什么**是有效的，我们需要发明一些比命题逻辑更高明的工具。和之前一样，最有效的方法是找出这个论证中连接"内容"的一些特殊词项。例如，我们将第一个论证中的内容（人、会死的、苏格拉底）用符号替换，即可看出该论证中的特殊词项是"所有"：

所有 P 都是 M。

s 是 P。
_____

因此，s 是 M。

如果将上述论证的符号替换为其他内容，会发现所得到的依旧是一个有效论证。这表示我们已经找到了一个有效论证形式。下一步便是决定如何处理"所有"这个词。之前的逻辑词（并且、或者、如果……那么……、并非）都是语句联结词：它们可以从旧的语句中构造出新的语句。"所有"这个词扮演的角色不太一样：它是将两个谓词（"是一个人"和"是会死的"）转换成一个语句。"所有"联合语句的方式与其他诸如"并且"等命题联结词联合语句的方式是完全不一样的。

为了更好地理解联结词"所有"是如何起作用的，让我们看看另外一个论证：

如果苏格拉底是人，那么苏格拉底是会死的。

苏格拉底是人。
_____

因此，苏格拉底是会死的。

上述论证就其命题形式而言是有效的——是一个使用 MP 规则的示例。然而，命题逻辑要求用不同的符号来代表语句"苏格拉底是人"和"苏格拉底是会死的"，这就导致这两句话失去共享的主语。现在我们用 *Ps* 代表语句"苏格拉底是人"，*Ms* 代表语句"苏格拉底是会死的"，上述论证便可以重新被形式化为：

$$Ps \rightarrow Ms$$
$$\underline{Ps}$$
$$Ms$$

我们将注意力集中在第一个前提 $Ps \rightarrow Ms$，思考一下如何用符号表示"所有人都是会死的"这个命题。我们用占位符 x 代替"苏格拉底"，因此上述论证变为"如果 x 是人，那么 x 是会死的"（$Px \rightarrow Mx$）。严格来说，$Px \rightarrow Mx$ 并不是一个语句，但只要用具体的内容代入 x 就会创建一个新的语句。假设用 s 代入 x，即可得到 $Ps \rightarrow Ms$。"所有 P 都是 M"就是指无论用什么名字（name）代入 x，所得到的都会是一个真的语句，譬如 $Pa \rightarrow Ma$，$Pb \rightarrow Mb$ 等。因此开篇关于苏格拉底的论证可以形式化为：

对任意的 x，（$Px \rightarrow Mx$）

现在，我们用 $\forall x$ 这个符号来表示"对任意的 x"，那么全部论证就可以表示如下：

$$\forall x(Px \rightarrow Mx)$$
$$\underline{Ps}$$
$$Ms$$

这个论证形式是有效的，我们希望将其添加到系统中，使其成为一个原始规则。这么做显得有些缺乏远见，因为它并不能刻画关于 $\forall x$ 这个概念的全部逻辑力量。比如，下述论证也是有效的：

$$\frac{\forall x(Fx \wedge Gx)}{\forall xFx}$$

上述论证表示如果所有东西同时是 F 和 G，那么所有东西都是 F。这是另外一个有效论证，它显示出 $\forall x$ 可以出现在很多不同的有效论证形式中。我们的目标是找出使用 $\forall x$ 的最基本的有效推理规则，然后证明这些在直觉上有效的推理以及其他更多的有效推理都可以从这些基本规则中重构出来。

新引入的符号 $\forall x$ 被称为**全称量词**。其中 x 可以看作一个占位符，称为"**变元**"。需要注意的是，这里并没有引入任何变动的东西，它只是一个符号而已。有时我们会用其他字母来表示变元，有时我们需要不止一个变元。考虑下述在直觉上有效的论证：

$\forall x\,(x$ 可以被 a 整除 $\rightarrow x$ 可以被 b 整除 $)$

c可以被 a 整除。

c 可以被 b 整除。

此处"x 可以被 y 整除"是一个存在于两个事物之间的关系，而非某个单一事物的属性。我们可以用包含两个变元的符号 Dxy 表示"x 可以被 y 整除"。因此上述论证可以表述如下：

$\forall x(Dxa \rightarrow Dxb)$

Dca

Dcb

我们同样需要关于 $\forall x$ 的推理规则来说明为什么上述论证是有效

的。在此之前，让我们看看另外一个在很多有效论证中扮演着重要角色的逻辑概念。

如下这个论证从直觉上而言是有效的：

所有的哈佛毕业生都很风趣。
有些哈佛毕业生犯过重罪。
——————————————————
有些犯过重罪的人很风趣。

这里的第一个前提依然是一个全称语句。第二个前提和结论并不是表示所有的东西都有某个属性，只是表示某些东西具有那个属性。我们用新的符号∃表示"有一些……"，因此"存在一些有属性F的东西"就可以被形式化为$\exists x Fx$。上述第二个前提就表示有些人既是哈佛毕业生（Hx）同时也犯过重罪（Fx），其形式化翻译为$\exists x(Hx \wedge Fx)$。

$\exists x$ 这个符号被称为**存在量词**，因为它表达了某些东西存在的含义。和全称量词一样，它需要和一些变元符号一起使用，以便将其与之后的谓词或是关系词连接起来。$\exists x Fx$ 表示"存在一个 x，并且它有 F 这个属性"。同样的，$\exists x(Fx \wedge Gx)$ 表示"存在一个 x，它同时既是 Fx 也是 Gx"。

在英语中，有许多不同的短语都可以表达"某个东西存在……"的意思。比如我们可以说"某物存在""某些东西存在""有那么一些东西"等。在特定的语境下，这些短语还可以表示其他意思，比如它们也许会暗示不止一个东西存在，或者有些东西有某个属性并且有些东西没有那个属性。假设有人问一位逻辑教授："你班上有好学生吗？"如果他回答："有些还不错"。那么提问者会默认存在一些不是那么好的学生。这是因为在对话中，人们经常会预期双方做出逻辑上所能断定的最强表达。因此，如果事实上这位教授相信他的所有学生都很好的话，他为什么要那么回答呢？类似地，如果这位教授相信他班上（共 280 个学生）只有一个学生是优秀的，其他都不是好学生的话，那么他说"班上有些学生很优秀"，就会被认为是隐藏实情。有人可能会反驳说，"其实只有一个学生很优秀"。因此在这种情况下，"有些"并不能作为对这个问题的最佳回答。

然而，在符号逻辑中，我们的存在量词并没有这么多隐含的意思。"$\exists xFx$"就只表示至少存在一个 F。它与只有一个 F、有 42 个 Fs 所有东西都是 F 等含义并不矛盾。如果希望符号逻辑也能表达出日常语言中的所有细微差别，那么只需记住，虽然丢失了这些差别，但是逻辑可以变得更清晰和严格。

目前我们已经知道如何翻译"有一个 F"，即$\exists xFx$。"有一些 F 是 G"可以被形式化为"$\exists x(Fx \wedge Gx)$"。同样我们可以用$\exists x(Fx \wedge \neg Gx)$来表达"有些 F 不是 G"。比如，假设要表达"有些华尔街的银行家不是邪恶的"，我们可以写成"$\exists x(Wx \wedge \neg Ex)$"。通过将存在量词和全称量词组合起来，我们可以表达四种标准类型的语句，用韦恩图 ① 表示，如图 6.1 所示。

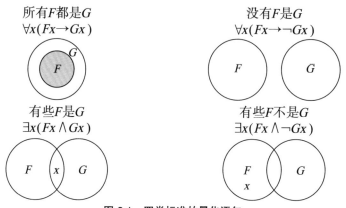

图 6.1　四类标准的量化语句

逻辑初学者大多都会犯的一个错误是将$\exists x(Fx \rightarrow Gx)$当作"有些

---

① 作者使用的韦恩图和标准意义上的韦恩图有所差异。——译者注

F 是 G"的形式化翻译。但是只要稍加思考就能意识到，这个翻译是不恰当的。对一个对象 a 而言，$Fx \rightarrow Gx$ 可以在两个不同的意义上为真：如果 Fa 和 Ga 都为真，那么 $Fa \rightarrow Ga$ 为真；如果 Fa 为假，那么 $Fa \rightarrow Ga$ 也可以为真（参考负悖论或蕴涵的真值表）。因此，只要有一个对象不是 F，$\exists x(Fx \rightarrow Gx)$ 也会是真的，而这和我们要表达的"存在一个既是 F 又是 G 的东西"的意思完全不同。

类似地，另一个常见的错误是把 $\forall x(Fx \wedge Gx)$ 当作"所有 F 都是 G"的形式化表达。$\forall x(Fx \wedge Gx)$ 表达的意思是：所有的东西既是 F 又是 G。也就是说，它蕴涵"所有 F 都是 G"，只是因为所有东西都同时具有 F 和 G 两个性质这个平凡的原因。

一个通用规则是：如果自然语言中的语句被翻译成全称语句，那么量词之后的公式应该是一个条件句。相反，如果一个自然语句中的语句被形式化翻译为存在量词的公式，那么量词之后应该是一个合取式。

习题 6.1

将下列语句用谓词逻辑的方式表达出来（已经给出了翻译符号。对那些关于人的语句，无须额外添加谓词"x 是一个人"）。

1. 没有逻辑学家是明星。（Lx,Cx）
2. 有些明星不是逻辑学家。（Lx,Cx）
3. 只有那些完成课后作业的学生才能学会逻辑。（Sx,Hx,Lx）
4. 所有富有的逻辑学家都是计算机科学家。（Rx,Lx,Cx）
5. 所有的学生和教授都会得到优惠。（Sx,Px,Dx）
6. 没有逻辑学家是富有的，除非她是一个计算机科学家（Lx,Rx,Cx）。
7. 不是所有的逻辑学家都是计算机科学家。（Lx,Cx）

8. 有些逻辑学家是富有的计算机科学家。（Lx, Rx, Cx）

9. 如果有一些富有的逻辑学家，那么有些逻辑学家是富有的计算机科学家。（Rx, Lx, Cx）

10. 除了服务性动物之外的所有宠物都禁止进入宿舍。（Px, Sx, Dx）

11. 如果有人是富有的话，那么玛丽是富有的。（Rx, m）

在将一些语句符号化时，有可能会出现两个或是多个正确答案的情形。比如语句"并没有友好的猫"。如果用 Fx 表示"x 是友好的"，Cx 表示"x 是猫"，那么下述三个公式中的任意一个都可以当作是这句话的形式化翻译：

$$\neg \exists x(Fx \wedge Cx) \qquad \forall x(Fx \rightarrow \neg Cx) \qquad \forall x(Cx \rightarrow \neg Fx)$$

第一个语句表示并非存在一只友好的猫。第二个语句表示任何友好的东西都不是猫。第三个语句表示任何猫都不是友好的。在英语中，这三句话也许会有些细微的差异，然而它们都只能在同样的情形下为真，即友好的东西的类中并不包含任何一只猫。后续内容会证明这三个语句其实是逻辑等价的。

还有一些情况，自然语言本身的含义就是模棱两可的，以至于在符号语句中我们可以用完全不同的方式翻译出来。思考如下的示例[①]：

所有男孩都喜欢某个女孩。

看上去这句话的翻译是直截了当的。首先，这句话表达了所有

---

① 这个例子是由哲学家彼得·吉奇（Peter Geach, 1916—2013）编造出来的。

男孩都有某个特定的属性，即 $\forall x(Bx \rightarrow \phi(x))$，这里的 $\phi(x)$ 表达的是"x 喜欢某个女孩"。因此，$\phi(x) \equiv \exists y(Gy \wedge Lxy)$，即"有一个 x 喜欢的女孩"。最终的答案便是：

$$\forall x(Bx \rightarrow \exists y Lxy)^{①}$$

然而，还有另外一种方式来阐释这句话：有那么一个特定的女孩，她被所有男生喜欢。在这种理解下，我们需要换个方式来翻译这句话。首先，写下 $\exists y(Gy \wedge \psi(y))$，这里的 $\psi(y)$ 表示"所有的男孩都喜欢 y"，因此 $\psi(y) \equiv \forall x(Bx \rightarrow Lxy)$，综上的最后答案便是：

$$\exists y(Gy \wedge \forall x(Bx \rightarrow Lxy))$$

与前面都是逻辑等价的语句不同，这两个符号语句并不等价，它们表达了原语句中真实存在的歧义。特别是在第一个语句为真的情形下，第二个语句可以为假。[②]

上面这个例子告诉我们，一般情况下，量词的顺序对整个语句的意思起着重要的作用。事实上，一个很有名的哲学争论正是取决于这一点。在所有试图证明上帝存在的论证中，所谓的宇宙论论证始于这个前提：每个事件都有一个原因。通过论证，得出了一定存在一个第一因（争论者建议我们将其称为"上帝"）。我们试图用符号逻辑来刻画这个论证，那么第一个前提便是 $\forall x \exists y Ryx$，这里的 Ryx 表示 y 是 x 的原因。这里的结论便是 $\exists y \forall x Ryx$。然而，正如哲学家罗素所指出的，$\forall x \exists y Ryx \vdash \exists y \forall x Ryx$ 并不是一个有效论证。[③] 确实，如果该论证是有效的，那么无论我们将 Ryx 解释为何种谓词，

---

① 这里的原文中省略了 Gy，应该是作者的笔误。——译者注

② 虽然直观上第一个语句并不逻辑蕴涵第二个语句，在第 8 章中，我们会证明这个事实。

③ 这便是发生于 1948 年的 Russell-Copleston 之争。关于这个争论的录音还可以在网络上找到。

它都应该成立。但是如果我们将 *Ryx* 解释为"*y* 是 *x* 的母亲",那么前提对所有哺乳动物而言是正确的,结论却很可能是错误的。

习题 6.2

将下列语句用谓词逻辑的方式表达出来(已经给出了翻译符号。对那些关于人的语句,无须额外添加一个谓词"*x* 是一个人")。

1. 玛丽喜欢所有喜欢她的人。(m, Lxy)
2. 玛丽喜欢所有那些不喜欢自己的人。(Lxy, m)
3. 所有人都喜欢他们的母亲。(Lxy, Mxy)
4. 有些人只喜欢那些喜欢他们母亲的人。(Lxy, Mxy)
5. 斯内普杀了某人。(Kxy, s)
6. 斯内普是个杀人犯。(Kxy, s)
7. 某个人被斯内普杀了。(Kxy, s)
8. 有些巫师只会和其他巫师结婚。(Wx, Mxy)
9. 没有最大的数字。($Nx, x < y$)
10. *c* 是 *a* 和 *b* 的最小上界。($a, b, c, x \leq y$)
11. *c* 是 *a* 和 *b* 的最大公约数。($a, b, c, Dxy, x \leq y$)

全称消去规则

关于 $\forall x$ 的含义我们已经暗示很多了。如果某人接受 $\forall x \phi(x)$,那么无论 *a* 的名字是什么,他应该都会接受 $\phi(a)$。如果这是对的话,那么我们关于量化陈述的第一条,同时也是最明显的一条推理规则如下:

从 $\forall x \phi(x)$ 这个公式，对任意名字 a 都可以推出 $\phi(a)$。

这条规则被称为**全称消去**（universal elimination，UE）规则，因为它允许我们从一个全称语句推出其他东西。这里我们用 $\phi(x)$ 表示任意包含 x 的公式。比如，$\phi(x)$ 可以是 $Px \rightarrow Mx$，或者是 $Px \rightarrow Ms$，又或者是 Rx。UE 规则可以证明，从 $\forall x(Px \rightarrow Mx)$ 和 Ps 的合取推出 Ms。

1	（1）	$\forall x(Px \rightarrow Mx)$	A
2	（2）	Ps	A
1	（3）	$Ps \rightarrow Ms$	1UE
1, 2	（4）	Ms	3,2 MP

UE 规则是少数我们可以将依赖前提一直照搬下来的逻辑规则之一。在上面的证明中，我们对第一行使用了 UE 规则，其依赖于自身。因此，结论（第 3 行）同样也只依赖于第一行。

下面是 UE 规则的精确表述：

全称消去（UE）：

从一个全称语句，可以推出它的任意一个示例。用图示表示：

$$\frac{\Gamma \vdash \forall x \phi(x)}{\Gamma \vdash \phi(a)}$$

习题 6.3

证明如下矢列成立。

1. $\forall xFx, \forall xGx \vdash Fa \wedge Ga$

2. $\forall x \neg Fx \vdash Fa \rightarrow P$

3. $\forall x (Fx \rightarrow Gx), \neg Ga \vdash \neg Fa$

4. $\forall x (Fx \rightarrow Gx), \neg Ga \vdash \neg \forall x Fx$

5. $\forall x \neg Fx \vdash \neg \forall x Fx$

6. $\vdash \neg \forall x (Fx \wedge \neg Fx)$

习题　6.4

你认为下列两个语句 $\forall x (Fx \rightarrow Gx)$ 和 $\forall x (Fx \rightarrow \neg Gx)$ 是一致的吗？

全称引入规则

UE 规则本身很难证明出很多新的东西来。比如，假设想从 $\forall x (Fx \wedge Gx)$ 推出 $\forall x Fx$，可以借用 UE 规则得到 $Fa \wedge Ga$，但得不出 $\forall x Fx$。要想从一个特殊的个例推出一个全称语句，这是一个巨大的错误。比如，我们不能从邓布利多教授相信魔法这个特例推出所有教授都相信魔法。因此，为了更好地使用 UE 规则，我们需要补充一条全称量词的引入规则。

注意，条件证明并不是一条规则，它是一个思考策略。简单地说，如果想证明一个条件句，首先需要假定其前件，然后再利用假定的前件推出后件。全称引入（universal introduction，UI）规则在这方面和条件证明很相似。现在需要思考的是，我们通常是如何确信一个全称语句为真的。

我们能得知真的全称语句，这本身就是一件令人惊异的事情。我们是局限于时空中的有限存在物，任何人都不可能去考察全称概括语句中的所有可能的示例。因此，是什么允许我们这种永远只能观察到一小部分有穷示例的生物得出某些东西永远为真的结论的呢？

答案和我们之前关于条件陈述所给出的类似。为了推出一个条件句，我们要进行一种假定的智力活动，这个活动本身并不直接指向真理。当我们说"假定 P"的时候，我们并不是在做一个关于真实情况的断言。相反，我们要在从真实情况中抽象出来，以便探索所有的逻辑可能性。为了确立全称语句的真，我们进行一种更为激进的抽象活动。本质上，假定我们可以普遍地谈论一般的东西，而不是任何确定的特殊之物。

思考如下 A 和 B 之间的对话，他们都同意所有的巴伐利亚人是德国人，所有的德国人都是欧洲人。A 试图说服 B 同意所有的巴伐利亚人都是欧洲人。

A：假定格雷特是某个随机的巴伐利亚人。

B：所以随机的巴伐利亚人是个女性？

A：不，我并没有那个意思。我只是随机选择了一个听上去像是巴伐利亚人的名字。如果我选了"汉斯"，你可能会问我这个随机的巴伐利亚人是不是男性。

B：那你为什么不用一个字母呢？

A：好的，假定 X 是某个随机的巴伐利亚人。你也同意 X 是德国人，对吧？

B：是的，那是当然。

A：由于所有德国人都是欧洲人，所以 X 也是欧洲人。

B：同意。

A：由于 X 是个任意的巴伐利亚人，那么所有巴伐利亚人都是欧洲人。

最重要的一步是最后一步。X 扮演了一个名字的角色，但是我们并不知道她是谁，除了她是个巴伐利亚人之外。因此，当我们推出 X 是欧洲人的时候，这个推理允许我们得出所有巴伐利亚人都是欧洲人的结论。

必须说明的是，这里可能出现一个陷阱。在上述对话中，双方选择了字母 X 作为一个随机的名字，因为它并不携带任何使得推理无效的含义。但是这并不是绝对的。如果 B 很迟钝，那么有可能会出现如下情形：

B：由于这个随机的巴伐利亚人的名字是 X，那么巴伐利亚人中不可能有叫"格雷特"的。

很显然，B 的推理中出现了一些明显的错误。因为 B 忘记了关键的一点——我们之所以选择 X 这个名字，就是因为没有人知道关于 X 的任何其他信息。但是 B 所做的，他认为 X 有一个特殊的属性，即他的名字是 X。他完全没懂这里的要点。

在实际推理中，人们凭借常识就能避免这类错误。但是形式逻辑的目标恰好在于将常识中的规则明确地表达出来，我们要用一条确定的规则来避免这种错误。接下来我们便看看应该如何做。

举个例子，假设某个论证或是对话发生在某个封闭的房间里。对话双方进入房间后，必须将他们的假设说出来。一旦对话开始，他们可以随意使用宣称过的假设。当遇到全称陈述时，我们会给他们提供一系列的新名字，如 a、b、c 等，这些名字不会与他们的假设重复。他们也可以在论证的任一时刻使用这些名字，比如可以用 UE 规则从 $\forall x \phi(x)$ 推出 $\phi(a)$。

有了这些规定之后，我们便可以防止双方在做全称语句推理时犯一些愚蠢的错误。简单地说，他们可以从包含新名字的 $\phi(a)$ 这个示例中推出 $\forall x \phi(x)$。由于双方都没有引入任何关于 a 的新的信息，他们关于 a 所唯一拥有的信息便是从全称语句所得到的信息。

希望这个例子有助于我们提高直觉。当然，这并不代表我们要完全依赖直觉理解全称引入规则，全称引入规则只是一条简单的（机器可验证的）纯句法规则。简单地说，如果假设 Γ 和公式 $\phi(x)$ 中没有任何关于 a 的信息，那么从前提 $\Gamma \vdash \phi(a)$ 可以得出 $\Gamma \vdash \forall x \phi(x)$。

全称引入（UI）

$$\frac{\Gamma \vdash \phi(a)}{\Gamma \vdash \forall x \phi(x)}$$ 限制：a 不出现在 Γ 或者 $\phi(x)$ 中。

一般来说，可以结合全称量化语句的前提推出全称量化的结论。这个策略在于对前提反复使用 UE 规则，确保每次使用的都是同样的名字。然后可以通过命题逻辑的规则将这些示例转化为结论的示例。最后再用 UI 规则从这个示例推出目标结论。

证明：$\forall x (Fx \rightarrow Gx), \forall x (Gx \rightarrow Hx) \vdash \forall x (Fx \rightarrow Hx)$

1	（1）	$\forall x (Fx \rightarrow Gx)$	A
2	（2）	$\forall x (Gx \rightarrow Hx)$	A
3	（3）	Fa	A
1	（4）	$Fa \rightarrow Ga$	1 UE
2	（5）	$Ga \rightarrow Ha$	2 UE
1, 3	（6）	Ga	4,3 MP
1, 2, 3	（7）	Ha	5,6 MP
1, 2	（8）	$Fa \rightarrow Ha$	3,7 CP

1, 2   （9） $\forall x(Fx \rightarrow Hx)$ 8 UI

观察结论，我们需要证明任意一个 F 也是一个 H。也就是说，我们需要证明 $Fa \rightarrow Ha$，这里的 a 不能出现在任何假定之中。在第 3 行中，我们假定 a 是一个随机的 F（第 3 行并没有明确说明 a 是随机的，但 a 是一个没有出现在证明中的新名字，这保证了 a 是随机的）。然后我们通过全称前提得出 a 同时也是 H。

对名字 a 的限制表示我们不能从一个特殊的假设中直接推出一个普遍结论。为了更好地理解限制 a 出现在 $\phi(x)$ 中的原因，我们先来思考一下从 $\forall xRxx$ 到 $\forall xRxa$ 的尝试性证明：

1   （1） $\forall xRxx$ A
1   （2） Raa 1 UE
1   （3） $\forall xRxa$ 2 UI   ⟸错误

这个论证不可能是有效的。假设 Rxy 表示"x 和 y 的净资产一样"，a 代表杰夫·贝索斯。前提明显是真的：所有人都有和自己一样的净资产。但是结论是所有人的净资产和贝索斯一样多，这明显是错误的。这是因为第 3 行的 $\phi(x)$ 是 Rxa，包含名字 a。在实际证明中，我们可以通过经验来确保自己不违背 UI 规则中的限制：当从 $\phi(a)$ 概括得出 $\forall x\phi(x)$ 的结论时，将所有出现的 a 都变成 x。将该规则引入上述例子中，即可从 Raa 得出 $\forall xRxx$，即示例中的前提。

UI 规则可以应用于任意的变元。比如，$\phi(a)$ 可以被量化成为 $\forall x\phi(x)$、$\forall y\phi(y)$、$\forall z\phi(z)$。我们只需注意不要使用已经出现在 $\phi(x)$ 中的任何变元即可。比如，我们不能从 $\forall xRax$ 推出 $\forall x\forall xRxx$，因为后者不是一个合法公式。

由于 UI 规则可以自由应用于任一变元，因此我们可以证明 $\forall xFx$ 和 $\forall yFy$ 是等价的。

1	（1）	$\forall x F x$	A
1	（2）	Fa	1 UE
1	（3）	$\forall y F y$	2 UI

根据对称性我们也可以得到其逆命题，因而 $\forall x F x \dashv\vdash \forall y F y$。这种将语句中某个变元替换为另外一个变元后所得到的等价转换称为 α - 等价，这种等价变换在处理包含多个变元的语句时极为有用。比如，根据 α - 等价，$\forall x F x \to \forall y F y$ 是一个重言式。而且会发现 $\forall x F x \to P$ 蕴涵 $\exists x(F x \to P)$。将 $\forall y F y$ 代入 P，便可以推出 $\exists x(F x \to \forall y F y)$ 也是一个重言式。

习题 6.5

证明如下矢列成立。

1. $\forall x(F x \to G x) \vdash \forall x F x \to \forall x G x$

2. $\forall x(F x \to G x) \vdash \forall x \neg G x \to \forall x \neg F x$

3. $\forall x F x \wedge \forall x G x \dashv\vdash \forall x(F x \wedge G x)$

4. $\forall x F x \vee \forall x G x \vdash \forall x(F x \vee G x)$

5. $\neg F a \vdash \neg \forall x F x$

6. $\forall x \neg F x \vdash \forall x(F x \to G x)$

7. $P \vdash \forall x(F x \to P)$，$P$ 是不包含变元 x 的任何语句

8. $P \to \forall x F x \dashv\vdash \forall x(P \to F x)$

9. $\forall x \forall y R x y \vdash \forall x R x x$

10. $\forall x \forall y R x y \vdash \forall y \forall x R x y$

习题 6.6

下列证明中哪一行是错误的？

1	（1）	Fa	A
	（2）	$Fa \rightarrow Fa$	1,1 CP
	（3）	$\forall x(Fa \rightarrow Fx)$	2 UI
	（4）	$Fa \rightarrow Fb$	3 UE

习题 6.7

尝试写出如下矢列的证明。如无法证明，请说明是 UI 规则的哪条限制导致你没法完成证明：

$$\forall x\,(Fx \lor Gx) \vdash \forall x Fx \lor \forall x Gx$$

存在引入规则

在日常生活中，我们经常会遇到知道某个人或是某个东西有一个特定的属性，但是不知道具体是谁或是具体是什么东西。比如，我们知道，在 1888 年至 1891 年，某人在伦敦谋杀了 11 名女性，然而直至今日，我们都不知道凶手是谁。

如果我们知道"某个东西是 ϕ"，但是并不知道具体是哪个东西有 ϕ 属性，这时，我们可以用存在性知识进行推理，但推理过程非常小心。比如，如果知道某个东西是 ϕ，并且所有的 ϕ 都是 ψ，那么一定也知道这个东西是 ψ。反过来，如果知道某个东西是 ϕ，并且某个东西是 ψ，那么这两个事实不足以得出某个东西既是 ϕ 也是 ψ 的结论。

那么，关于"某个东西是 ϕ"的逻辑该是什么样的呢？正如我们处理其他逻辑联结词一样，我们需要找出得出这样结论的语句（引入规则）和用这样的语句推出其他结论（消去规则）的典型推理。

首先，让我们看看存在引入规则，即得出"某个东西是 ϕ"的日常推理范例。在日常生活中，我们相信存在论断的理由通常都不是决定性的，也就是说，推出某个东西存在并不是我们所知道的情况的逻辑后承。比如，我们之所以相信某个人谋杀了 11 位女性这个示例，是因为我们从报纸或电视上看到了类似的报道。但是逻辑角度而言，这些证据并不足以保证这个事件真实发生过。因此这种类型的证据并不是我们在寻求存在引入逻辑有效规则时应该参考的。

然而，至少有一个人可以提供充足的证据来证明"某人谋杀了11 名女性"。如果凶手真实存在，那么他知道"我杀了 11 名女性"，因此他可以推出"某人杀了 11 名女性"。这里不存在前提为真、但结论却为假的可能性，因而这是一个有效论证。因此，这个示例的有效推理可以被表示如下：

$$\frac{\phi(a)}{\exists x\,\phi(x)}$$

这里 a 是凶手的名字，$\phi(x)$ 表示"x 谋杀了 11 名女性"。我们将从"我谋杀了 11 名女性"得到"某个人谋杀了 11 名女性"。这个推理被当作引入存在性论断的范例。

存在引入（EI）

如果 $\exists x\,\phi(x)$ 的一个示例 $\phi(a)$ 可以从 Γ 推出来，那么 $\exists x\,\phi(x)$ 也可以从 Γ 推出来。用图示表示如下：

$$\frac{\Gamma \vdash \phi(a)}{\Gamma \vdash \exists x\,\phi(x)}$$

其中，$\phi(x)$ 是一个变元 x 所在的公式，$\phi(a)$ 是通过将 $\phi(x)$ 中所有变元 x 替换为 a 之后得到的新公式，而且我们并不限制 a 出现在 $\phi(x)$ 中。比如，从海明威自杀了这个事实我们可以推出某人杀了海明威。也就是说，从 Kaa 这个前提通过存在引入规则，我们可以得到$\exists x Kxa$。

和析取引入规则一样，在使用存在引入规则时，也存在丢失信息的情况，因此如果你不知道如何使用这条规则是很冒险的。我们知道在证明不同的前提导致同样的结论时，析取引入规则是最有效的。存在引入规则也是如此，当我们想证明不同的前提能推出共同的结论时，存在引入规则会是最有效的规则之一。

然而，也有一些特殊的情况，EI 规则本身就很有用。下面我们证明否定性存在语句蕴涵一个全称语句。

证明：$\neg\exists x Fx \vdash \forall x \neg Fx$

1	（1）	$\neg\exists x Fx$	A
2	（2）	Fa	A
2	（3）	$\exists x Fx$	2 EI
1,2	（4）	$\exists x Fx \wedge \neg\exists x Fx$	3,1 $\wedge$ I
1	（5）	$\neg Fa$	2,4 RAA
1	（6）	$\forall x \neg Fx$	5 UI

需要注意的是，第 5 行只依赖于第 1 行，而第 1 行并不包含 a，因此我们可以在第 6 行使用 UI 规则。这个证明的策略并不是直截了当的。我们的前提$\neg\exists x Fx$ 是一个否定性存在句，对于否定性语句，我们暂时没有任何规则可以利用，因此我们必须从结论$\forall x \neg Fx$着手。由于它是一个全称语句，我们只需要得出$\neg Fa$ 且 a 不依赖任何前提即可。在没有其他更好的办法的情况下，我们尝试归谬法 RAA。事

实上，一旦我们假定了 *Fa*，通过第 1 行的前提得出矛盾就很容易了。

在上述证明中，如果我们用¬*Fx* 代替 *Fx*，那么第 5 行就是¬¬ *Fa*。用 DN 就可以得到 *Fa*，然后用 UI 便可以得到∀*xFx* 这个结论。因此我们同样可以证明如下矢列：¬∃*x* ¬ *Fx* ⊢∀*xFx*。

习题 6.8

证明如下矢列成立：

1. ¬∃*x*(*Fx* ∧ *Gx*) ⊢ ∀*x*(*Fx* →¬ *Gx*)

2. ∀*xFx* ⊢∃*xFx*

3. ∀*x*(*Fx* → *Gx*)，*Fa* ⊢∃*xGx*

4. ¬*Fa* ⊢∃*x*(*Fx* → *P*)

5. ¬ ∀*xFx* ⊢∃*x*(*Fx* → *P*)

6. ¬∃*xFx* ⊢∀*x*(*Fx* → *Gx*)

7. ∀*x*∀*yRxy* ⊢∃*xRxx*

8. *P* → *Fa* ⊢ *P* →∃*xFx*

9. ∃*xFx* → *P* ⊣⊢ ∀*x*(*Fx* → *P*)

10. ¬∃*xFx* ⊢ ∀*x*(*Fx* → *P*)

11. ¬∃*x*(*Fx* → *P*) ⊢ ∀*xFx* ∧¬ *P*

*12. ∀*xFx* → *P* ⊢∃*x*(*Fx* → *P*)

存在消去规则

当存在引入规则与存在消去规则一起使用时，存在引入规则才能真正展示其效用。因此，我们来了解一下存在消去规则。从概念理解的角度而言，存在消去规则是本书中最具挑战难度的一条规则。

为了理解存在消去规则的概念，让我们先看看这条规则不能做什么。如下这个推理显然是无效的：

$$\frac{\exists x\,\phi(x)}{\phi(a)}$$

例如，从"某人谋杀了 11 名女性"这个事实，不能推出路易斯·卡罗尔谋杀了 11 名女性。

认真思索后，会发现要从一个存在量化的语句中推出一些有意思的信息，这基本是不太可能的。因此从 $\exists x\,\phi(x)$ 这个公式本身并不能推出哪一个东西是 ϕ。因此，如果这句话的信息是模糊的，我们能用它来做什么呢？事实上，我们这里要用到的策略和之前讨论 UI 规则时是很相似的。虽然 $\exists x\,\phi(x)$ 没有告诉我们理查德、康妮或阿尔伯特是 ϕ，但是它确实告诉我们，某个人有 ϕ 这个属性。因此，我们可以随机挑选一个新的名字 a，并用它来代表这个 ϕ。然后我们便可以开始在逻辑空间中探索，看看在没有任何关于 a 的其他知识的情况下，能够推出哪些关于 a 的结论。这里的核心想法在于，无论推出了什么结论，只要 ψ 中不包含 a，那么这个结论就可以从 $\exists x\,\phi(x)$ 中推出。

假定在 1888 年至 1891 年期间，某人在伦敦谋杀了 11 名女性。我们将这个人称为"开膛手杰克"或者 a，然后我们可以通过标准的逻辑推理来推断出若干结论。如 a 是 19 世纪末伦敦的一个连环杀手。因此，通过存在引入规则，我们可以得到在 19 世纪末，伦敦存在一个连环杀手。由于这个结论并没有直接利用这个杀手的其他个性化信息，我们便推出了 19 世纪末的伦敦存在一名连环杀手这个结论。

这便是存在消去规则起作用的方式。我们先看一个使用存在消去规则的例子，然后再慢慢解释该规则的原理。我们要从 $\exists x (Fx \wedge Gx)$ 中推出 $\exists xFx$。

1	（1）	$\exists x (Fx \wedge Gx)$	A
2	（2）	$Fa \wedge Ga$	A
2	（3）	Fa	2 $\wedge$ E
2	（4）	$\exists xFx$	3 EI
1	（5）	$\exists xFx$	1,2,4 EE

前 4 行用到的规则我们都已经接触过，但是第 2 行并不是从第 1 行推出来的：它是一个新的假设。我们可以这样来理解第 2 行："让 a 表示那些既是 F 又是 G 的东西"。第 5 行是这个推理的核心所在。第 4 行证明了 $Fa \wedge Ga \vdash \exists xFx$。不管我们在第 2 行选择的是什么样的名字，这个结论总是成立的。因此，$\exists xFx$ 仅仅从某个东西既是 F 又是 G 便可以得出，这同样也是我们为什么能在第 5 行用依赖数字 1 替换依赖数字 2 的原因。我们这里的 EE[①] 规则引用了 3 行：存在语句所在的第 1 行；存在语句的示例所出现的第 2 行以及从这个示例推出的结论所在的第 4 行。第 2 行到第 4 行其实是一个从 $Fa \wedge Ga$ 到 $\exists xFx$ 的子证明。因此，虽然 EE 规则原则上引用了 3 行，为了便于理解，可以将其看成只引用 1 行（存在语句前提）外加一个子证明（以存在语句的一个示例作为假定并且以所证语句为结论）的结构。

现在我们便可以给出 EE 规则的完整表述及其所有限制，见第 125 页。

其中，我们需要注意以下三点：

1. 从前提 Γ 推导出的 $\exists x\phi(x)$，对应证明中存在语句所出现

---

① 原文是写的 EI 规则，应该是作者笔误。——译者注

的那一行，且这个语句依赖于 Γ。

2. 从存在语句的示例 $\phi(a)$ 推导出 ψ，可能还需要某些辅助性假定 Δ，且这些辅助假定不能提供关于 a 的任何信息。在形式证明中，这个推演以 $\phi(a)$ 为假设开始，结束于 ψ 所在的那一行，这个推演只依赖于 Δ 和 $\phi(a)$。

3. 当前两个条件都得以满足之后，我们便可以用 EE 规则推出 ψ，这个推演的依赖前提是 Γ 和 Δ。

存在消去规则（EE）：

如果 $\exists x\phi(x)$ 的一个存在示例 $\phi(a)$ 蕴涵 ψ，并且 a 这个名字并不出现在 ψ 中，那么 $\exists x\phi(x)$ 蕴涵 ψ。更准确地说：

$$\frac{\Gamma \vdash \exists x\phi(x) \quad \Delta, \phi(a) \vdash \psi}{\Gamma, \Delta \vdash \psi}$$

限制：*a 不出现在* Γ、Δ、$\phi(x)$ 或 ψ 中。

下面看一个综合示例。

证明：$\forall x(Fx \to Gx), \exists xFx \vdash \exists xGx$

1	（1）	$\forall x(Fx \to Gx)$	A
2	（2）	$\exists xFx$	A
3	（3）	Fa	A
1	（4）	$Fa \to Ga$	1 UE
1,3	（5）	Ga	4,3 MP
1,3	（6）	$\exists xGx$	5 EI
1,2	（7）	$\exists xGx$	2,3,6 EE

这个证明中的 Γ 就是 $\exists xFx$ 自身，EE 规则的第一部分便是第 2

行（从 $\exists xFx$ 到自身的推演）。EE 规则的第二部分是从第 3 行（假定存在示例 Fa）到第 6 行（得出结论 $\exists xGx$）的子证明。通过这个子证明我们能得到 $\forall x(Fx \to Gx), Fa \vdash \exists xGx$。也就是说，我们的辅助假设 Δ 就是 $\forall x(Fx \to Gx)$。所有 EE 规则中的限制条件都满足了，因此第 7 行是正确的。

EE 规则中这些条文主义式的限制条件看上去很难记忆，但其实它们都源自一个最基本的想法，即存在论断 $\exists x\phi(x)$ 并不会告诉我们哪个人或者哪个对象是 ϕ。当然，仅从一个存在论断 $\exists xFx$ 就推出 Fa，这会是一个极其严重的错误。

1	（1）	$\exists xFx$	A	
2	（2）	Fa	A	
1	（3）	Fa	1,2 EE	⟸错误

此处，第 3 行的 EE 规则违反了名字 a 不能出现在子证明的结论中这一限制。

在实践中，要想不违背 EE 规则的种种限制，最好的方法便是选择一个全称的名字 a 作为存在语句的假定示例 $\phi(a)$，然后也不要做任何关于 a 的假定。我们可以利用的关于 a 的所有事实只能是 a 是使 $\exists x\phi(x)$ 为真的对象中的一个。比如，考虑如下证明，我们试图从 $\exists xFx$ 和 $\exists xGx$ 中推出 $\exists x(Fx \wedge Gx)$。

1	（1）	$\exists xFx$	A	
2	（2）	$\exists xGx$	A	
3	（3）	Fa	A	
4	（4）	Ga	A	⟸坏主意
3,4	（5）	$Fa \wedge Ga$	3,4 $\wedge$I	

3,4　　（6）　$\exists x (Fx \wedge Gx)$　　5 EI

如果试图对第1、3和6行使用EE规则,那么我们会得到如下证明:

$$\dfrac{\exists xFx \vdash \exists xFx \qquad Ga, Fa \vdash \exists x (Fx \wedge Gx)}{\exists xFx, Ga \vdash \exists x (Fx \wedge Gx)}$$

这里的辅助假设 Δ 是 Ga,它提供了关于 a 的某些特殊信息,而这是不允许的。因此,对第1、3和6行不能使用 EE 规则。

如果你具备一定常识的话,上述论证的问题便一目了然。假设你认识一个喜欢逻辑的人,也认识一个讨厌逻辑的人。首先假设 a 喜欢逻辑,然后再假设 a 讨厌逻辑,这便是一个很不好的想法。虽然同时做这两种假定并无任何不合逻辑之处,逻辑本身不对假定做任何限制,但是逻辑不允许从一个存在前提出发来推演其他结论。

在习题 6.5 中,要证明全称量词和合取是可交换的,即

$$\forall x (Fx \wedge Gx) \dashv\vdash \forall xFx \wedge \forall xGx$$

存在量词和合取是不可交换的情况,但它对析取却可以。我们证明这个结论中的某一个方向,另外一个留待习题。

证明:$\exists x (Fx \vee Gx) \vdash \exists xFx \vee \exists xGx$

1	（1）	$\exists x (Fx \vee Gx)$	A
2	（2）	$Fa \vee Ga$	A
3	（3）	Fa	A
3	（4）	$\exists xFx$	3 EI
3	（5）	$\exists xFx \vee \exists xGx$	4 $\vee$ I
6	（6）	Ga	A

6	（7）	$\exists x Gx$	6 EI
6	（8）	$\exists x Fx \lor \exists x Gx$	7 $\lor$I
2	（9）	$\exists x Fx \lor \exists x Gx$	2,3,5,6,8 $\lor$E
1	（10）	$\exists x Fx \lor \exists x Gx$	1,2,9 EE

在这个证明中，$\phi \equiv \exists x Fx \lor \exists x Gx$ 出现了 4 次，这看上去有点奇怪。它的每一次出现都是依赖于不同的前提，因此其含义也不尽相同。第 5 行的第一次出现是因为 ϕ 可以从 Fa 中推出。第 8 行的第二次出现是因为 ϕ 可以从 Ga 中推出。这两个子推演证明了 ϕ 可以从 $Fa \lor Ga$ 中推出，由于 a 是任意的，因此 ϕ 可以从 $\exists x (Fx \lor Gx)$ 中推出。

有一些存在消去规则的应用要更为巧妙一些。比如思考一下从 $\exists x \neg Fx$ 推出 $\neg \forall x Fx$ 的证明。如果不看结论而从前提着手进行推理，很难取得大的进展，因为前提只是个非常弱的存在命题。由于结论是个否定式，便可以考虑利用归谬法，我们的证明思路正是按照这一思路而来的：

证明：$\exists x \neg Fx \vdash \neg \forall x Fx$

1	（1）	$\exists x \neg Fx$	A
2	（2）	$\forall x Fx$	A
3	（3）	$\neg Fa$	A
2	（4）	Fa	2 UE
2,3	（5）	$Fa \land \neg Fa$	4,3 $\land$I
3	（6）	$\neg \forall x Fx$	2,5 RAA
1	（7）	$\neg \forall x Fx$	1,3,6 EE

一旦假定"所有东西都是 F"，那么它便和"有些东西不是 F"

互相矛盾。我们只需要考虑如何用证明将矛盾显现出来。要证明它们不兼容的唯一方法便是取任意一个 ¬F 的 a，然后利用 ∀xFx 推出 Fa，得到 $Fa \wedge \neg Fa$ 这个矛盾。这个矛盾并不是从前提 1 和 2 推出来的，而是利用了前提 Fa。于是我们便利用得到的矛盾推出某个前提的否定，即第 2 行这个假定的否定。由于这个假定的否定并不包含 a，便可以再使用 EE 规则得出结论。

EI 和 EE 这两个规则是精心挑选出来的，我们能用它们证明很多直觉上有效的论证，同时也保证不会推出任何直觉上无效的论证。

证明：∃$xRxx$ ⊢ ∃x∃$yRxy$

1	（1）	∃$xRxx$	A
2	（2）	Raa	A
2	（3）	∃$yRay$	2 EI
2	（4）	∃x∃$yRxy$	3 EI
1	（5）	∃x∃$yRxy$	1,2,4 EE

要看出这个论证在直觉上是有效的，需要记住 ∃x∃y 表达的并不是存在两个不一样的事物。反过来，假设我们想证明在直觉上无效的论证 ∃x∃$yRxy$ ⊢ ∃$xRxx$，下面可能是我们尝试证明的前几步：

1	（1）	∃x∃$yRxy$	A
2	（2）	∃$yRay$	A
3	（3）	Raa	A
3	（4）	∃$xRxx$	3 EI

当推理到这一步时，我们发现无法对第 2、3、4 行使用 EE 规则，因为 a 这个任意名字出现在了第 2 行。

习题 6.9

解释如下证明的错误。

1	（1）	$\forall\exists x\exists yRxy$	A
1	（2）	$\exists yRay$	1 UE
3	（3）	Raa	A
3	（4）	$\exists xRxx$	3 EI
1	（5）	$\exists xRxx$	2,3,4 EE

习题 6.10

下述证明中，哪一行是错误的？为什么？

1	（1）	$Fa \wedge Gb$	A
1	（2）	Gb	1 $\wedge$ E
1	（3）	$\exists xGx$	2 EI
4	（4）	Ga	A
1	（5）	Fa	1 $\wedge$ E
1,4	（6）	$Fa \wedge Ga$	5,4 $\wedge$ I
1,4	（7）	$\exists x(Fx \wedge Gx)$	6 EI
1	（8）	$\exists x(Fx \wedge Gx)$	3,4,7 EE

习题 6.11

证明如下矢列成立。

1. $\exists xFx \vee \exists xGx \vdash \exists x(Fx \vee Gx)$

2. $\forall x(Fx \rightarrow Gx), \neg\exists xGx \vdash \neg\exists xFx$

3. $\forall x(Fx \rightarrow Gx) \vdash \exists x\neg Gx \rightarrow \exists x\neg Fx$

4. $\forall x\,(Fx \rightarrow P) \vdash \exists x Fx \rightarrow P$

5. $P \wedge \exists x Fx \vdash \exists x\,(P \wedge Fx)$

6. $\exists x\,(Fx \rightarrow P) \vdash \forall x Fx \rightarrow P$

7. $\exists x\,(P \rightarrow Fx) \vdash P \rightarrow \exists x Fx$

8. $\exists x \forall y Rxy \vdash \forall y \exists x Rxy$

9. $\exists x \forall y Rxy \vdash \exists x Rxx$

量词和布尔联结词的关系

在这一节中，我们将要更系统地探讨量词和布尔联结词是如何相互作用的。某些最重要的矢列显示了量词是如何与否定联结词相互作用的。特别地，任何一个否定的量化公式都可以被证明等价于另外一个以量词开头，紧跟着否定符号的新公式。借用一个动态类比也许能帮我们更好地理解：把一个否定词从量词外面移到里面，该否定词将改变这个量词。

$$\neg \exists x \phi \quad \dashv\vdash \quad \forall x \neg \phi \qquad \neg \forall x \phi \quad \dashv\vdash \quad \exists x \neg \phi$$

我们将这四个矢列称为 qn（quantifier negation）规则。前面我们已经证明了 $\neg \exists x \phi \vdash \forall x \neg \phi$ 和 $\exists x \neg \phi \vdash\vdash \forall x \phi$。现在来证明 $\neg \forall x \phi \vdash \exists x \neg \phi$。

$\neg \exists x \phi$	$\vdash \forall x \neg \phi$	已证明
$\neg \exists x \neg \phi$	$\vdash \forall x \phi$	用 $\neg \phi$ 代替 ϕ，DN
$\neg \forall x \phi$	$\vdash \neg\neg \exists x \neg \phi$	逆否换位
$\neg \forall x \phi$	$\vdash \exists x \neg \phi$	DN

习题 6.12

试证明 $\forall x \neg \phi \vdash \neg \exists x \phi$ 。

我们也可以建立如下等价关系：

$$\forall x (\phi \wedge \psi) \dashv\vdash \forall x \phi \wedge \forall x \psi$$

$$\exists x (\phi \vee \psi) \dashv\vdash \exists x \phi \vee \exists x \psi$$

只需记住：全称量词和合取是可交换的，存在量词和析取是可交换的。与之相反，→联结词并没有这样的等价关系。首先，$\forall x Fx \rightarrow \forall x Gx$ 并不蕴涵 $\forall x (Fx \rightarrow Gx)$。第 8 章中我将证明这个蕴涵式并不成立，此刻我们只需要一个反例即可。让 Fx 表示 "x 有超过一百万的净资产"，Gx 表示 "x 生活在一个没有贫困的社会"。那么语句 "如果所有人都有超过一百万的净资产，那么所有人都生活在一个没有贫困的社会" 为真。然而，"每个资产超过一百万的人都生活在一个没有贫困的社会" 却是假的（根据形式逻辑，第一句话的真是由其前件的错误所保证的）。

类似地，从 $\exists x (Fx \rightarrow Gx)$ 到 $\exists x Fx \rightarrow \exists x Gx$ 的蕴涵也不成立。特别是假设 Fx 是某个东西具有但是其他东西不具有的属性，而 Gx 是一个任何东西都不具有的属性。因此，有可能存在一些东西，如果它们是 F，那么它们就会是 G。比如，让 Fx 表示 "x 赢得了 2018 年的世界杯足球赛冠军"，Gx 表示 "x 获得过六次世界杯足球赛的冠军"。那么语句 "如果巴西赢得了 2018 年世界杯足球赛冠军，那么巴西就获得过六次世界杯足球赛的冠军" 是真的，因而语句 $\exists x (Fx \rightarrow Gx)$ 为真。同样由于确实有队伍赢得了 2018 年世界杯足球赛冠军，因此 $\exists x Fx$ 也为真。但是因为没有队伍获得过六次世界杯的冠军，所以 $\exists x Gx$ 为假。[①]

---

① 2018 年世界杯前，巴西队是唯一赢得过五次世界杯冠军的队伍，然而 2018 年世界杯最后的冠军归属于法国。——译者注

还有一些其他等价式，其中某个公式中并不包含量词的变元。我们在前面以及习题中已经见过很多次了，现总结如下：

$$\forall x\,(\phi \lor \chi) \dashv\vdash \forall x\,\phi \lor \chi \qquad \exists x\,(\phi \land \chi) \dashv\vdash \exists x\,\phi \land \chi$$

$$\forall x\,(\chi \to \phi) \dashv\vdash \chi \to \forall x\,\phi \qquad \exists x\,(\chi \to \phi) \dashv\vdash \chi \to \exists x\,\phi$$

$$\forall x\,(\phi \to \chi) \dashv\vdash \exists x\,\phi \to \chi \qquad \exists x\,(\phi \to \chi) \dashv\vdash \forall x\,\phi \to \chi$$

其中，χ 代表了一个公式，尤其重要的是变元 x 并不出现在其中。这里一共包含 12 个要证明的矢列，其中大部分证明都是比较容易的（习题 6.5、6.8 和 6.11 已要求证明过其中某些矢列）。最难的是右边下面的两行等价式，尤其是涉及存在性结论的公式。难点在于前提中并不包含存在物的任何其他信息。习题 6.8 已证明过 $\forall x\,\phi \to \chi \vdash \exists x\,(\phi \to \chi)$。至于 $\chi \to \exists x\,\phi \vdash \exists x\,(\chi \to \phi)$，我们建议你使用排中律得到 $\exists x\,\phi \lor \lnot \exists x\,\phi$，然后再分情况证明。前一种情况中，通过正悖论可以得出 $\exists x\,(\chi \to \phi)$，后一种情况中，结合前提和 MT 规则可以得出 $\lnot \chi$，然后再利用负悖论得到 $\exists x\,(\chi \to \phi)$。

最后我们看看量词间的关系。如下等价式：

$$\forall x \forall y\,\phi \quad \dashv\vdash \quad \forall y \forall x\,\phi \qquad \exists x \exists y\,\phi \quad \dashv\vdash \quad \exists y \exists x\,\phi$$

总结而言，全称量词之间可以交换，存在量词之间也可以交换。这时我们可能会觉得全称量词和存在量词之间也可以交换，然而从 $\forall x \exists y\,\phi$ 到 $\exists y \forall x\,\phi$ 的推理是无效的。比如，让 $\phi(x, y)$ 表示 "x 是 y 的母亲"，量词的论域是所有的哺乳动物。那么语句 "所有哺乳动物都有一个母亲" 为真，然而，语句 "存在一个特殊的哺乳动物，它是所有动物的母亲" 是假的。

习题 6.13

证明如下矢列成立。

1. $P \to \exists x Fx \vdash \exists x (P \to Fx)$
2. $\exists x (Fx \to P) \vdash \forall x Fx \to P$
3. $\forall x (Fx \to P) \dashv\vdash \exists x Fx \to P$

新的重言式

所有命题逻辑的重言式在谓词逻辑中都可证。任取一个命题逻辑重言式，如 $P \lor \neg P$，然后将原子命题（P）替换为谓词逻辑中的语句，所得到的依旧是一个可证式。比如，我们用 $\forall x Fx$ 一致替换 P，那么 $P \lor \neg P$ 的证明就转换为了 $\forall x Fx \lor \neg \forall x Fx$ 的证明。如果我们用 $\exists x Fx$ 替换 P，我们将得到 $\exists x Fx \lor \neg \exists x Fx$ 的证明。这些都是在第 4 章中提到的替换元规则的引申。

谓词逻辑中还有其他种类的重言式，它们并不是任何命题逻辑重言式的代入示例。比如，语句 $\forall x (Fx \lor \neg Fx)$ 可以不借用任何前提被证明。

（1） $Fa \lor \neg Fa$ cut,lem
（2） $\forall x (Fx \lor \neg Fx)$ 1 UI

在第一行中，我们使用了命题逻辑中的切和代入规则。由于第一行没有依赖前提，我们可以通过使用 UI 规则得出 $\forall x (Fx \lor \neg Fx)$。

习题 6.14

证明如下矢列成立。

1. ⊢ ∀x (Fx → Fx)

2. ⊢ ∀xFx ∨ ∃x ¬Fx

3. ⊢ ∀x ¬(Fx ∧ ¬Fx)

4. ⊢ ¬∃x (Fx ∧ ¬Fx)

5. ⊢ ∀x ∃y (Rxy → Rxx)

6. ⊢ ∀x ∃y (Rxy → Ryx)

*7. ⊢ ∃x (Fx → ∀yFy)

*8. ⊢ ∃x ∀y (Fx → Fy)

*9. ∀x ∃y (Fx → Gy)⊢ ∃y ∀x (Fx → Gy)

*10. ⊢ ∀x ∃y (Rxy → ∀zRxz)

习题　6.15

思考下列证明中的哪一步是错误的？为什么？

1	（1）	Fa	A
	（2）	Fa→Fa	1,1 CP
	（3）	∀y (Fa→Fy)	2 UI
	（4）	∃x ∀y (Fx→Fy)	3 EI

习题　6.16

将下列语句翻译成符号语言，并证明它导致矛盾。

有那么一个人，他只喜欢那些不喜欢自己的人。（Lxy）

快思，细想

假设要证明如下矢列：

$$\forall x(\exists yRxy \rightarrow \forall zRzx), \exists x\exists yRxy \vdash \forall x\forall yRxy$$

有时候从公式的形式方面思考是有益的，即从句法的角度来思考如何运用规则从前提证出结论。有时候从"这个公式实际上说了什么"这个角度来思考证明可能会有用。在上述例子中，我们发现从公式本身是什么意思这个角度来思考证明更有利。

结论说的是任意两个东西都处于 R 关系之中。第二个前提说某两个东西处于 R 关系之中。需要注意的是，这里的"两个东西"并不一定意味着两个不一样的东西。第一个前提的表达比较抽象，我们通过一个类比来理解。假设这个语句在谈论机场，而且 Rab 表示有一个从 a 到 b 的直飞航班。那么，这个前提说的是：

> 如果一个机场有离开的航班，那么可以从其他机场直接飞到这个机场。

现在我们想证明任意两个机场 a 和 b 之间都有一个直飞航班。根据第二个前提为真，我们得知有两个机场 c 和 d，且它们之间有一个直飞航班。那么，再根据第一个前提，每一个机场都有通往 c 的直飞航班，包括 a 和 b。于是有如下这个图：

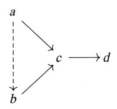

虚线表示我们意识到的结论，即由于 b 机场有离开的航班，因此可以从其他机场飞往它，包括 a。a 和 b 之间有直飞的航班，而 a 和 b 是完全随机选择出来的机场，于是我们便证明了 $\forall x \forall y Rxy$。

上述例子中用到的推理可以轻松转化为一个完整的严格形式证明。尝试将其写出来，这对我们而言会是一个很好的练习。

习题　6.17

证明如下矢列。在写出严格的形式证明之前，你不妨先假设一个直观的论证。

$$\forall x\,(\exists z Rxz \rightarrow \forall y Rxy\,),\ \exists x\,\exists y Rxy \vdash \exists x \forall y Rxy$$

第

7

章

理

论

每个人每天都在使用逻辑，尽管很多时候都是下意识的。在科学领域，逻辑的使用要更明确一些，这里是指科学在创立理论这个尤为重要的任务上。理论是个很有趣的整体，它并不仅仅是一些真理的堆砌，而是像一张由不同的逻辑结构连接起来的真理之网。

本章我们将谈谈如何用逻辑来展示一个理论的结构。我们要重点关注一个备受哲学家和数学家青睐的理论——集合论。接下来，我们将用集合论来帮助读者更好地理解谓词逻辑的证明范围及其限度。

等词理论

在前些章节中我们使用符号来表示谓词（如 Px）和关系（如 Rxy）。我们同样也有表示名字的符号（如 a、b、c）。这里需要再引入一个我们已经很熟悉的关系符号："="。这是个二元符号，也就是说，它需要和两个变元或名字组合起来使用，以此形成一个有意义的公式。但是和其他关系符号不同，人们一般倾向于把"="放在公式的中间而非最前面。在实践中，我们也会写为 $x=y$ 或 $a=b$ 等公式形式。需要注意的是，尽管 a 和 b 不同，$a=b$ 这个公式也是有意义的。虽然 a 和 b 是不同的两个名字，但 $a=b$ 表示它们所指向的是同一个对象。因此，我们将 a 和 a 所指向的同一个对象作为我们的第一条公理。

等词引入（=I）

对任意的名字 a，无须任何依赖前提便可以推出 $a=a$。用图示表示为：

$$\frac{}{a=a}$$

等词消去（=E）

从 $a=b$ 和 $\phi(a)$，可以推出 $\phi(b)$。用图示表示为：

$$\frac{\Gamma \vdash a=b \qquad \Delta \vdash \phi(a)}{\Gamma, \Delta \vdash \phi(b)}$$

第二条规则看上去有些复杂，但其表达的内容很简单，即一旦知道了 $a=b$，那么在依赖所有前提的情况下，可以把 $\phi(a)$ 转化为 $\phi(b)$。

我们可以通过证明 = 关系的对称性和传递性来看看这些规则是如何起作用的。

证明：$a=b \vdash b=a$

1	（1）	$a=b$	A
	（2）	$a=a$	=I
1	（3）	$b=a$	1,2=E

当我们在第 3 行中使用 =E 规则时，我们将第 2 行当作 $\phi(a)$，= 左边为要被替换的符号。第 1 行已经有了 $a=b$，那么便可以推出

$\phi(b)$，即 $b=a$。

证明：$a=b, b=c \vdash a=c$

1	（1）	$a=b$	A
1	（2）	$b=c$	A
1, 2	（3）	$a=c$	1,2=E

此处，我们将 $a=b$ 当作 $\phi(b)$，然后通过 $b=c$，得到 $\phi(c)$，即 $a=c$。

同样可以证明任何一个对象都和某个对象相等这个结论。

（1）	$a=a$	=I
（2）	$\exists y(a=y)$	1 EI
（3）	$\forall x \exists y(x=y)$	2 UI

第 3 行的 UI 规则是合法的。第 2 行并不依赖于任何 a 出现于其中的假定，因此可以用 x 替换 a 并加以全称概括。注意，这种方式无法证明 $\forall x \forall y(x=y)$。因为要对第一行使用 UI 规则，必须将 a 全部替换为 y，而此时得到的只是 $\forall y(y=y)$。

添加等词后，我们逻辑系统的表达力会大大增强。例如，考虑如下语句：

$$\forall x \forall y((Px \wedge Py) \rightarrow x=y)$$

该语句表达的是对任意两个东西，如果它们都是 P，那么它们是同一个东西。注意，"对任何两个东西"可能会误导我们，使我们认为这两个东西是不一样的。然而 $\forall x \forall y$ 并没有该含义，其可以被理解为假设我们要从一个罐子里取两次玻璃球，每取一次之后，又把玻璃球放回去。也就是说，该语句表达的是"最多只有一个 P"。我们同样可以将无条件的数量陈述表达如下：

$$\forall x \forall y\, (x = y) \quad \equiv \quad 至多只有一个东西$$

语句 $\forall x \forall y ((Px \wedge Py) \rightarrow x = y)$ 并没有告诉我们有一个 P 存在。我们断言如下两个语句是等价的：

$$\exists z Pz \wedge \forall x \forall y ((Px \wedge Py) \rightarrow x = y) \equiv \exists x (Px \wedge \forall y (Py \rightarrow x = y))$$

要写出这个等价关系的完整证明是比较烦琐的。在如下的证明概要中，我们在使用规则时要了些许滑头。

1	（1）	$\exists z Pz \wedge \forall x \forall y ((Px \wedge Py) \rightarrow x = y)$	A
1	（2）	$\exists z Pz$	$1 \wedge E$
3	（3）	Pa	A
4	（4）	Pb	A
1	（5）	$(Pa \wedge Pb) \rightarrow a = b$	$1 \wedge E, UE$
1,3,4	（6）	$a = b$	$3,4,5 \wedge I, MP$
1,3	（7）	$Pb \rightarrow a = b$	4,6 CP
1,3	（8）	$\forall y (Py \rightarrow a = y)$	7 UI
1,3	（9）	$Pa \wedge \forall y (Py \rightarrow a = y)$	$3,8 \wedge I$
1,3	（10）	$\exists x (Px \wedge \forall y (Py \rightarrow x = y))$	9 EI
1	（11）	$\exists x (Px \wedge \forall y (Py \rightarrow x = y))$	2,3,10 EE

在第 5 行中，我们将 $\wedge$ E 和 UE 两条规则结合在一起。第 6 行也用了 $\wedge$ I 和 MP 规则。如果将上述证明的完整步骤书写出来，会发现该证明和规则的合理使用完全一致。当然，最重要的是把握整个证明背后的思想，而非具体的细节。前提告诉我们两件事：第一，有一个对象是 P；第二，任何两个是 P 的对象都是同一个。我们需

要证明的是，有一个是 P 的对象，并且任何其他 P 都和它一样。因此假设是 P 的对象为 a。它有什么特性呢？如果另外一个对象 b 也是 P，那么 b 一定和 a 一样。因此，a 有属性 $\forall y(Py \rightarrow a=y)$。于是有一个对象（即 a），它有这个属性，即 $\exists x(Px \wedge \forall y(x=y))$。

习题 7.1

证明如下矢列成立。

$$\exists x(Px \wedge \forall y(Py \rightarrow x=y)) \vdash \exists zPz \wedge \forall x \forall y((Px \wedge Py) \rightarrow x=y)$$

$\exists x(Px \wedge \forall y(Py \rightarrow x=y))$ 这个公式无疑是符号逻辑中最有名的公式之一。它表示存在一个 P，并且任何其他 P 都和它一样。简言地说：

$$\exists x(Px \wedge \forall y(Py \rightarrow x=y)) \quad \equiv \quad 存在唯一的 P。$$

有时将这句话写作 $\exists!xPx$，这里的 "!" 表示存在的唯一性。正如之前所证明的，这句话有两个部分：（1）存在论断；（2）唯一性论断。正因如此，当数学家（或计算机科学家、物理学家等）想证明存在唯一拥有某种属性的东西的时候，他们需要做两件事：首先，他们需要证明这个东西存在。其次，他们要证明最多只有一个拥有这个属性的东西。比如，数学家想告诉你，当 p 是素数的时候，存在一个唯一的 p 阶群。为了论证这个断言的可靠性，他需要构造出一个 p 阶群（存在性），并且还需要证明任意两个 p 阶群都是同构的（唯一性）。[1]

用日常语言来说，唯一性论断经常会用"只有"这个词来表达。比如，当我们说"只有 2 既是偶数也是素数"时，我们表达的意思是，2 既是偶数也是素数，并且任何同时是偶数和素数的数都必定等于 2。

---

① 细心的读者可能注意到，这里证明的并不是严格的唯一性，而只是相对于同构而言的唯一性。然而想法是类似的，我们只不过是用同构代替了严格的同一性。

用符号来表示为：

$$Fa \land \forall x (Fx \rightarrow (x{=}a)) \equiv 只有 2 既是偶数也是素数。$$

这里我们用 Fx 表示复合谓词"x 既是偶数也是素数"。右边的语句告诉我们 a 是 F，并且任何其他 F 都和 a 相同。这就表示右边的语句应该也等价于 $\forall x(Fx \leftrightarrow (x{=}a))$。在习题中我们会要求大家证明这一点。

习题 7.2

证明如下等价关系：

$$Fa \land \forall x (Fx \rightarrow (x{=}a)) \text{ 和} \forall x (Fx \leftrightarrow (x{=}a))$$

正如我们已经说过的，只有一个既是偶数也是素数的数，因此我们谈论那一个既是偶数也是素数的数是有意义的。相反，要谈论那一个小于 4 的素数却是不行的，因为有两个这样的数。同样，去谈论最大的素数也是无意义的，因为并不存在这样的数。

将符号逻辑用以解决哲学问题最有名的应用之一便是伯兰特·罗素对否定性存在论断的分析。该分析令人迷惑的是，当我们说"有一个东西不存在的时候"，我们似乎很接近于在说"存在一个东西，它并不存在"。然而罗素却指出，当我们说某个东西不存在的时候，实际上我们是在断言没有任何东西符合某个描述语。比如，"圣诞老人不存在"，这句话的意思其实是"并不存在一个住在北极并且每逢圣诞节便给孩子们送礼物的生物"，用符号来表达就是 $\neg \exists x(\phi(x))$。相应地，"圣诞老人喜欢我"这句话的恰当表达应该是：

$$\exists x (\phi(x) \land \forall y (\phi(y) \rightarrow y{=}x) \land Lxa)$$

这里的前两个合取支断言了圣诞老人的存在，第三个合取支断

言了某个人喜欢 a，这里 a 是"我"的名字。我们可以更简单地写为：

$$\exists x(\phi(x) \wedge Lxa)$$

它表达的便是"某些像圣诞老人一样的人物喜欢我"，并不预设这个人是唯一的。

在本书作者看来，罗素的分析有些许可疑之处。比如，当表达圣诞老人有个大肚子的时候，并没有说他一定存在。同样地，如果有人告诉我圣诞老人有白胡子，那么我不会因为圣诞老人不存在而认为你的话是假的。因此，如果我的直觉是正确的话，关于虚构人物的讨论应该有另外一套不同的逻辑，至于这个逻辑能否用形式方法来阐明就另当别论了。[①]

像"那一个 ϕ"这样的短语称为**摹状词**。罗素的理论说的就是摹状词可以被符号化为一个存在论断和一个唯一性论断的合取。因此，当我们说"那一个 ϕ 不是 ψ"的时候可能有两种不同的理解：一种是说并没有一个唯一的 ϕ 存在，另一种是说有那么一个 ϕ，但是它不是 ψ。

利用等同关系我们可以表达包含形容词最高级的命题。假设要表达如下语句：

梅特是班上跑步最快的人。

我们可以用 Rxy 表示 x 跑得至少和 y 一样快，于是 $\forall y Rmy$ 表示梅特和其他人至少一样快，但是它并没有排除可能还有其他和梅特一样快的人。如果我们想表达梅特是唯一的那个最快的人，我们还需要添加一个从句表示他是唯一和自己一样快的人，

---

① 非经典逻辑中的"自由逻辑"（free logic）就是处理这一类问题的。

即 $\forall x(Rxm \rightarrow x=m)$。

然而需要注意的是，当我们用 Rxy 表示"x 跑得至少和 y 一样快"的时候，我们已经悄悄地把很多背景假设添加到我们的符号中了，比如，每个人都跑得至少和自己一样快，然后对任意的关系而言，并非总有 $\forall xRxx$。因此当我们想刻画"至少一样快"这个关系的所有相关信息时，我们需要添加一些额外的关于 Rxy 的假设。

我们已经知道如何表达"最多只有一个 P"，要将其扩展到类似如下的语句是很容易的：

至多 n 个东西有属性 P。

思考一下，我们应该如何表达至多只有两个 P 呢？再次假设我们要从一个罐子里取玻璃球，每取一次之后，将取出的玻璃球再放回去。如果罐子里至多有两个玻璃球（也就是说，可能没有，可能是 1 个，可能是 2 个），那么假设取了三次，同一颗玻璃球一定会被至少抽中两次（假设罐子里有玻璃球）。因此，对这三次抽取出来的玻璃球 x、y、z，或者 $x=y$，或者 $x=z$，或者 $y=z$。用符号表示为：

$\forall x \forall y \forall z(x=y \lor x=z \lor y=z)$

该语句便是"至多只有两个东西"的标准形式化翻译。要想说至多只有两个 P，我们还需要加如下的限制条件：

$\forall x \forall y \forall z((Px \land Py \land Pz) \rightarrow (x=y \lor x=z \lor y=z))$

该语句表示：对任意三个 P，其中至少有两个是相同的。

到这里，从"至多有两个东西"扩展到"至多有 n 个东西"就变得没有那么复杂了。因此，对任意数字 n，我们都可以表达至多只有 n 个东西。不难看出，我们同样也可以表达至少有 n 个东西的论断。以两个东西为例，$\exists x \exists y (x \neq y)$ 这个语句便足以表达至少有两个东西的事实。相应地，$\exists x \exists y \exists z (x \neq y \wedge x \neq z \wedge y \neq z)$ 这个语句表达了至少有 3 个东西。和之前一样，要想表达至少有三个 P，我们需要添加一些条件以说明那些东西是 P。由于我们在这里使用的是存在量词，因此各个条件需要结合起来使用，如下所示：

$$\exists x \exists y \exists z (Px \wedge Py \wedge Pz \wedge x \neq y \wedge x \neq z \wedge y \neq z)$$

如果至少有 n 个东西，并且至多也有 n 个东西，那么一定是恰好就有 n 个东西。类似地，如果至少有 n 个 P，并且至多也有 n 个 P，那么一定是恰好有 n 个 P。因此要想表达"恰好有 n 个有 P 属性的东西"，我们只需要把上面两个句子合取起来即可。然而，还有一个更有效的方法可以表达同样的意思：我们断言如下两个语句是逻辑等价的。

$$\exists x \exists y (x \neq y) \wedge \forall x \forall y \forall z (x=y \vee x=z \vee y=z)$$
$$\exists x \exists y (x \neq y \wedge \forall z (x=z \vee y=z))$$

第二个语句表达的是有两个不同的东西，并且任何东西都和它们二者其一相同。这句话正好表达了"恰好有两个东西"的含义。大家试着证明这句话与上面的语句（其意思为至少有，并且至多也有两个东西）是逻辑等价的。

习题 7.3

用相等关系"="来表达下列语句的逻辑结构。

1. 梅伦是班上唯一答对了所有考试题目的人。（m, Qx，变元限制在学生论域）

2. 除了 a 之外的所有教授都很无趣。（Px, a, Bx）

3. a 是所有可能世界中最好的世界。(Rxy, 变元限制在可能世界)

4. 没有最大的素数。（$Px, x < y$, 变元限制在数字上）

5. 最小的素数是偶数。（$Px, Ex, x < y$）

6. 对于每一个整数，都存在唯一一个比它大的紧跟其后的数。
（$x < y$, 变元限制在数字上）

7. 在纽约至少有两所常青藤联盟大学。（Ix, Nx）

8. 对任意的两个集合 a 和 b，存在一个包含于 a，b 的最大的集合 c。（"y 至少和 x 一样大" ≡ "y 包含 x" ≡ $x \subseteq y$）

9. 在区间[0,1]上，存在函数 f 的最小上界。（$f, x \leq y, 0, 1$）

习题　7.4

思考如下爵士乐音乐家斯宾塞威·廉姆姆斯的歌词：

所有人都爱我的孩子，但是我的孩子除了我之外谁都不爱。

（Everybody loves my baby, but my baby doesn't love everybody but me.）

将这句话的逻辑形式用符号表达出来，并且证明它蕴涵：说话者就是他自己的孩子。（提示：用 a 这个名字表示说话者，b 表示说话者的孩子，变元限制在人论域上）。

序关系

在很多情形下，我们都需要给事物排序，或是将其归入某种顺序关系中。如《美国新闻及世界报道》每年都会发布一项大学排名，其次序关系如下：

$$\cdots \longrightarrow a \longrightarrow b \longrightarrow c$$

c 表示第一，b 表示第二，等等。让我们从逻辑学家的视角来看待这个排序，忽略其内容，而只关注形式。我们注意到这个排名使得下列语句为真：

$$\forall x\,(x \leq y \wedge y \leq z \rightarrow x \leq z)$$

也就是说，这个排序是传递的。如果不是的话，这个排序就会出现 c 优于 b，b 优于 a，但是 c 不优于 a 的情况。我们同样注意到，这个排名也使得语句 $\forall x \forall y\,(x \leq y \vee y \leq x)$，为真。也就是说，《美国新闻及世界报道》告诉我们，对于任意两所大学 a 和 b，要么 a 比 b 好，要么 b 比 a 好。

逻辑学家并不关心大学的质量或排名，然而我认为上面这句话不一定完全正确。更具体而言，假设一所大学拥有两个不同的优良品质，称其为 F 和 G。而大学 c 在 F 方面优于 b，b 在 G 方面优于 c。再假设关于 F 和 G 哪个更重要或是重要多少并无公论。那么在此情形下，如果我们想基于 F 和 G 建立一个序关系 $\leq$，那么更准确的描述应该如下：

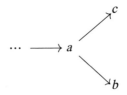

该图表示 c 和 b 都优于 a，但是 c 和 b 之间是不可比较的。也就是说，既不是 $c \leq b$，又不是 $b \leq c$。在这种情况下，$\forall x \forall y\,(x \leq y \vee y \leq x)$ 并

不成立，而且序关系并不是线性的。

量词逻辑在表达序关系的结构特征方面尤为有力。让我们首先引出一个非常广泛的概念——**偏序**。当我们在构建一个理论时，首先需选择一些非逻辑词汇，也就是关系符号或函数符号。对偏序理论而言，使用一个关系符号就够了，如 ≤，而且我们可以用中缀表示法（infix notation）来表示，即将关系符号写在逻辑词汇中间。

建构一个理论的第二步便是写下一些有关这个非逻辑词汇的**公理**。偏序理论有如下公理：

自反性　　　$x \leq x$

反对称性　　$(x \leq y \land y \leq x) \rightarrow (x = y)$

传递性　　　$(x \leq y \land y \leq z) \rightarrow x \leq z$

这里为了方便起见，我们省略掉最外层的全称量词，每条公理都是对公式中的变元进行全称量化后所得到的公式。很多不同的序关系都满足上述标准，该公理也适用于前面提到的大学排名的两种序关系。

如果我们将两个不同的排名系统并列放到一起，并且说明它们之间互不相关，这时我们也可以得到一个新的满足这些公理的排名关系。比如，让我们考虑如下两个事物的集合：（1）所有美国的大学；（2）在 2021 年的世界赛艇锦标赛中，所有完成了单人双桨比赛的选手。我们规定：$x \leq y$，如果 x 和 y 都是大学，并且根据《美国新闻及世界报道》可知，y 的排名要高于 x；或者 x 和 y 都是单人双桨比赛选手，且在 2021 年的世锦赛中，y 比 x 要先完成比赛。那么这一个异质性的集合同样也满足偏序的所有公理。

当我们说一个序关系在这个意义上不是异质性的时候，也就是说，所有东西都可以和其他任何事物相比较的话，我们可以考虑添加如下公理：

全序：$x \leq y \lor y \leq x$

但是这条公理是极其严苛的。比如，该公理并不允许上面讨论的第二种类型的排名作为一种序关系，因为在上述排序中可能存在比这两所大学都要好的大学，但是它们之间却不可比较。

因此，我们可以考虑添加如下这条稍弱一些的公理：

有向性：$\forall x \forall y \exists z (z \leq x \land z \leq y)$

这条公理保证了任何两个东西至少是间接关联的。要么其中之一比另外一个更差，或者存在一个比二者都差的东西。然而，有向性公理排除了两所不同的大学在其各自领域最差的可能性，其图示如下：

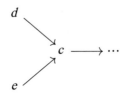

比如，从入学标准的难度而言，d 是最差的；从毕业生的就业情况而言，e 是最差的。我们也可以尝试其他公理，然而以上讨论清楚地表明：借用量词和布尔联结词可以说明序关系。

习题 7.5

证明：如果一个偏序关系满足全序公理，那么该关系也同样满足有向性公理。

习题 7.6

称关系 R 是对称的，如果它满足 $\forall x \forall y (Rxy \to Ryx)$。证明如果

R 是对称和传递的，那么它必定也是自反的。[①]

习题 7.7

写下一个关于线性序的公式，使得它在整数论域中为真，但是在有理数论域中为假。

函　数

在前面的章节中，我们将谓词应用于类似变元 x 或名字 a。我们将变元或名字统称为**项**。从句法的角度来看，项就是任何能够出现在谓词或是关系词之后的符号。

现在引入一类新的符号以便来构造更为复杂的项。为了更好地看出我们的目标，首先思考一下"……的生父"这个短句。这个短句并不指向任何一个特殊的人。然而有趣的是，每当插入一个指称某个特定人物的名字时，这个短句也会生成一个唯一的人物名字（假定每个人的生父都是唯一确定的）。因此，这个短句的**作用**与函数类似：每当输入一个特定的项（如名字）时，它便会生成另外一个项。

数学家们早已认识到了函数的作用和价值，他们最熟悉的数学对象之一就是类似"+"的二元函数符号。如果已知两个数字，如 4 和 17，那么便可以用它们来构造一个新的数字，即 4+17。因此，"+"以两个项作为输入，然后输出一个特定的项。

我们通常用抽象符号来表示函数，如 f、g、h 等。它们可以是一元的（以一个项为输入对象），二元的（以两个项为输入对象）或是 n 元的（以 n 个项为输入对象）。函数符号除了能应用于名字之外，

---

① 在 R 是全序的情况下才成立。——译者注

还可以应用于变元。因此，如果 f 是一个函数符号，那么 $f(x)$ 也是一个合法的项（尽管不是一个名字）。这意味着 $f(x)$ 可以出现在任何项可以出现的位置。比如，假设 R 是一个二元关系的话，那么 $Rf(x)y$ 是一个合法的公式。更直观地说，由于"="是一个二元关系符号，$f(x)$ 可以出现在它的任何一边，因此 $f(x)=y$ 是一个良定义的公式。此外，$\forall x \exists y (f(x)=y)$ 也是良定义的。事实上，由于等词的一些基本规则，上面这个公式是可证的：

（1）$f(a)=f(a)$ =I

（2）$\exists y (f(a)=y)$ 1 EI

（3）$\forall x \exists y (f(x)=y)$ 2 UI

由于第一步用的是 =I 规则，这个证明的任何阶段都无须依赖任何假设。这个证明告诉我们，任意输入一个值，函数总是指派一个值作为输出。然而，它并没有告诉我们，对于所有可能的输出值，都存在一个与之对应的输入值。这个附加条件可以表述如下：

$\forall y \exists x (f(x)=y)$

此时，我们称 f 是**满映射**或者**满射**。函数所能满足的另外一个重要的条件是，输入不同，函数的输出也不同。或者说，如果输出的值相同，那么输入的值也相同。用符号来表达这个条件便是：

$\forall x \forall y (f(x)=f(y) \rightarrow x=y)$

此时我们称 f 是**一对一映射**的或者**单射**。

正如前面已经提到的，数学中遍布着各种像＋、× 的二元函数符号。数学中同样有很多一元函数符号，虽然它们并不容易被看出来。比如，当我们谈论倒数时的上标 $^{-1}$。这时，这个上标可以理解为一个出现在某项右侧的一个函数，虽然这里没有括号。如果给定任意一个数字2，那么2^{-1}是另外一个数的名字，即2在乘法运算下的逆元。但也存在特例，即0，该数字在乘法运算下并没有逆元存在。也就是说，0^{-1}并没有任何意义。$^{-1}$这个一元函数符号只对非0的数字才有意义。

当对函数进行推理时，有很多步骤是理所当然的。比如，如果$a=b$，那么$f(a)=f(b)$。因此，当我们知道这个事实其实是可以从有关等词的推理规则中推导出来时，这对我们是很有启发性的。

1	（1）	$a=b$	A
	（2）	$f(c)=f(c)$	=I
1	（3）	$f(a)=f(b)$	1,2=E
	（4）	$a=b \rightarrow f(a)=f(b)$	1,3 CP

由于最后一行并不依赖于a或b，因此这个结论对于任意的a和b都成立。

随着项这个类的扩大，我们同样也应该扩大等词引入和等词消去规则的适用范围。尤其是对于任意的项t，=E规则允许在任意一行无须依赖任何前提直接写下$t=t$。类似地，如果t和s都是项，那么从$\phi(t)$和$t=s$可以推出$\phi(s)$。后者允许如下类型的代入：

1	（1）	$1+1=2$	A
2	（2）	$2+1=3$	A
1,2	（3）	$(1+1)+1=3$	1,2=E

或者：

1	（1）犯罪（亚当）		A
2	（2）亚当=父亲（该隐）		A
1,2	（3）犯罪(父亲（该隐）)		1,2=E

习题 7.8

假设函数 f 和 g 满足条件 $\forall x(g(f(x))=x)$。证明 f 是单射。

习题 7.9

函数 f 被称为对合函数（involution），当且仅当 $\forall x(f(f(x))=x)$。证明如果 f 是对合函数，那么 f 是单射并且也是满射。

习题 7.10

函数 $\circ$ 是一个二元函数符号，i 是一个一元函数符号，并且 e 是一个名字。假定如下公理：

A1. 函数 $\circ$ 满足结合律：

$$\forall x \forall y \forall z((x \circ y) \circ z = x \circ (y \circ z))$$

A2. e 函数可以作为左右单位元：

$$\forall x(x \circ e = x = e \circ x)$$

A3. 函数 i 给出了左右逆元：

$$\forall x(x \circ i(x) = e = i(x) \circ x)$$

证明如下结论：

- 逆元是唯一的：$\forall x \forall y((x \circ y = e) \rightarrow (y = i(x)))$
- 逆是对合函数：$\forall x(i(i(x)) = x)$
- 逆是反乘法律的：$\forall x \forall y(i(x \circ y) = i(y) \circ i(x))$

习题 7.11

假设存在函数 f 是单射但并不是满射。对任意的 n，都可以证明存在比 n 更多的东西。证明此处存在多于两个对象。

算 术

对于数学运算，我们最开始接触的是基本的加减运算，在此过程中，慢慢地认识了负数。之后，我们会学习乘法和除法，并且会发现，要想让除法运算总是可行的，必须引入除了整数之外的其他数，即分数（同样也可以用十进制展开的小数来表达）。此时我们可能意识到分数对应循环小数，无限不循环小数对应的可能是另一类新的数。

每当引入一个新的类型的数时，我们通常会用一个符号来表示新术语。比如，加的函数符号为"＋"，减的函数符号为"－"，乘法和除法的函数符号分别为"×"和"÷"。指数概念又引入了一个新的二元函数符号 x^y。新引入的函数符号的含义通常由其定义公理赋予。比如，加法一定被假定为满足交换律和结合律：

$$x+y=y+x, \quad x+(y+z)=(x+y)+z$$

另外，0 通常被假定为加法的单位元：$x+0=x=0+x$。

乘法通常被认为和加法有某种特殊的关系，比如：

$$a \times b = \underbrace{a+\cdots+a}_{b\text{次}}$$

这意味着乘法相对加法具有分配律并且（在极端的情况下）

$a \times 0 = 0$。

一般情况下，我们默认这些事实（公理）成立，并且在计算时经常使用它们。因此如下这个问题一般是不容易被觉察的："有没有可能明确地写出一组公理，每当我们在做有关数字的推理时，可以引用其中之一？"

我们试着写下一组关于非负整数（如 0,1,2）的公理，这些公理涵盖这些数字的所有加法和乘法运算的事实。我们首先需要做的便是引入一些符号，包括"+"和"—"，以及 0 和 1 这两个名字。**皮亚诺算术**（Peano Arithmetic，PA）有如下六条公理：

P1.　$x+1 \neq 0$　　　　P2.　$x+1=y+1 \rightarrow x=y$

P3.　$x+0=x$　　　　　P4.　$x+(y+1)=(x+y)+1$

P5.　$x \cdot 0 = 0$　　　　　P6.　$x \cdot (y+1)=x \cdot y+x$

为方便阅读，我们去掉所有公理最外层的全称量词。函数 $s(x)=x+1$ 被称为**后继函数**。注意，P2 表示的是后继函数是**单射**，P1 表示的是后继函数不是满射。（后面将会看到，这两个条件合起来意味着存在无穷个东西）。

PA 还有一条**归纳模式**公理，语言中的每一个公式 $\phi(y, \vec{x})$ 都对应一条公理：

$$(\phi(0, \vec{x}) \wedge \forall y(\phi(y, \vec{x}) \rightarrow \phi(y+1, \vec{x}))) \rightarrow \forall y \phi(y, \vec{x})$$

这里的 $\vec{x}$ 是 n 元组 $x_1, \cdots, x_n$ 的简写。虽然这个公理看上去有些奇怪，但是归纳模式公理只是用来证明有关自然数的众多定理的一个众所周知的方法。简而言之，归纳模式公理表示如果 0 有某个性质 ϕ，并且假设每当 y 有性质 ϕ 的时候，$y+1$ 也有性质 ϕ，那么便可以推出所有自然数都有性质 ϕ。

让我们看一个关于归纳证明的经典例子。定义函数 σ 如下：

$$\sigma(x) = 1 + 2 + \cdots + (x-1) + x$$

换句话说，$\sigma(x)$ 是小于或等于 x 的所有自然数之和。我们要用归纳法来证明 $\forall x \phi(x)$，其中 $\phi(x)$ 是如下性质：

$$\sigma(x) = \frac{x(x+1)}{2}$$

首先验证 $\phi(0)$，即 $0 = 0(0+1)/2$。接下来假设 a 是一个确定的自然数，并且假定 $\phi(a)$ 成立，即 $\sigma(a) = a(a+1)/2$。那么：

$$\sigma(a+1) = \sigma(a) + a + 1 = \frac{a^2 + 3a + 2}{2} \quad \frac{(a+2)(a+1)}{2}$$

由此可知，$\phi(a+1)$ 也成立。因此我们已经证明了 $\forall x(\phi(x) \to \phi(x+1))$。根据归纳模式公理，可以得出 $\forall x \phi(x)$。

上面这个证明概要假定了若干我们还没有证明的关于算术的事实，比如，加法的结合律和交换律。因此我们再来看一个证明，这个证明的每一步都可以使用 PA 的公理。

考虑下述论断：每一个非 0 的自然数都有一个前驱，即 $\forall y(y \neq 0 \to \exists x(x+1=y))$。这个事实几乎可以从归纳模式公理直接推出来。如果 $0 \neq 0$，那么根据负悖论可以得到 $\exists x(x+1=0)$，并且对任意的数字 $a+1$，都存在一个 x 使得 $x+1 = a+1$。因此，如果这个论断对 a 成立，那么对 $a+1$ 也成立。

现在我们将这个论证形式化，归纳模式中的谓词为：

$$\phi(y) \equiv y \neq 0 \to \exists x(x+1=y)$$

这个谓词中的向量变元 $\vec{x}$ 长度为 0。完整证明如下：

	（1）	$0=0$	=I
	（2）	$0 \neq 0 \rightarrow \exists x(x+1=0)$	负悖论
	（3）	$a+1=a+1$	=I
	（4）	$\exists x(x+1=a+1)$	3 EI
	（5）	$a+1 \neq 0 \rightarrow \exists x(x+1=a+1)$	正悖论
	（6）	$\phi(a) \rightarrow \phi(a+1)$	正悖论
	（7）	$\forall y(\phi(y) \rightarrow \phi(y+1))$	UI
IS	（8）	$\forall y\, \phi(y)$	2,7 归纳

代入 $\phi(y)$，那么第 2 行其实就是 $\phi(0)$，第 5 行是 $\phi(a+1)$，然后在第 6 行通过正悖论可以得到 $\phi(a) \rightarrow \phi(a+1)$。注意，上述证明只用到 PA 公理中的归纳模式公理。我们在第 8 行的前段记录了这一行对归纳模式公理的依赖，以此说明这个结论不是严格意义上的逻辑真理，而是 PA 中某条公理的逻辑后承。

习题　7.12

我们用 PA⊢ϕ 表示可以从 PA 的公理证明 ϕ。证明如下：

1. 证明加法满足结合律。我们先给出一个直观证明，然后要求你把完整的形式证明写出来。我们将此归纳于如下公式：$\phi(z) \equiv \forall x \forall y(x+(y+z)=(x+y)+z)$。通过重复运用 P3 得出 $y+0=y$，$(x+y)+0=x+y$。因此，$x+(y+0)=x+y=(x+y)+0$，即 $\phi(0)$。然后假定 a 是任意的自然数，并且 $\phi(a)$ 成立，即 $x+(y+a)=(x+y)+a$。那么：

$$x+(y+(a+1))=x+((y+a)+1) \quad \text{P4}$$
$$=(x+(y+a))+1 \quad \text{P4}$$
$$=((x+y)+a)+1 \quad \text{假设 ,=E}$$
$$=(x+y)+(a+1) \quad \text{P4}$$

2. $\text{PA}\vdash\forall x\forall y(x+y=y+x)$ 提示：需要使用两次归纳法。

3. $\text{PA}\vdash 0\neq 1$

4. $\text{PA}\vdash 1+1\neq 1$

5. $\text{PA}\vdash\forall x\forall y\forall z(x+z=y+z\rightarrow x=y)$

6. $\text{PA}\vdash\forall x\forall y\forall z(x\cdot(y\cdot z)=(x\cdot y)\cdot z)$

7. $\text{PA}\vdash\forall x\forall y(x\cdot y=y\cdot x)$

定　义

在接下来的几节中我们将继续讨论更复杂的理论。当我们的理论变得复杂时，清晰地表达理论中的概念和关系就显得尤为重要。因此，我们先来简单地说明一下如何从旧的概念中定义出新的概念。

关于逻辑有许多误解。比如，我们可能会认为一个有逻辑的人在相信任何东西之前都必须掌握足够多的证据。然而，逻辑和我们应该相信什么的前提并没有任何关系。在逻辑中我们经常做各种假定，但这些假定并不足以成为证据。我们不能被动地等待真理，我们必须积极地寻求它。

另一个关于逻辑的误解是，认为好的推理总是以某个固定的背景语言为基础的——或者用更为哲学味道的术语来说，是以一个固定的概念框架为背景的。但其实，逻辑并不只是在某些固定概念集合背景下的推理，它同样也是如何去构造新概念的最佳实践。为了使对比更清晰，通常会让演绎推理在某个固定的语言框架下进行。一个有效的演绎推理不可能从前提中推出一个前提中从未出现的新概念的结论。比如，我们不可能从只包含谓词 Fx 和 Gx 的前提中有效地推出包含关系词 Rxy 的结论。

至此，我们所讨论的推理都可以称为"横向推理"，因为其核心是在某个单一的语言中从前提推出结论。现在我们来描述一种扩充语言之后的推理——"纵向推理"。只要你用过字典，那么纵向推理的主要技巧对你来说应该很熟悉——定义。但是我们关心的并不是用其他词项来解释一个已知的词项的定义，而是引入某个新词项的定义。

比如，自然语言中的谓词"x 是父母"和"x 是女性"，这里的 x 限制在人这个论域上。此时，我们便可以定义一个复合谓词：

x 是父母 $\wedge x$ 是女性

这个谓词可以缩写为"x 是母亲"。也就是说，从谓词 Gx 和 Fx 出发，我们可以定义一个新的复合谓词：

$$\phi(x) \equiv Gx \wedge Fx$$

这个定义的左边，即被定义的东西称为**"被定义项"**（definiendum）。定义的右边是一个用已知词项构成的公式，该例子中的词项便是 Fx 和 Gx。定义的右边通常被称为**"定义项"**（definiens），也就是通过它来定义新引入的词项。

量词提供了一个更复杂的方式来表述定义。比如，假定现有的谓词不是"x 是父母"，而是一个关系谓词 Rxy，表示"x 是 y 的父母"。那么我们可以定义：

父母（x）$\leftrightarrow \exists y Rxy$

子女（x）$\leftrightarrow \exists y Ryx$

祖父母（x,z）$\leftrightarrow \exists y(Rxy \land Ryz)$

兄弟姐妹（x,z）$\leftrightarrow \exists y(Ryx \land Ryz)$

习题 7.13

将下列语句翻译成谓词逻辑符号。只能使用如下符号：Fx 表示 "x 是女性"，Pxy 表示 "x 是 y 的父母"，Lxy 表示 "x 喜欢 y"。假定我们所讨论的对象都是人，因此无须额外添加谓词 "是人"。你需要从我们给定的符号中定义一些新的谓词和关系（如 "y 是子女" 被表示为 $\exists x Pxy$）。

1. 所有有女儿的母亲都爱她的女儿。
2. 每个人都喜欢他们父母的子女。
3. 所有人都喜欢他们的孙儿。
4. 所有人都喜欢他们的侄子（女）和外甥（女）。
5. 没有任何男人会喜欢除了他自己亲生之外的小孩。
6. 所有人都被某人喜欢。
7. 所有人都喜欢有情人。（有情人是指所有喜欢某个人的人。）

当定义与诸如 PA 这种形式化理论结合起来的时候，它会是一个非常强大的工具。比如，让 < 表示一个二元关系符号，用中缀表示法将 $x < y$ 定义为 $\exists z(x+(z+1)=y)$，然后便可以证明 $x < y$ 满足所有的严格线性序公理。之后，我们就可以将所有关于线性序的知识应用于有关算术的推理中。

习题 7.14

证明如下矢列成立：

1. $PA \vdash \forall x(\neg(x < x))$
2. $PA \vdash \forall xyz((x < y \wedge y < z) \rightarrow x < z)$
3. $PA \vdash \forall xy(x < y \vee x = y \vee y < x)$[①]

谓词和关系词并不是唯一可以被定义的东西。我们同样可以定义新的项（名字和函数符号）。比如，假设我们用函数符号 $\text{mom}(x)$ 来表示 x 母亲的名字，而已知某人的名字为 a，那么可知 a 的母亲的名字为 $\text{mom}(a)$。也就是说，一个名字加上一个函数符号生成了一个新的名字。在算术中，我们非常熟悉这种技巧。在上述关于 PA 的形式表达中，我们的原始名字只有 0 和 1，通过添加函数符号便可以定义出许多新数字的名字（如 2=1+1、3=2+1 等）。

一般情况下，我们可以用公式来定义项，只要确保这些定义公式有合适的特征即可。比如，假设我们的语言中有一个关系符号 Rxy，表示"y 是 x 的生母"。（注意变元的顺序，子女在先，然后才是母亲）。有两个关于生母的特殊事实：

$$\forall x \exists y Rxy \qquad\qquad (Rxy \wedge Rxz) \rightarrow y = z$$

第一个事实是：每个人都有一个亲生母亲。第二个事实是：每个人最多只有一个亲生母亲。有了这些限制条件，我们便可以将 Rxy 定义为**函数式关系**，并通过如下条件定义一个新的函数符号 f：

$$f(x) = y \leftrightarrow Rxy$$

如果 $\phi(x_1, \cdots, x_n, y)$ 是一个包含 $n+1$ 个变元的公式，并且 T 是

[①] 原书最后去一个析取支误写为了"$y < z$"。——译者注

一个理论，该理论蕴涵 $\phi(x_1,\cdots,x_n,y)$ 是一个函数式关系，那么我们允许 T 通过如下定义扩张它的语言：

$$f(x_1,\cdots,x_n)=y \leftrightarrow \phi(x_1,\cdots,x_n,y)$$

在 $n=0$ 这个特殊情形下，T 蕴涵 $\phi(y)$ 是一个函数式关系就意味着 $T\vdash\exists!y\phi(y)$。此时就可以通过如下公式定义一个新的名字 c：

$$c=y \leftrightarrow \phi(y)$$

在定义项的时候，所做的这些限制是为了保证定义是良定义，使其避免出现错误的逻辑。比如，假设某个逻辑学家试图通过如下方式来迷惑我们：

假设 $\phi(x)$ 表示 x 是全知、全能且全善的。现在定义一个名字 a，其定义公式为 $\forall x(x=a \leftrightarrow \phi(x))$。由于 $\exists x(x=a)$ 是谓词逻辑的一个定理，我们便可以快速证明 $\exists x\phi(x)$。因此，上帝存在。

无论你持何种神学观点，都不应该相信这个论证。问题在于这个逻辑学家在定义 a 的时候并没有预先证明一定存在一个唯一的 ϕ。

类似地，如果在试图定义一个名字的时候，并没有预先证明最多只有一个对象满足定义项，这种论证也是错误的。比如，假设通过如下语句定义名字 a：

$$\forall x((x=a) \leftrightarrow \mathrm{even}(x))$$

这里的谓词 even 的论域是所有整数。这个定义会蕴涵只有一个偶数存在。因此，只有在已经证明了某个谓词只有唯一示例的时候，才能用这个谓词来定义一个名字。

如果通过定义并不能增加任何新的信息，到底定义的意义是什么呢？或者说，如果在从一个前提集推演出结论的过程中，我们并不能获得新的信息，那么这种推演有什么意义呢？我们不会在这里回答这些哲学上的困惑，只需要指出推演和定义是任何一个逻辑活动的组成部分。

习题 7.15

下列习题展示了定义新概念是如何促进推理的。我们首先从一个非常简单的语言开始，这个语言中只有一个二元函数符号∘。它满足如下公理：

B1. $\forall x \forall y \forall z (x \circ (y \circ z) = (x \circ y) \circ z)$

B2. $\forall x \forall z \exists! y (x \circ y = z)$

B3. $\forall x \forall z \exists! w (w \circ x = z)$

由上述三条公理所组成的理论称为**自动集**（autosets），它描述了一些作用于自身的事物的集合。这些习题证明了自动集理论和**群论**（group theory）是等价的。

符号∃!是复合短语"存在唯一"的缩写。从这些公理出发，我们可以直接证明如下语句：

$\exists! y \forall x (x \circ y = x = y \circ x)$

要直接证明这个公式是极其复杂的。另一个证明方法是，首先证明下述公式：

$\exists! y \forall x (x \circ y = x)$

然后引入名字 e 来指称唯一的 y，可以证明 $\forall x (x = e \circ x)$，以完成

整个证明。如下步骤将引导我们完成证明。

1. 证明 $\forall x \forall z((x \circ z = x) \rightarrow \forall y(y \circ z = y))$

2. 证明 $\exists! y \forall x(x \circ y = x)$

3. 为刚证明的唯一存在的 y 定义一个名字 e

4. 证明 $\forall x(x = e \leftrightarrow (x \circ x = x))$

5. 由于 $\forall x \exists! y(x \circ y = e)$，定义一个函数符号 $^{-1}$，使得 $\forall x(x \circ x^{-1} = e)$

6. 证明 $\forall x(x^{-1} x = e)$。[提示：$(x^{-1} x) \circ (x^{-1} x) = (x^{-1} x)$]

7. 证明 $\forall x(e \circ x = x)$

习题 7.16

为下列习题定义新的关系，并证明这些关系拥有很好的性质。

1. 假设 F 和 G 都是谓词，定义：

$$\phi(x, y) \equiv Fx \wedge Gy$$

证明 $\phi(x, y)$ 是对称的，即 $\forall x \forall y(\phi(x, y) \rightarrow \phi(y, x))$。

2. 假设 Rxy 为一个二元关系，定义：

$$\phi(x, y) \equiv \forall w(Rwx \rightarrow Rwy)$$

证明 $\phi(x, y)$ 是传递的，即 $\forall x \forall y \forall z((\phi(x, y \wedge \phi(y, z)) \rightarrow \phi(x, z))$。

3. 假设 F 是一个谓词，定义：

$$\phi(x, y) \equiv Fx \leftrightarrow Fy$$

证明 $\phi(x, y)$ 是一个等价关系，即它是自反、对称和传递的。

集合论

本节要介绍的理论有着深刻的基础作用。事实上，目前大家都相信所有的数学都可以建立在集合论的基础之上。

20世纪初，有一些逻辑学家希望证明所有的数学都可以从纯粹逻辑中推导出来。这里之所以用"希望"这个词，是因为这样的推演能够很好地解释我们有关数学真理的确定性谜团。正如我们已经看到的，逻辑真理以其空洞性而获得了最高的确定性。比如，我们可以肯定 $P \lor \neg P$，因为它没有排除任何可能性。因此，如果数学能从逻辑中推出来，那么数学真理（如1+1=2）也无法排除任何可能性。

长话短说，将数学还原为纯粹逻辑这个希望并没有获得成功。然而，它几乎就要成功了。现有的共识是：要想推出全部数学，只需添加几条描述集合的公理即可。本节还将介绍一些简单的集合论知识。除了它作为数学基础这种内在的趣味之外，集合论对逻辑学家来说极具吸引力，因为它提供了一个很好的检测基本逻辑知识的参照点。最重要的是，我们可以使用集合论来为量词逻辑构造一个类似于真值表的模型，这个模型可以帮助我们来证明某些矢列永远不可证。

要陈述集合论有很多种不同的方式。最常见的方法是描述一个集合论理论，这个理论只用了唯一关系符号 $\in$，并且这个理论的对象（即量词的论域）全部都是**集合**。从这个极为简单的基础开始，我们可以构造出有序对集合、有序对的子集，甚至是函数（作为有序对集合的某种特殊子集）等。然而，将集合和集合之间的函数同时选为原始概念要更为方便。为此我们可以引入两个谓词符号："x 是一个集合"和"x 是一个函数"。通常只需使用不同类型的变元便可以指明它是函数还是集合。我们用大写字母（如 A、B、X、Y）表示集合，用小写字母（如 f、g、h）表示函数。$A \to B$ 是"f 是从集合 A 到集合 B 上的函数"的缩写。集合 A 被称为函数 f[①] 的**定义域**，集合 B 被称为函数的**陪域**。

正如其他理论，集合论试图形式化一个直观想法。这里的直观想法类似：两个椭圆分别代表集合 A 和 B，椭圆里面的点代表了它们的元素。因此，A 包含元素 a、b、c 和 d，B 包含元素 1、2、3 和 4。我们用 $a \in A$ 来表示 a 是集合 A 中的一个元素。因此，$\in$ 是一个用中缀表示法来表示的二元关系符号。A 中的元素到 B 中的元素组成函数 $f: A \rightarrow B$，这个函数向 A 中的每个元素指派一个在 B 中的元素。

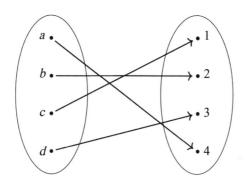

对公理化的集合论的阐述要以清晰性为先，其次再考虑严密性。我们用比较容易理解的方式来表述这些公理。同时有兴趣的读者也可以考虑如何在一阶逻辑系统中将这些公理翻译成符号语言。

S1. 外延公理 当两个集合包含相同的元素时，这两个集合是相等的。

$$\forall A \, \forall B \, (A=B \leftrightarrow \forall x(x \in A \leftrightarrow x \in B))$$

类似地，两个函数相等，当且仅当它们对所有的输入取值都相等。

---

① 严格来说，f、g、h 并不是真正的函数符号，而是以函数为论域的变元符号。如果我们需要完整的形式化这个理论，需要使用一些新的符号：d_0 作为函数的定义域，d_1 作为函数的陪域，i 则是集合上的恒等函数。

$$\forall f \forall g\,(f=g \leftrightarrow \forall x (f(x)=g(x)))$$

S2. 概括公理　该公理提供了一个从旧集合构造新集合的方法。如果已经有了某个集合 A，并且可以描述 A 中元素的某个属性 $\phi(x)$（当然是用集合论的语言），那么存在一个集合 B，B 只包含 A 中那些具有属性 的元素。有时我们将 B 写作 $\{x \in A \mid \phi(x)\}$，读作"A 中满足 $\phi(x)$ 的所有元素"。在我们看出集合论语言中哪些属性 $\phi(x)$ 可以被描述之后，这条公理的意义会变得更加清晰。

S3. 空集公理　该公理描述了一个不存在任何元素的集合。

$$\exists A\,\forall x(x \notin A)$$

后面还会介绍更多公理，以上三条公理已经足以让我们证明有关集合和函数众多的基本事实。思考如下断言和证明：

命题 7.1

存在唯一空集，即 $\exists! A\,\forall x(x \notin A)$。

证明： 空集公理保证了至少存在一个空集，因此只需证明最多只存在一个空集即可。假设 A 和 B 都是空集，也就是说，$\forall x(x \notin A)$ 且 $\forall x(x \notin B)$。首先需要证明 $\forall x(x \in A \rightarrow x \in B)$。由于 $\forall x(x \notin A)$，因此 $a \notin A$，通过负悖论可知，如果 $a \in A$，那么 $a \in B$。由于 a 是任意的，因此 $\forall x(x \in A \rightarrow x \in B)$。类似地，可以得到 $\forall x(x \in B \rightarrow x \in A)$。通过外延公理，便可以得出 $A=B$。

这个证明所用到的推理规则与前面所学的推理规则是一致的。事实上，我们可以把上述证明改写成一个完完整整的形式证明，包括依赖数字、对不同逻辑规则的引用等。然而，对我们而言，相较于符号，用词语阅读或书写证明更轻松。何况我们还可以借助词语来表示与其对应的形式证明。本节的主要目标之一就是帮助大家书写清晰且严格的论证。

通过定义一些新的关系和函数符号，再使用集合论就会变得容易很多。首先借用上面所证明的事实——存在唯一的空集——并借用如下条件来定义一个新名字 ∅：

$$\forall A(A=\emptyset \leftrightarrow \forall x\,(x \notin A))$$

再定义一个二元关系 ⊆（用中缀表示法），用来表示一个集合包含在另一个集合中。

定义 对任意的集合 A 和 B，如果 $\forall x(x \in A \rightarrow x \in B)$，那么称 A 为 B 的**子集**，写作 $A \subseteq B$。更严格的定义如下：

$$\forall A\,\forall B(A \subseteq B \leftrightarrow \forall x(x \in A \rightarrow x \in B)$$

集合之间的包含关系 ⊆ 和元素与集合之间的属于关系 ∈ 是不一样的。就本书而言，我们可以将元素属于关系看成某个不是集合的个体 a 和某个集合 A 之间的关系。比如，假设你是所有阅读过这句话的人的集合中的一个元素。与之相反，包含关系 ⊆ 只能存在于两个集合之间。由于你不是一个集合，不能和其他人处于包含关系 ⊆ 中。[①]

我们将通过证明空集是所有集合的子集来更好地阐明子集的定义。

命题 7.2

$$\forall B\,(\emptyset \subseteq B)$$

证明： 假设 B 是任意一个集合。由于 $\forall x(x \notin \emptyset)$，通过负悖论可

[①] 细心的读者可能已经发现了，我们有意地保留了集合和非集合之间的简单的区分。如果你更欣赏公理集合论 ZF，那么在作为万物理论（Theory of Everything）的 ZF 中，所有东西都是一个集合。

以得出 $\forall x(x \in \emptyset \to x \in B)$。再通过 $\subseteq$ 的定义，得出 $\emptyset \subseteq B$。由于 B 是一个随机的集合，因此 $\forall B(\emptyset \subseteq B)$。

习题 7.17

证明下列结论。

1. $A \subseteq A$
2. 如果 $A \subseteq B$ 并且 $B \subseteq C$，那么 $A \subseteq C$
3. 如果 $A \subseteq B$ 并且 $B \subseteq A$，那么 $A = B$

如果一个理论 T 蕴涵某个关系 $\phi(x,y,z)$ 是函数式的关系，那么可以通过如下方式定义一个二元函数符号，如 $\cap$：

$$(x \cap y = z) \leftrightarrow \phi(x,y,z)$$

思考如下集合论所定义的关系：

$$\phi(A,B,C) \equiv \forall x(x \in C \leftrightarrow (x \in A \land x \in B))$$

为了证明 ϕ 是函数式的关系，假定 $\phi(A,B,C)$ 和 $\phi(A,B,D)$。我们可以快速证明 $\forall x(x \in C \leftrightarrow x \in D)$，且通过外延公理得出 $C = D$。因此 ϕ 是函数式的关系，于是可以定义：

$$(A \cap B = C) \leftrightarrow \phi(A,B,C)$$

换句话说，

$$\forall x(x \in A \cap B \leftrightarrow (x \in A \land x \in B))$$

我们将 $A \cap B$ 称为集合 A 和 B 的**交集**。

习题　7.18

证明下列结论。

1. $A \cap A = A$
2. $A \cap \emptyset = \emptyset$
3. $A \subseteq B$ 当且仅当 $A \cap B = B$
4. $C \subseteq A \cap B$ 当且仅当 $C \subseteq A$ 并且 $C \subseteq B$

和交集的定义类似，我们可以定义集合之间的**并集**。相关定义如下：

$$\phi(A, B, C) \leftrightarrow \forall x (x \in C \leftrightarrow (x \in A \vee x \in B))$$

由于 ϕ 是函数式的关系，可以定义具有如下特征的函数符号 $\cup$：

$$\forall x (x \in A \cup B \leftrightarrow (x \in A \vee x \in B))$$

习题　7.19

证明下列结论。

1. $A \cup A = A$
2. $A \cup \emptyset = A$
3. $A \subseteq B$ 当且仅当 $A \cup B = B$
4. $A \cap (B \cup C) = (A \cap B) \cup (A \cap C)$

另一个定义在集合上的函数，即两个集合的**相对补集**。这个函数我们还会用到应该包含所有属于 A 但不属于 B 的元素。因此这个函数的定义条件如下：

$$\forall x (x \in A \backslash B \leftrightarrow (x \in A \wedge x \notin B))$$

我们经常会用到集合 A 的绝对补集 A^c，即所有不在 A 中的元素所组成的集合。数学家们当然都清楚"所有满足某某条件的东西的集合"这个说法是有风险的。然而，在实际应用中，我们经常会用某个很大的集合 X 作为背景集合，此时，我们可以把 A^c 当作 A 在 X 中的相对补集。

习题 7.20

假设 $A^c = X \backslash A$。证明下列结论。

1. $(A \cup B)^c = A^c \cap B^c$
2. $(A \cap B)^c = A^c \cup B^c$
3. $A \cup A^c = X$
4. $A \cap A^c = X$

下一个要认识的集合构造方法严格来说并不是一个定义，在某种意义上，它可以被当作是一个新的公理。

S4. 笛卡尔积 有一种集合构造方式，它通过把集合 A 和 B 作为输入，然后生成一个新的集合 $A \times B$，这个集合称为 A 和 B 的笛卡尔积。这个新集合中的每一个元素都可以写成 $<a,b>$ 的形式，其同一性条件如下：

$$<a,b> = <c,d> \leftrightarrow a = c \wedge b = d$$

需要注意的是，$<a,b>$ 中元素的次序很重要，$<a,b>$ 并不一定等于 $<b,a>$。因此形如 $<a,b>$ 这样的元素称为**有序对**。

我们定义一个函数 $\pi_1 : A \times B \rightarrow A$，其作用是将每个有序对 $<a,b>$ 映射到其第一个元素 a 上。类似地，我们可以定义

$\pi_2: A \times B \rightarrow B$，它将每个有序对 $<a,b>$ 映射到其第二个元素 b 上。

不难看出，如果 A 和 B 都是有穷集合，那么 $A \times B$ 中的元素个数 $|A \times B|$ 应该等于 $|A| \cdot |B|$。其中 $|A|$ 是集合 A 中的元素个数（即 A 的基数），而 $|B|$ 则是集合 B 中的元素个数。事实上，在 A 和 B 都是无穷集合的情形下，这个等式依然成立。这个结论需要发展出一套有关不同大小的无穷概念，这是更为高级的集合论书籍中讨论的内容，此处不展开讨论。

习题 7.21

证明如果 A 集合有两个元素，B 集合也有两个元素，那么 $A \times B$ 有四个元素。

习题 7.22

证明 $\emptyset \times A = \emptyset$。

谓词逻辑会用到大量的如 Rxy 的关系符号。但是什么是关系呢？从集合论的角度来看，我们可以将关系理解为某种特殊集合，即 $A \times B$ 的子集。乍看上去有点怪异。假如让你提供一个关系的例子，你可能会给出"是某某的父母"或"是兄弟姐妹"，又或是"某某比某某要高"这样的关系。在什么意义上这些关系是 $A \times B$ 的子集呢？

每个关系都有两个不同的方面：**内涵**和**外延**。内涵一般是比较神秘并且难以定义的，可以把它看作关系的本质或意义，即每个关系所具有的关键特性。外延相对来说比较容易定义。关系的外延就是所有处于这种关系中的有序对的集合。比如，"配偶"关系就包含所有已经在婚姻中的伴侣们，包括：

<唐纳德，玛拉＞，＜唐纳德，伊凡娜＞，＜唐纳德，梅拉尼娅＞

目前为止我们谈论的都是二元关系，也就是说，只处理两个对象之间的关系。对任意的自然数 n 而言，都存在 n 元的关系。我们通常将一元关系称为**属性**。和其他关系一样，属性也有内涵和外延。因此，属性的外延就是所有拥有这个属性的物体组成的集合。

有趣的是，内涵不相同的属性，可以有一样的外延。哲学家奎因给出了一个著名的例子："有心脏的生物"和"有肾脏的生物"。显然，有心脏和有肾脏是两个不同的意义。但是，所有有心脏的生物都有肾脏，反之亦然。因此，这两个属性有着一样的外延。

将关系划分为不同的类型是极其有用的。接下来将讨论两类最重要的关系：等价关系和函数式关系。

等价关系

我们经常会碰到同一个东西拥有不同名字的情形。如果 a 和 b 是同一事物的不同名字，那么我们会说" a 和 b 是同一的"。或者，更简单地说，" $a=b$ "。不难发现，等词关系有一个特别的逻辑。例如，我们都承认 $a=a$ （这对一般的关系而言并不总是成立的）。我们同样也证明了，如果 $a=b$ ，那么 $b=a$ ，并且如果 $a=b$ ，$b=c$ ，那么 $a=c$ 。虽然等词关系有这些特征，但它不是唯一有这些特征的关系。比如，关系 R ，$<a,b>\in R$ ，当且仅当 a 和 b 一样高，那么 $<a,a>\in R$ （即每个人都和自己一样高）；如果 $<a,b>\in R$ ，那么 $<b,a>\in R$ （一样高是对称关系）；如果 $<a,b>\in R$ ，$<b,c>\in R$ ，那么 $<a,c>\in R$ （一样高是个传递关系）。这些事实告诉我们，R 是一个等价关系。

$A\times A$ 上的一个关系 R 是**等价关系**，当且仅当它满足如下要求：

自反性：对所有的 $a \in A, <a, a> \in R$.

对称性：对所有的 $a, b \in A$, 如果 $<a, b> \in R$, 那么 $<b, a> \in R$.

传递性：对所有的 $a, b, c \in A$, 如果 $<a, b> \in R$, 并且 $<b, c> \in R$, 那么 $<a, c> \in R$.

等价关系中最简单的例子是相等关系 $R = \{<a, a>, a \in A\}$。另外一种等价关系是对于某个量有着相同的值。例如，"x 和 y 一样高" 是在所有人的集合上的一个等价关系。

习题 7.23

1. 假设 R 是一个等价关系，并且 $[a]$ 是所有和 a 有 R 关系的事物，即

$$[a] = \{b | <a, b> \in R\}$$

   证明要么 $[a] = [b]$，要么 $[a] \cap [b] = \emptyset$.

2. 假设 R 和 S 都是等价关系，证明 $R \cap S$ 也是一个等价关系。

3. 假设 $\phi \equiv \psi$ 是命题逻辑中可互相推导的关系。证明 $\equiv$ 是一个等价关系。

函数关系

函数有多种不同的理解方式。首先，函数可以被理解成一种**规则**，它将某个集合中的所有元素指派给另一个集合中的元素。其次，函数也可以被理解成一个图像，即平面上的一个有序对集合。如果某个图像是用函数来表达的话，那么每条垂直于横轴的直线和这个图像只能有一个交点。也就是说，函数的图像有这样的特征：如果

<*a,b*> 和 <*a,c*> 都在图像上，那么 *b*=*c*。

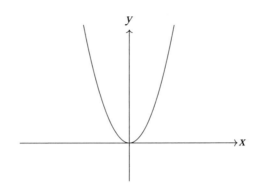

图 7.1　函数 *f*(*x*)=*x*² 的图像（抛物线是所有有序对〈*x*,*x*²〉的集合）

许多我们熟悉的函数其实并不是严格意义上的函数。比如，倒数函数 1/*x*。当 *x*=0 时，该函数是缺乏定义的，因此它并不是一个所有实数上的函数（即其定义域并不是全体实数）。我们通常要求一个函数在其定义域中的每个元素都有定义，也就是说，对于属于定义域的任意 *x*，都有一个属于陪域（codomain）的 *f*(*x*)。

集合 *A*×*B* 上的关系 *R* 称为**函数式关系**，当且仅当它满足：

存在性： 对任意的 *a* ∈ *A*，都存在一个 *ab* ∈ *B*，使得 <*a,b*> ∈ *R*。

唯一性： 如果 <*a,b*> ∈ *R*，并且 <*a,c*> ∈ *R*，那么 *b*=*c*。

任意一个函数 *f*: *A* → *B* 都会生成一个被称为其图像的函数关系：

图像 (*f*) = {<*x*, *f* (*x*) > | *x* ∈ *X*}

通过外延性公理可以知道函数和函数关系之间是一一对应的。也就是说，任何一个函数都对应于唯一的函数关系，如果两个函数不相同，那么它们所对应的函数关系也不相同。

　逻辑学入门：普林斯顿大学的经典逻辑课

由于函数也是关系，因此函数同时也有内涵和外延。同一个函数可以用不同的方式表达出来。比如，如下函数：

$$f(x)=x^2-1, g(x)=(x+1)(x-1)$$

这两个函数的内涵不完全相同，因为它们提供了计算函数值的不同方法。然而这两个方法所得出的结果总是一样的，因此，f 和 g 的外延相同。

和关系一样，函数也有其**元数**，即其自变元的数目。和关系不同，对函数而言，同一个自变元只有值。类似 $f(x)=x^2-1$ 的函数叫作一元函数（它只有一个自变元）。相反，加法运算就是一个二元函数（因为它需要两个自变元）。在极端的情形下，一个 0 元函数没有自变元，只有一个值。这样的函数被称为**点**或**元素**，即它是集合中的一个元素。

由于点是一种特殊函数，函数又是一种特殊关系，因此点既有内涵又有外延。为了更好地理解，我们将点看成某个特殊的名字。名字的内涵是其含义，名字的外延是其所指向的对象。[①]

如果 f 是一个从 A 到 B 的函数，g 是一个从 B 到 C 的函数，那么我们可以定义一个从 A 到 C 的复合函数 $g \circ f$，如下：

$$(g \circ f)(x) = g(f(x)), \forall x \in A$$

习题 7.24

如果函数 f、g 和 h 的定义域和陪域都吻合，证明 $h \circ (g \circ f) = (h \circ g) \circ f$。

---

① 关于这个问题的更深入的研究，参见弗雷格关于"晨星"和"昏星"的讨论。

习题 7.25

假定 $R =$ 图像 (f)，并且 $S =$ 图像 (g)。证明

图像 $(g \circ f) = \{<x, z> \mid \exists y(<x, y> \in R \wedge <y, z> \in S)$

习题 7.26

1. 考虑实数上的函数 $f(x) = x^3$。f 是单射吗？f 是满射吗？
2. 给出一个由10岁的孩子能听懂的词项所组成的函数关系。
3. 证明如果函数 $g \circ f$ 是单射，那么函数 f 也是单射。
4. 给出两个函数的例子 g 和 f，使得函数 $g \circ f$ 是单射，但是函数 g 不是单射。

给定一个函数 $f : X \to Y$，我们可以很自然地定义出其他一些函数。首先，定义一个从 Y 的子集到 X 的子集的**原像**函数 f^{-1}。

$$(x \in f^{-1}(A)) \leftrightarrow (f(x) \in A)$$

也就是说，

$$f^{-1}(A) = \{x \in X \mid f(x) \in A\}$$

$f^{-1}(A)$ 这个集合被称为集合 A 在 f 之下的原像。现在我们来证明原像保持集合的交运算。

命题 7.3

$$f^{-1}(A \cap B) = f^{-1}(A) \cap f^{-1}(B)$$

证明 我们把一系列等价式组合起来用：

$$x \in f^{-1}(A \cap B) \leftrightarrow f(x) \in A \cap B$$
$$\leftrightarrow f(x) \in A \wedge f(x) \in B$$
$$\leftrightarrow x \in f^{-1}(A) \wedge x \in f^{-1}(B)$$
$$\leftrightarrow x \in f^{-1}(A) \cap f^{-1}(B)$$

f^{-1} 这个映射是从 Y 的子集到 X 的子集之间的关系，和映射 f 的方向是相反的。此处同样用 f 表示子集映射，它不适用于 X 的元素，而适用于 X 的子集。定义如下：

$$f(A) = \{y \in Y \mid \exists x (x \in A \wedge f(x)=y)\}$$

也就是说，$f(A)$ 包含所有以 A 为定义域在映射 f 下的 Y 的元素。一般而言，$f(A \cap B)=f(A) \cap f(B)$ 并不总是成立。比方，假设 $A \cap B=\emptyset$，f 是一个函数且 $f(A)=f(B)=Y$，那么 $f(A \cap B)=f(\emptyset)=\emptyset$，但是 $f(A) \cap f(B)=Y$。

习题 7.27

对于任意的集合 A、B 和函数 $f:A \rightarrow B$，证明下列论断。

1. $f^{-1}(A \cup B)=f^{-1}(A) \cup f^{-1}(B)$
2. 如果 $A \subseteq B$，那么 $f^{-1}(A) \subseteq f^{-1}(B)$
3. $f(A \cup B)=f(A) \cup f(B)$
4. 如果 f 是一个单射，那么 $f(A \cap B)=f(A) \cap f(B)$

习题 7.28

证明如果 $f:A \rightarrow B$ 是单射，并且 A 非空，那么存在一个映射 $g:B \rightarrow A$，并且 $g \circ f$ 是 A 上的恒等映射。

以上 S1～S4 这几条公理说明了集合之间的关系，但是它们并没有说明除了空集之外哪些集合存在。下面这条公理保证了一个无穷数列集合的存在性。前面已经接触过无穷集合了，即 0,1,2,…（自然数集合 $\mathbb{N}$）。$\mathbb{N}$ 这个集合最重要的性质是它有一个元起点 0，并且通过后继函数 $s(x)=x+1$ 可以枚举出所有元素。

S5. 无穷公理　存在一个集合 $\mathbb{N}$，$0 \in \mathbb{N}$，和一个函数 $s:\mathbb{N} \to \mathbb{N}$，$s$ 是单射，但不是满射，并且 $\mathbb{N}$ 中的任意一个元素都可以通过将 s 应用于 0 在有穷多步之后得到。

通过连续应用 s 可以得到 $\mathbb{N}$ 中所有元素的名字：

$$1=s(0), 2=s(s(0)),\cdots$$

然后便可以通过概括公理定义出 $\mathbb{N}$ 中所有的有穷和余有穷（cofinite）子集，比如：

$$\{x \in \mathbb{N} \mid x=2 \lor x=4\} \qquad\qquad \{x \in \mathbb{N} \mid x \neq 3\}$$

于是可以推出，对于任意的自然数 n，都存在一个恰好有 n 个元素的集合 S_n。作为一个方便的缩写，我们用 $\{a_1,\cdots,a_n\}$ 表示如下集合：

$$\{x \in \mathbb{N} \mid x=a_1 \lor \cdots \lor x=a_n\}^a$$

外延公理保证了重复的元素可以从集合中移除，如 $\{a,a,b\}=\{a,b\}$。

自然数 $\mathbb{N}$ 的结构使得有可能在这个集合中定义一个加法函数 "+" 和一个乘法函数 "·"。比如，我们可以定义 $x+0=x$，且 $x+s(y)=s(x+y)$。同样可以证明 +、·、0、1 满足 PA 公理。因此，

---

① 原书中最后一项为 a_2，应该为笔误。——译者注

在某种意义上，算术可以被翻译到集合论中。这个翻译至少实现了将数学还原为集合论这个理想目标中的重要一步。

对于概括公理，有人可能会觉得这样的表述更为简洁：对于每一个公式 $\phi(x)$，都存在一个对应的集合 $\{x\,|\,\phi(x)\}$。然而，这个想法会导致矛盾，这个矛盾最早是由伯兰特·罗素发现的。考虑如下谓词：

$$\phi(x) \equiv x \notin x$$

并且构造集合 A，$A=\{x\,|\,\phi(x)\}$。也就是说，A 是所有不属于自身的集合构成的集合。

习题　7.29

证明如果 $A \in A$，那么 $A \notin A$。然后证明如果 $A \notin A$，那么 $A \in A$。因此假设 A 存在会导致矛盾。

由此可以看出，要想发展出一个既一致又足够强大到作为数学基础的集合论并非易事。

第

8

章

模

型

本章将展示如何证明一个论证是无效的。其原理与真值表类似，但这种方法更接近我们在现实生活中的实际操作，尤其是在科学领域。

一个典型的或者说"科学的"理论适用于众多不同的情况。例如，达尔文的进化论不但适用于人类早期历史，也适用于分析果蝇种群或癌细胞数量。同样，有关经济泡沫的理论可能适用于 21 世纪初美国的房地产泡沫，也适用于分析 1637 年荷兰的郁金香危机。因此，科学思维不仅涉及抽象理论，还在较为具体的情况描述中有所体现。可以说具体的描述是抽象理论的一个模型。

就我们的目标而言，建模的主要功能是用它来证明一个论证是无效的。如果可以建立一个模型，使得某个论证的前提为真，而结论为假，则该论证就是无效的。那么，建立模型的规则是什么？我们如何判断模型中的句子是否为真？为了得到这些问题的答案，让我们从一个著名的例子开始讲，在这个例子中，模型构建起到了至关重要的作用。

在西方历史的大部分时间中，欧几里得几何学被认为是确定知识的典型范例。假设你坐在一个黑暗的房间里，用欧几里得几何学逻辑严密地推导出——在任何一个三角形中，其内角之和为 180°。

如果你去外面测量三角形，会一次又一次地发现欧几里得几何的推论、推导是正确的：三角形的内角之和总为180°。

两千多年前提出的欧几里得几何学能够如此确定，这几乎是一个奇迹。这种思想引导了历史上许多人去研究有关欧几里得几何公理的知识来源。其中一些研究是哲学性质的，另一些则集中在数学问题上。比如，有没有可能把欧几里得几何的公理数归约到少数几条，这样我们就会剩下一些明显正确的公理？

在这里我们不做详细介绍。欧几里得几何学的一些公理似乎是不言而喻的真理。例如，在任意两点之间有一条直线，或者类似地，任意两个直角相等。我们不妨把这些无争议的公理集记为 Γ。

然而，欧几里得几何学也依赖于以下不太明显的公理：

平行公设：对于任何直线 x，对于不在 x 上的点 p，存在唯一的直线 y，使得 p 在 y 中，并且 y 与 x 平行。

我们将平行公设写为 P。因为 P 看上去并不明显为真，许多数学家花了很多时间试图证明它是否可以从其他无争议的公理推导出来。也就是说，他们试图证明 $\Gamma \vdash P$。但遗憾的是，这些数学家中的一些人花了一生的时间试图证明这个小矢列，却在没有找到答案的情况下死去。事实上，没有人能证明这一点。

但后来发生了一些惊人的事情。19 世纪，一位名叫尼古拉·罗巴切夫斯基的名不见经传的俄罗斯数学家决定尝试证明。作为一个聪明的逻辑学家[①]，罗巴切夫斯基意识到他所要做的就是证明 Γ 和 $\neg P$ 相互矛盾。因此，他假定了无争议的公理并否定了平行公设，然后他开始忙于解决矛盾。罗巴切夫斯基证明了许多看似荒谬的事情。例如，

---

① 原文如此。——译者注

他证明了三角形的内角严格小于$180°$。然而，他从来没有得到一个真正的矛盾，即他从来没有得到一个句子 ϕ 和它的否定 $\neg\phi$。

过了一段时间，罗巴切夫斯基突然意识到他已经证明了许多东西，这些结果相当于描述了一个新的数学世界。换句话说，他描述了一个模型 M，其中无争议的公理 Γ 为真，而平行公设 P 却为假。这个模型 M 是一个非欧几里得的领域，这意味着我们的世界不一定是欧几里得的。因此，这种建模的方法是历史上最著名的例子，表明我们可能不知道我们认为自己知道的事情。

逻辑语法

解释和模型的直观想法十分有趣且具有启发性。事实证明，这些思想在从数学到经济学和哲学的许多知识领域都非常有用。然而，正如我们到目前为止所描述的那样，这些概念太模糊，不足以证明任何关于它们的有趣之处，更无法证明我们在本书中发展的逻辑系统。

我们在这里开发的工具是将谓词逻辑语言**解释**为集合理论的概念。为此，假设我们对集合宇宙中真或假有相当坚定的把握。因此，为了证明矢列 $\phi \vdash \psi$ 是无效的，我们将证明 ϕ 和 ψ 可以被解释为集合论语句，使得 ϕ 确定为真，而 ψ 确定为假。

为此，我们首先需要对谓词逻辑语句族进行精确描述。假设 Σ 是一个固定的谓词逻辑符号集。也就是说，Σ 由函数符号和关系符号组成。我们还假设 Σ 带有一个等词符号。现在定义 Σ - 项集如下：

- 每一变元 $x, y, z, \cdots$ 是 Σ - 项。

- 如果 $f \in \sum$ 是一个 n 元函数符号，且 $t_1,\cdots,t_n$ 都是 $\sum$-项，则 $f(t_1,\cdots,t_n)$ 是 $\sum$-项。

当没有混淆时，我们只说"项"而不是"$\sum$-项"。一个 0 元函数符号的特殊情况被称为**名字**或**常项**。

这个术语的定义应该符合我们已经形成的直觉。例如，如果 $\sum$ 带有一个二元函数符号 $\circ$，则这些术语包括诸如 $x \circ y$ 和 $(x \circ y) \circ z$ 之类的表达式。如果 $\sum$ 带有名字 1 和二元函数符号 +，则这些术语包括诸如 1+1 和 $(1+1)+(1+1)$ 之类的表达式。从语义上讲，这些项被解释为函数，在具体名字情况下，被解释为论域中的对象。

接下来，定义 $\sum$-公式集如下：

- 如果 t_1 和 t_2 是项，则 $t_1 = t_2$ 是公式。
- 如果 R 是一个 n 元关系符且 $t_1,\cdots,t_n$ 都是项，则 $R(t_1,\cdots,t_n)$ 是公式。
- 如果 ϕ 和 ψ 是公式，则 $\phi \vee \psi$、$\phi \wedge \psi$、$\phi \rightarrow \psi$ 和 $\neg\phi$ 也都是公式。
- 如果 ϕ 是一个不包含量词 $\forall x$ 或 $\exists x$ 的公式，则 $\forall x \phi$ 和 $\exists x \phi$ 是公式。

现在对上述定义中的公式做几点说明。首先，更严格地说，我们更希望同时定义公式的概念以及公式中自由出现的变元。然而，这里我们将在更直观的层面上进行操作。一般情况下，如果一个变元在构造的任何阶段都不受量词约束，则该变元在公式中自由出现。例如，在公式 $x=y$ 中，变元 x 和 y 都是自由出现的。但是，在公式 $\forall x(x=y)$ 中，变元 x 已被约束，只有 y 是自由出现的。

其次，这里定义的包含量词的公式较烦琐。尽管公式 $\forall x(Px \rightarrow \exists x Q x)$ 会更简单，这里却不允许这样做。之所以使用限制性更强的条件，只是为了鼓励大家使用清晰的记法。虽然理论上没有理由禁止像 $\forall x(Px \rightarrow \exists x Qx)$ 这样的句子，但我们还是建议最好使用 $\forall x(Px \rightarrow \exists y Qy)$，其中第一个量词 $\forall$ 显然仅适用于首次出现的 x。

接下来我们将谓词逻辑语句定义为一个公式，其中没有任何变元是自由的。因此 $\exists x Rax$ 是一个语句，但是 $\exists x Ryx$ 不是一个语句，因为 y 是自由变元。我们的证明始终只涉及语句。如果你在证明中有一个步骤是公式而不是语句，那么你就误用了至少一个推理规则。[①]

形式化的解释

对 Σ 中符号的解释包括以下四个方面：

- 一些固定集 M，我们称为解释的**域**或**论域**。由于技术原因，域 M 必须是非空集。[②]
- 将每个 n 元关系符号 $R \in \Sigma$ 赋值为 $M \times \cdots \times M$ 的某个子集 R^M，我们称集合 R^M 为 R 在 M 中**外延**。
- 将每个常元符号 $c \in \Sigma$ 赋值为 M 中的某个元素 $c^M \in M$。
- 将每个 n 元函数符号 $f \in \Sigma$ 赋值为从 $M \times \cdots \times M$ 到 M 的某个函数 f^M。

Σ 中的符号有许多不同的解释方式。这里有如此多的自由，令人头晕目眩。人们应该如何从无数可能的集合中选择集合 M？幸运

[①] 最精致的证明系统允许含有自由变元公式的矢列，但是对于初学者来说，这可能不是好的选择。

[②] 这一要求困扰了包括伯特兰·罗素在内的许多逻辑学家。它可以通过使用自由逻辑或融贯逻辑（coherent logic）等非经典逻辑来避免。

的是，选择任意一个特定集合都没有关系。但重要的是结构事实，即集合的大小、关系符号外延的大小以及关系符号外延之间的关系。在很多情况下，我们可以通过观察有限集合中的解释来判断一个句子是否一致。但对于某些句子，我们需要无限集（如自然数集）。对于本书中的练习，永远不需要比自然数集范围更大的集合。

一旦将 Σ 中的符号赋值为相应的集合，就有一个简单的方法可以将赋值延伸至基于 Σ 中的所有项和公式。与计算（如真值表中的行）一样，赋值从内向外增长，并从对函数和关系符号的赋值开始，然后应用至与联结词和量词相对应的集合进行运算。

让我们首先来看公式 $\phi(x)$，其中只出现变元 x。在这种情况下，我们将 $\phi(x)^M$ 定义为 M 的子集，并认为：

$\phi(x)^M$ 是所有 $a \in M$ 的集合，使得当 x 取值为 a 时，$\phi(x)$ 为真。

$\phi(x)^M$ 的定义是归纳的。特别的是当 $\phi(x)$ 是一个原子公式时，首先定义 $\phi(x)^M$，然后将定义扩展到复杂公式。

如果我们暂时忽略函数符号，那么只包含变元 x 的原子公式的形式则是 $x=x$ 或 $R(x,\cdots,x)$。

- 由于 $(x=x)^M$ 应该是 M 中所有与它们自己等同的元素集合，因此它应该是 M 中全体元素的集合。
- 对于 $R(x,\cdots,x)^M$，由于 R^M 定义为 $M \times \cdots \times M$ 的子集，我们可以将 $R(x,\cdots,x)^M$ 定义为 $a \in M$ 的集合，使得 $<a,\cdots,a> \in R^M$。可更形式化地表示为 $R(x,\cdots,x)^M = \{a \in M \mid <a,\cdots,a> \in R^M\}$。

现在我们已经为原子公式 $\phi(x)$ 定义了 $\phi(x)^M$，将该定义扩展

到公式的布尔组合。特别地，

$$(\phi \wedge \psi)^M = \phi^M \cap \psi^M \qquad (\phi \vee \psi)^M = \phi^M \cup \psi^M$$
$$(\neg \phi)^M = M \setminus \phi^M \qquad (\phi \to \psi)^M = (M \setminus \phi^M) \cup \psi^M$$

这些定义相当直观。例如，$(\phi \wedge \psi)^M$ 对某些 a 为真当且仅当，ϕ^M 和 ψ^M 对 a 为真。对于 $\phi \to \psi$ 的情况，我们可以将其转化为等价形式 $\neg \phi \vee \psi$，然后再用之前的定义。

最后，我们需要将解释扩展到使用量词构建的公式，这里我们遇到了一个小挑战。如果 $\phi(x)$ 有一个自由变元 x，那么 $\exists x \phi(x)$ 就不再有自由变元，因此将 $\forall x \phi(x)$ 看作一组事物的意义不大。相反，我们可以将 $\forall x \phi(x)$ 简单地表示为真或假。显而易见的是，当 $\phi(x)^M \neq \emptyset$ 时，$(\exists x \phi(x))^M$ 为真；当 $\phi(x)^M = \emptyset$ 时，$(\exists x \phi(x))^M$ 为假。同样地，当 $\phi(x)^M = M$ 时，$(\forall x \phi(x))^M$ 为真；当 $\phi(x)^M \neq M$ 时，$(\forall x \phi(x))^M$ 为假。

例 1 假设 F 和 G 是谓词符号。令 $M = \{1, 2, 3\}$，$F^M = \{1, 2\}$，$G^M = \{2, 3\}$。因此我们可以计算出

$$(Fx \wedge Gx)^M = (Fx)^M \cap (Gx)^M = \{2\}$$
$$(Fx \vee Gx)^M = (Fx)^M \cup (Gx)^M = M$$
$$\exists x \ (Fx \wedge Gx)^M = 真$$
$$\forall x \ (Fx \wedge Gx)^M = 假$$

例 2 考虑句子 Fc。令 M 是基于论域 $\{1, 2\}$ 的解释，其中 $F^M = \{1\}$，$c^M = 2$，则 Fc 在 M 中为假。令 N 也是基于论域 $\{1, 2\}$ 的解释，其中 $F^N = \{1\}$，$c^N = 1$，则 Fc 在 N 中为真。

建立解释主要有两方面的原因：一方面是为了证明一组语句是

一致的，另一方面是为了表明一个矢列无法被证明。在命题逻辑中，只要存在赋值 v，使得 $v(\phi)=1$，则语句 ϕ 是一致的；在谓词逻辑中，只要有某个解释 M 使得 ϕ^M 为真，则语句 ϕ 是一致的。在命题逻辑中，$\phi \vdash \psi$ 是可证明的，当且仅当每个 ϕ 为真的赋值也使得 ψ 为真；在谓词逻辑中，$\phi \vdash \psi$ 是可证明的，当且仅当对于任何解释 M，如果 ϕ^M 为真，则 ψ^M 为真。因此，若一个矢列不能被证明，我们可以找到一种解释使得该矢列前提为真，结论为假。

定义 $\phi \vdash \psi$ 的反例是一种解释 M，使得 ϕ^M 为真，而 ψ^M 为假。

论证的反例是未能保真的具体例证。也就是说，一个论证的反例是前提为真、结论为假的一种情况或事态概念的形式化。

例 3 直观上看，$\forall x(Fx \vee Gx)$ 并不蕴涵 $\forall xFx \vee \forall xGx$。现在我们构造它的一个形式反例。令 $M=\{1,2\}$，$F^M=\{1\}$，$G^M=\{2\}$。那么，

$$(Fx \vee Gx)^M = (Fx)^M \cup (Gx)^M = \{1\} \cup \{2\} = M$$

因此 $(\forall x(Fx \vee Gx))^M$ 为真。由于 $2 \notin F^M$，因此 $(\forall xFx)^M$ 为假。同样的，$(\forall xGx)^M$ 为假，因此 $(\forall xFx \vee \forall xGx)^M$ 为假。

因此，M 表明 $\forall x(Fx \vee Gx)$ 并不蕴涵 $\forall xFx \vee \forall xGx$。

有人可能会问：我们怎么知道选择这种解释？然而遗憾的是，没有找到谓词逻辑解释的算法。[①] 通过这种方式，谓词逻辑与命题逻辑明显不同，命题逻辑中的真值表方法为找到所需的解释提供了可靠的方法。尽管如此，通过实践，人们可以变得非常善于发现相关的解释。例如，想象这样一种情况：一切事物都是 F 或 G，但不是所有的东西都是 F，也不是所有的东西都是 G？作为反例，我们马上可以想到偶数和奇数。正整数中的每个数么是偶数要么是奇数，

---

① 用专业的逻辑术语来讲，谓词逻辑是不可判定的。

但并不是每个数都是偶数，也不是每个数都是奇数。因此，我们可以选择域 $M=\{1, 2,\cdots\}$，令 F^M 为奇数集，G^M 为偶数集。但这里两个数的论域足以表明上述论证是无效的，这就是为什么我们选择 $M=\{1, 2\}$，$F^M=\{1\}$ 和 $G^M=\{2\}$。

还有另一种方法有时会有帮助，但这不能保证成功。特别是，通过观察较小论域的内容来了解一个论证是否有效。例如，如果取一个包含两个元素的论域 $M=\{a, b\}$，则存在句 $\exists x\phi(x)$ 表示 $\phi(a)\vee\phi(b)$，和一个全称句 $\forall x\psi(x)$ 表示 $\psi(a)\wedge\psi(b)$。在某些情况下，通过查看小论域可以直接了解如何构建反例。在上面的例子中，$\forall x(Fx\vee Gx)$ 表示 $(Fa\vee Ga)\wedge(Fb\vee Gb)$，$\forall xFx\vee\forall xGx$ 表示 $(Fa\wedge Ga)\vee(Fb\wedge Gb)$。然后，通过一个简单的真值表检测就可表明：$v(Fa)=v(Gb)=1$ 和 $v(Ga)=v(Fb)=0$ 使第一句为真，第二句为假。由此，我们可以看出 $F^M=\{a\}$ 和 $G^M=\{b\}$ 给出了上述论证的一个反例。[1]

练习 8.1

对下列各式，提供一个反例证明它是无效的。

1. $\exists xFx\vdash Fc$

2. $Fc\vdash\forall xFx$

3. $\exists xFx\wedge\exists xGx\vdash\exists x(Fx\wedge Gx)$

4. $\forall xFx\rightarrow\forall xGx\vdash\forall x(Fx\rightarrow Gx)$

5. $\forall x(Fx\rightarrow Hx)\vdash\exists xFx\vee\neg\exists xHx$

6. $\forall x(Fx\rightarrow Gx)\vdash\exists x(Fx\wedge Gx)$

7. $\exists x(Fx\wedge Gx),\exists x(Gx\wedge Hx)\vdash\exists x(Fx\wedge Hx)$

---

[1] 事实上，有一种算法可以确定只使用一元谓词符号的论证有效性。——译者注

8. $\vdash \forall x Fx \vee \forall x \neg Fx$

9. $\exists x (Fx \to Gx), \exists x (Gx \to Hx) \vdash \exists x (Fx \to Hx)$

10. $\exists x (Fx \to Gx) \vdash \exists x Fx \to \exists x Gx$

练习 8.2

假设 ϕ 和 ψ 是公式，其中唯一的自由变元是 x。证明 $(\phi \to \psi)^M = M$ 当且仅当 $\phi^M \subseteq \psi^M$。

接下来，我们将解释的定义扩展到命题常项。命题常项的解释即为赋予真值：真（1）或假（0）。然后我们需要考虑如何将解释扩展到包含谓词符号和命题常项的公式。这里采用以下定义：

P^M 为假	P^M 为真
$(\phi \wedge P)^M = \emptyset$	$(\phi \wedge P)^M = \phi^M$
$(\phi \vee P)^M = \phi^M$	$(\phi \vee P)^M = M$
$(P \to \phi)^M = M$	$(P \to \phi)^M = \phi^M$
$(\phi \to P)^M = M \setminus \phi^M$	$(\phi \to P)^M = M$

一般来说，我们应该试着将 $(\phi \to P)^M$ 看作事物的集合，即如果它们是 ϕ，那么 P。因此，如果 P^M 为真，那么这对其中每个个体都适用。但是，如果 P^M 为假，那么它只适用于那些不是 ϕ 的个体。

例 4 考虑句子 $\exists x (Fx \to P)$ 和 $\forall x (Fx \to P)$。令 M 是域 $\{1,2\}$ 的解释，其中 $F^M = \{1\}$ 且 P^M 为假。那么，

$$(Fx \to P)^M = M \setminus (Fx)^M = \{2\}$$

因此，$\exists x (Fx \to P)$ 为真，而 $\forall x (Fx \to P)$ 为假。

练习 8.3

对下列每一矢列，提供一个反例来说明它是无效的。

1. $\forall x Fx \rightarrow P \vdash \forall x (Fx \rightarrow P)$
2. $\exists x (Fx \rightarrow P) \vdash \exists x Fx \rightarrow P$

广义的解释

前面讨论了如何解释含有一个自由变元的公式。现在我们需要处理更一般的情况。粗略地说，如果 $\phi(x_1,\cdots,x_n)$ 是一个具有 n 个自由变元的公式，那么我们希望 $\phi(x_1,\cdots,x_n)^M$ 是 M 元素中 n 元组的集合。然而，在这一点上，我们很难在直觉和严谨之间做出选择。一方面，我们可以直观地给出 $\phi(x_1,\cdots,x_n)^M$ 的定义，但这个定义并不完全严格。另一方面，我们只有在引入一些非直观的技术辅助工具后，才能给出 $\phi(x_1,\cdots,x_n)^M$ 精确的数学定义。这就需要首先给出直观的定义，并用它来解决一些问题。在本章末尾，我们将给出一个更严格的定义。

对于直观的定义，我们将 M 扩展到所有原子公式。首先，对于含有 n 个自由变元的项 t，我们将 t^M 定义为这些变元的 n 元函数。例如，如果 f 是一个二元函数符号，则 $f(x,x)$ 是一个带有自由变元的项，我们将 $f(x,x)^M$ 定义为接受输入 a 并返回输出 $f^M(a,a)$ 的函数。在特殊情况下，对于变元 x_i，我们定义 x_i^M 是选取 x_i 相关部分的函数。特别地，$x_i^M(a_1,\cdots,a_n) = a_i$。

现在对于原子式 $R(t_1,\cdots,t_m)$，我们定义 $R(t_1,\cdots,t_m)^M$ 为由 n 元组 $(a_1,\cdots,a_n)$ 组成的集合 $(a_1,\cdots,a_n)$，使得 m 元组：

$$\langle t_1^M(a_1,\cdots,a_n),\cdots,t_m^M(a_1,\cdots,a_n)\rangle \text{ 在 } R^M \text{ 中。}$$

最后，对于项的等式 $t_1=t_2$，我们将 $(t_1=t_2)^M$ 定义为 $<a_1,\cdots,a_n>$ 的集合，使得 $t_1^M(a_1,\cdots,a_n)=t_2^M(a_1,\cdots,a_n)$。在符号常项的特殊情况下，我们说 $(c=d)^M$ 仅在 $c^M=d^M$ 的情况下为真。

这个定义很容易扩展到公式的布尔组合。而对于量化公式，我们的扩展如下：

- 如果 $\phi(x_1,\cdots,x_n,y)^M$ 已经被定义，那么令 $(\exists y\phi(x_1,\cdots,x_n,y))^M$ 是由 $<a_1,\cdots,a_n>$ 这样的 n 元组组成的集合，满足存在 $b\in M$ 使得 $<a_1,\cdots,a_n,b>\in\phi(x_1,\cdots,x_n,y)^M$。在 n=0 的特殊情况下，当 $b\in\phi(y)^M$ 存在时，$(\exists y\phi(y))^M$ 为真；当这样的 b 不存在时，$(\exists y\phi(y))^M$ 为假。

- 如果 $\phi(x_1,\cdots,x_n,y)^M$ 已被定义，那么令 $(\forall y\phi(x_1,\cdots,x_n,y))^M$ 是由 $<a_1,\cdots,a_n>$ 这样的 n 元组组成的集合，使得无论选择哪个 $b\in M$，都有 $<a_1,\cdots,a_n,b>\in\phi(x_1,\cdots,x_n,y)^M$。

例 5 令 $M=\{a_1,a_2\}$，$R^M=\{<a_1,a_1>,<a_2,a_2>\}$。于是 $(\exists yR(x,y))^M$ 是由 $a\in M$ 组成的集合，对每一个这样的 a，存在 $b\in M$ 使得 $<a,b>\in R^M$。因此，$(\exists yR(x,y))^M=M$，并且可以得出 $(\forall x\exists yR(x,y))^M$ 为真。

例 6 再次假设 R 是二元关系符号。令 $M=\{1,2\}$，R^M 为"小于"的标准解释，即 $R^M=\{<1,2>\}$。在这种情况下，

$$(Rxx)^M=\{a\in M\,|\,<a,a>\in R^M\}=\varnothing$$

如果将 R 解释为"小于或等于"，那么可以得到

$$(Rxx)^M=\{a\in M\,|\,<a,a>\in R^M\}=M$$

例 7 我们展示 $\forall y \exists x Rxy$ 并不蕴涵 $\exists x \forall y Rxy$。令 $M=\{a,b\}$，$R^M=\{<a,a>, <b,b>\}$。那么 $(\exists x Rxy)^M$ 是出现在 R^M 中某个序对右侧 $y \in M$ 的集合，即 M 中的所有个体。因此，$(\forall y \exists x Rxy)^M$ 为真。相反，$(\forall y Rxy)^M$ 是由 $x \in M$ 组成的集合；使得对于每一个 $y \in M$，都有 $<x,y> \in R^M$。但是这样的 $x \in M$ 并不存在，因此 $(\forall y Rxy)^M$ 为空集，于是 $(\exists x \forall y Rxy)^M$ 为假。

例 8 考虑涉及数值的断言 $\exists x \exists y(x \neq y)$，直观表示"至少有两个不同的事物"。因为 $(x=y)^M$ 是由 $<a,a> \in M \times M$ 组成的集合，所以 $(x \neq y)^M$ 是由 $<a,b> \in M \times M$ 组成的集合使得 $a \neq b$。因此，$(\exists y(x \neq y))^M$ 是由 $a \in M$ 组成的集合，使得存在 $b \in M$ 且 $a \neq b$。如果 M 只有一个元素，则不存在这样的 $a \in M$；如果 M 至少有两个元素，那么每个 $a \in M$ 都不等同于某个 $b \in M$。因此，$(\exists x \exists y(x \neq y))^M$ 为真，当且仅当 $(\exists y(x \neq y))^M$ 非空，当且仅当 M 中至少包含两个元素。

科学建模的主要功能之一是探索与理论一致的可能性。更重要的是，科学家们有一套用以描述这种可能性的规则，这些规则大致符合带有一些理想化的集合论公理。因此，相对于一个理论的可能性只是对该理论公理为真的一种解释，即它是该理论的一个模型。

定义 如果 T 是一种理论，并且 T 的所有公理在 M 中都为真，那么 M 就是 T 的一个模型。

例 9 考虑单一公理的理论 T：

$$\exists x \exists y((x \neq y) \wedge \forall z((x=z) \vee (y=z)))$$

那么，T 的模型就恰好包含两个元素的任一集合。

例 10 现在考虑一个扩展的例子。假设 T 是练习 7.15 中的自动集理论，Σ 中有一个二元函数符号。，T 有三个公理，共同表述。给出了左右传递的动作 (称一个动作是可传递的是指从一个固定的 x 开始，可以通过 x 和一些 y 到达任何 z。换句话说，从任何起点出发，都可以到达任何其他点)。

现在考虑对具有域 $\{0,1\}$ 的 Σ 定义。我们将。解释为从 $M \times M$ 到 M 的函数，可用一个真值乘积表来展示如下：

∘	0	1
0	0	1
1	1	0

换句话说，

$$\circ^M = \{ <0,0,0>, <0,1,1>, <1,0,1>, <1,1,0> \}$$

检查这种解释是否满足关联性和左右动作公理是很容易的。因此，M 是理论 T 的一个模型，即 M 是一个自动集。

在练习 7.15 中，要求证明 $T \vdash \exists!x(x \circ x = x)$。这里，把 T 放在 $\vdash$ 前作为 T 公理的简写。通过证明规则的可靠性（还没有证明，但承诺为真），可以确定 $\exists!x(x \circ x = x)$ 在 T 的所有模型都为真，尤其是在 M 中。幸运的是，可以看到在 M 中使这句话成立的原因：元素 $0 \in M$ 是唯一的幂等元。

练习 7.15 中还展示了

$$T \vdash \forall x \exists! y \forall z (z \circ x \circ y = z)$$

直观地说，这个唯一的 y 是 x 的逆 x^{-1}；如果我们愿意可以定义一个对应的一元函数符号 i。因此不难看出，在 M 中，这个一元函数被解释为恒等函数，即 0 和 1 都是它们自己的逆。

练习 8.4

现有一个论域为 $M=\{0,1,2\}$ 的 M 模型（提示：将 ∘ 理解为加法，其中 $2+1=1+2=0$ 和 $2+2=1$）识别 M 中唯一的幂等元和 M 上的逆运算 i。

练习 8.5

证明：自动集理论并不蕴涵 $\forall x \forall y\ (x \circ y = y \circ x)$。

图表解释

从帮助你找到解释的意义上讲，本节的目标是有启发性的。我们不会为你提供算法，但会提供一些有助于提高直觉的图片。特别是对于涉及二元关系符号的语句，如 R，我们可以将它看作是一种带有节点和箭头的图表。通过练习，你可以看到特定的句子对应特定的几何结构，然后可以借助几何直觉找到解释。

我们之前说明了 $\forall y \exists x Rxy$ 并不蕴涵 $\exists x \forall y Rxy$。我们给出的反例在数学上是完全严谨的，但可能不是很直观。可以用下面简单的图片捕捉反例的想法：将节点之间的箭头视为表示它们之间的关系 R。因此，第一句话 $\forall y \exists x Rxy$ 表示每个节点都有一个箭头指向它——这在这张图中是真的。第二句话 $\exists x \forall y Rxy$ 说有一个节点的箭头指向每一个其他的节点——这在图中是假的。因此，我们可以很快从图中看出：第一句并不蕴涵第二句。

有些句子有特别好的几何解释。例如，句子 Raa 表示 a 与自身具有关系 R，这意味着有一个箭头从 a 出发返回到自身（如图8.1左边所示）。因此，为使 $\forall x Rxx$ 为真，图中的每个节点都必须有一个返回自身的箭头。句子 $Rab \to Rba$ 表示，如果有一个箭头从 a 指向 b，那么有一个箭头从 b 指向 a。这可能为真的两个原因是：首先，可能有一个从 a 到 b 的箭头，对应一个从 b 到 a 的箭头（如图8.1中间所示）。其次，如果没有从 a 到 b 的箭头，则 $Rab \to Rba$ 也为真。概括地说，语句 $\forall x(Rxy \to Ryx)$ 表示关系 R 是对称的；从图像上看，它表示对于任意两个节点 a、b，如果有从 a 到 b 的箭头，那么就有从 b 到 a 的箭头。最后，语句 $(Rab \wedge Rbc) \to Rac$ 是说，如果有从 a 到 b 和从 b 到 c 的箭头，那么就有从 a 到 c 的箭头。从图形上看，当且仅当任何两步路径对应于一步路径时，该句为真（如图8.1右边所示）。传递性公理 $\forall x \forall y \forall z((Rxy \wedge Ryz) \to Rxz)$ 断言此条件对所有两步路径都成立。

假设给定语句 $\phi_1, \cdots, \phi_n$，你想确定这些句子是否一致。如果这些句子仅使用关系符号 R，则可以通过绘制相关箭头图来建立一致性。例如，可以考虑关系 R 是禁自反的 $[\forall x \neg Rxx]$、传递的和全体 $[\forall x \forall y(Rxy \vee Ryx)]$ 这样的句子。我们可以先绘制一个没有箭头的节点 a。但是全体公理在此情况下不成立。因此，我们需要至少添加一个其他节点 b，并且在 a、b 两个方向中至少有一个箭头。在不失一般性的情况下，我们将箭头从 a 指向 b。由于只有一个箭头，所以该图空洞地满足传递性。由于没有节点有指向自身的箭头，因此该图满足禁自反性。另根据构造，该图满足全体性。因此，上述这些句子是一致的。

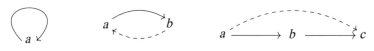

图 8.1 *Rxy* 这个属性的图形表示

练习 8.6

证明：如果关系 R 是禁自反的和全体的，那么至少存在两个不同的事物。

假定再添加一句话：关系 R 是完整的，即 $\forall x \exists y Rxy$。从图形上讲，只有当图中的每个节点都有一个箭头出发时，关系 R 才是完整的。当然，这在前面的图表中是失效的；因此，它不能验证句子 $\forall x \exists y Rxy$。更重要的是，我们不能简单地通过添加一个从 b 到 a 的箭头来修复该图。因为如果是那样的话，我们会有 $Rab \wedge Rba$，这就需要传递性，因此我们必须把箭头从 a 指向其自身，这是禁自反性图所禁止的。

现在我们勾勒出一个非正式的论证，即没有一个有限图能使这四个语句都为真。假设有一个带有 m 个节点的图可以使这些句子为真。完整公理表示，对于每个 a_n，都有一个 a_{n+1} 使得 Ra_na_{n+1}。多次应用这个公理使得我们可以得到一个节点列表 $a_1, \cdots, a_{m+1}$。现在证明这个列表没有重复的节点。如果 $i<j$，则传递性意味着 Ra_ia_j，禁自反性意味着 $a_i \neq a_j$。因此，所有元素 $a_1, \cdots, a_{m+1}$ 都不同，这与图中只有 m 个节点的假设相矛盾。显然，这个论证适用于任意的自然数 m。因此，没有一个有限图使得上述这些句子都为真。

当然，这并不意味着这些句子不一致，因为可能有一个无限的图使得它们全部为真。事实上，大家可能已经想到了一个例子，如自然数集 $\mathbb{N} = \{0, 1, 2, \cdots\}$ 作为论域，把 R 解释为"小于或等于"。显然，上述 $\phi_1, \cdots, \phi_4$ 在这种解释下都为真，因此这些句子是一致的。

练习 8.7

对下列语句，分别给出为真的解释和为假的解释。

1. $\forall x \forall y (Rxy \rightarrow Ryx)$

2. $\forall x \forall y \exists z (Rxz \land Ryz)$

3. $\exists x \forall y (Ryx \rightarrow Ryy)$

4. $\forall x (\exists y Ryx \rightarrow \forall z Rzx)$

5. $\exists x \exists y (Rxy \leftrightarrow \neg Ryy)$

练习 8.8

下列语句是否一致？如果是，请给出一个使其为真的解释。

$$\forall x \exists y \forall z (\neg Rxx \land Rxy \land (Ryz \rightarrow Rxz))$$

例 11 令 R 为二元关系符号，T 为基于 R 制定的偏序集理论，即 T 表示关系 R 是自反的、反对称的和传递的。不奇怪的是，T 模型也称为偏序集，有许多这样的模型。首先，取任意集合 M，令 $R^M = \{<a, a>|a \in M\}$，则 M 是一个偏序集——虽然它没什么意义。相比之下，以下的例子则是有趣的：考虑自然数集合 $\mathbb{N} = \{0, 1, 2, \cdots\}$，并令 $R^M = \{<a,b>|a \leq b\}$，则 $\mathbb{N}$ 是偏序集。

练习 8.9

请写下至少两个句子，使得它们在自然数模型中为真，但都不是偏序集理论的逻辑后承。

严谨解释

前面定义解释的方式存在一些（相当无害）数学不精确性。特别是，我们没有为任意公式 ϕ 定义 ϕ^M。相反，我们定义了 $\phi(x_1, \cdots, x_n)^M$ 但没有解释如何理解符号 $\phi(x_1, \cdots, x_n)$。在本节中，我们将引入一种新的复杂性解决这个问题。

首先我们定义两个新事物。

定义　令 $x_1, \cdots, x_n$ 是一个无重复的变元列表。如果项 t 的所有自由变元都出现在序列 $x_1, \cdots, x_n$ 中，那么我们将 $t(x_1, \cdots, x_n)$ 称为上下文中的项。

定义　如果公式 ϕ 的所有自由变元都出现在序列 $x_1, \cdots, x_n$ 中，那么称 $[x_1, \cdots, x_n : \phi]$ 是**上下文中的公式**。

有时将列表 $x_1, \cdots, x_n$ 缩写为 $\vec{x}$，那么 $[\vec{x}_1, \cdots, \vec{x}_n : \phi]$ 就是上下文中的一个公式。我们还可以使用破折号"—"来表示一个空的变元列表，因此当 ϕ 是语句时，$[—:\phi]$ 也是上下文中的一个公式。在定义 $[\vec{x}:\phi]^M$ 之前，首先来解释一下我们试图表达的直观想法：

$[\vec{x}:\phi]^M$ 是 $M \times \cdots \times M$ 中 n 元组 $\vec{x}$ 的集合，使得当 x_i 赋值 a_i 时 ϕ 为真。

如果变元 x_i 在 ϕ 中不是自由的，那么它在这个定义中充当"虚拟"的角色。例如，如果 p 是一个谓词符号，那么 $[x_1, x_2 : p(x_1)]^M$ 是 $<a_1, a_2>$ 的集合使得 $a_1 \in p^M$。我们也采用这样的惯例，即 M 的零个副本的积是一个单点集 **1**。因此，$[—:\phi]^M$ 是 **1** 的子集。如果它是整个集合，那么 $[—:\phi]^M$ 为真；如果它是空集，则 $[—:\phi]^M$ 为假。

令 M 是一种解释。我们首先定义 $t(\vec{x})^M$，其中 $t(\vec{x})$ 是上下文中的一个项。

- 假设 t 是变元 x_i；那么 $t(x_1, \cdots, x_n)^M$ 是一个函数，它接受一个 n 元组 $<a_1, \cdots, a_n>$ 作为输入并输出第 i 个项 a_i。
- 假设 t 是一个常数符号 c。那么 $t(\vec{x})^M$ 是一个函数，它接受一个 n 元组 $\vec{a}$ 作为输出并输出元素 $c^M \in M$。
- 假设 t 是具有 $f(t_1, \cdots, t_m)$ 形式的项，其中 $t(\vec{x})^M$ 已定义好。

那么，$t(\vec{x})^M$是将$f^M(b_1,\cdots,b_m)$赋值为$\vec{a}$的复合函数，其中$b_i=t_i(\vec{x})^M(\vec{a})$。现在我们定义$[\vec{x}:\phi]^M$，其中$[\vec{x}:\phi]$是上下文中的公式。

- 对于重言式⊤，定义$[\vec{x}:\top]^M$为$M\times\cdots\times M$。

- 设t_1和t_2为项。那么，$[\vec{x}:t_1=t_2]$是$\vec{a}$的集合，使得$t_1(\vec{x})^M(\vec{a})=t^2(\vec{x})^M(\vec{a})$。

- 令$t_1,\cdots,t_m$为项，R为m元关系符号。

  那么，$[\vec{x}:R(t_1,\cdots,t_m)]^M$是由$\vec{a}$组成的集合使得：$\langle t_1(\vec{x})^M(\vec{a}),\cdots,t_m(\vec{x})^M(\vec{a})\rangle\in R^M$。

对于归纳步骤，我们查看$[\vec{x}:\phi]$中的一个公式，不难发现对于其中ϕ的任何真子公式ψ以及任何的上下文$\vec{y}$，$[\vec{y}:\psi]^M$已经定义好。

- 对于布尔组合：

$$[\vec{x}:\phi\wedge\psi]^M=[\vec{x}:\phi]^M\cap[\vec{x}:\psi]^M$$
$$[\vec{x}:\phi\vee\psi]^M=[\vec{x}:\phi]^M\cup[\vec{x}:\psi]^M$$
$$[\vec{x}:\neg\phi]^M=[\vec{x}:\top]^M\backslash[\vec{x}:\phi]^M$$
$$[\vec{x}:\phi\to\psi]^M=[\vec{x}:\neg\phi\vee\psi]^M$$

- 对于量词，我们希望在假设$[\vec{x},y:\phi]^M$已经定义好的情况下定义$[\vec{x}:\exists y\phi]^M$。在这种情况下，令$[\vec{x}:\exists y\phi]^M$是投射$[\vec{x},y:\phi]^M$的最后一个作为元素坐标组成的集合。换句话说，$[\vec{x}:\exists y\phi]^M$是由$n$元组$<a_1,\cdots,a_n>$组成，使得存在某个$b\in M$满足$<a_1,\cdots,a_n,b>\in[\vec{x},y:\phi]^M$。类似地，对于全称量词，$[\vec{x}:\forall y\phi]^M$是由$n$元组$<a_1,\cdots,a_n>$组成，使得对于所有$b\in M$，都有$<a_1,\cdots,a_n,b>\in[\vec{x},y:\phi]^M$。

例 12 我们证明 $[x_1,x_2:p(x_1)]^M = [x:p(x)]^M \times M$。很明显，$[x:p(x)]^M = p^M$。如果 t 是变元 x_1，那么 $t(x_1,x_2)^M$ 是把序对 $\langle a_1,a_2 \rangle$ 作为输入并返回 a_1 的函数。因此，$[x_1,x_2:p(x_1)]^M$ 是由 $\langle a_1,a_2 \rangle \in M \times M$ 组成的集合，使得 $a_1 = t(x_1,x_2)^M(a_1,a_2) \in p^M$。

练习 8.10

描述集合 $[x,y:x=y]^M$ 和 $[x:x=x]^M$。

总　结

就本书的目的而言，解释的主要用途是表明一个矢列是无法被证明的情况。有时是为了它本身，有时是为了避免用错误的策略去证明别的东西。在进行真正的科学研究时，人们常常在寻找证据和寻找可能的反例之间来回切换。特别是，在确信没有反例的情况下往往会导致证据的发现。

考虑解释也有助于在形式逻辑中找到证据。例如，语句 $\exists x \forall y (Fx \to Fy)$，许多学生发现它是仅涉及一元谓词中最具挑战性的重言式之一。那么，让我们看看为什么这句话在每一种解释中都必须为真。这里理解的关键是，在每个 M 中要么一切都是 F，要么都不是 F。首先假设 $F^M = M$，则对于任意 $b \in M$ 都有 $b \in F^M$。如果假定 b 是一个名字，那么可以说 Fb 在 M 中为真，在这种情况下，无论 a 是什么，条件句 $Fa \to Fb$ 都是简单为真[1]。由于 b 是 M 的任意元素，$\forall y (Fa \to Fy)$ 总为真，因此 $\exists x \forall y (Fx \to Fy)$ 也为真。现在假设存在 $a \in M$，使得 $\neg Fa$。因此对于任意 $b \in M$ 都可以简单推

---

[1]　正悖论。

出 $Fa \rightarrow Fb$,[①] 即是 $\forall y(Fa \rightarrow Fy)$，最终也得到 $\exists x \forall y(Fx \rightarrow Fy)$。在这两种情况下，无论 F^M 是否为空，$\exists x \forall y(Fx \rightarrow Fy)$ 都为真。所以，这句话在每一种解释中都为真，因此可以从空前提集得到证明（是定理）。

练习　8.11

尝试构造一个类似的证明来展示 $\forall x \forall y(Fx \rightarrow Fy)$ 总为真。这个证明在何处行不通？

---

① 负悖论。

第

9

章

命
题
逻
辑
理
论

在第 7 章中，我们讨论了如何在谓词逻辑中表述理论。现在有一个看似奇怪的想法：如何（在谓词逻辑中）制定一个关于命题逻辑的理论？以这样的思路思考：假设你回到很久以前，那时候人们只使用"和""或"等命题联结词进行推理，[1] 不知道如何使用量词进行推理。这种情况下你的工作是描述这些早期的命题逻辑人喜欢玩的"游戏"规则。

如果你认为刚才描述的情况很奇怪，那么就仅把它看作是真正工作的热身，即关于我们是如何推理的推理。显然，良好的人类思维不会只被命题逻辑所穷尽；至少它还涉及带有量化命题的推理。因此，我们最终希望有一个关于谓词逻辑的理论。我们将在第 10 章中讨论这个问题，而本章仍只是讨论命题逻辑。

所以，请回到刚才简化和虚构的设置：我们想要一个能够描述命题逻辑的理论 T。为了构建 T，我们首先需要制定一个词汇表（即关系符号、函数符号、名字等）用于描述命题推理。为此，我们使用集合论。假设存在一个非空集合 $\sum$ 并称之为原子句。需要说明的是，

---

[1] 据我所知，没有人相信人类的思维是真正进化的。

非空集合∑中的句子并不是我们语言的一部分。我们只是在谈论它们，而不是使用它们。其次，我们还假设存在另一个包含符号 ∧、∨、→、¬ 和一些括号的集合。再次强调，这些符号是我们正在研究的过去的人所使用的逻辑联结词，而不是我们现在使用的逻辑联结词。最后，我们假设符号具有"毗连"的基本操作功能。

接下来请注意研究者处理某些符号串的方式与其他人有所不同。假设符号串具有"语句性"的特征，并在语言中引入一个谓词符号（ϕ）用于描述语句。这里使用希腊字母，如 ϕ 作为变元。以下是关于命题逻辑语法的理论：

- 集合∑中的任何符号是一个语句。
- 对于任何符号串 ϕ，如果 ϕ 是语句，那么 $\neg\phi$ 也是语句。
- 如果 ϕ 和 ψ 是语句，那么 $\phi \vee \psi$ 也是一个语句。
- 如果 ϕ 和 ψ 是语句，那么 $\phi \wedge \psi$ 也是一个语句。
- 如果 ϕ 和 ψ 是语句，那么 $\phi \rightarrow \psi$ 也是一个语句。

这些公理看起来显然都是正确的，但还不够充分，因为它们并不包含我们所知道的其他东西。例如，我们的测试对象不会将乱码符号串作为语句。对比，我们利用集合论来说明语句集与自然数集是一样的，即语句集的所有元素都是结构规则在原子句上有限次应用的结果。

我们可以通过**分析树**的概念直观地表示句子的结构。在分析树中，每个节点对应一个公式。初始节点必须是原子句，并且可以使用命题联结词从旧节点构造新节点。因此，假如给定节点 ϕ 和 ψ，可以构造如下新节点：

下面是一个完整的分析树：

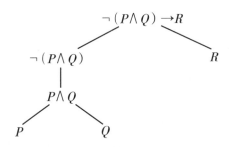

分析树在许多方面都非常有用。首先，分析树允许我们定义公式 ϕ 的子公式的概念：即在 ϕ 的分析树中出现的任何公式都是 ϕ 的子公式。其次，分析树直观地说明了语句 ϕ 是如何从其原子子公式的真值计算出来的。实际上，分析树的每个节点都可以被视为一个逻辑电路：否定节点是翻转真值的非电路，合取节点是仅当两个输入都为1时才输出1的且电路，依此类推。再次，分析树清晰地表明了语句的主要联结词：它是分析树根节点上的联结词。最后，分析树为代入过程中发生的事情提供了一个很好的视觉图像。考虑将 $F(P)=Q \rightarrow R$ 和 $F(Q)=R \wedge \neg R$ 应用于语句 $\phi \equiv P \rightarrow Q$ 的简单代入情况。$F(\phi)$ 的分析树是将 $F(P)$ 和 $F(Q)$ 的分析树简单粘贴到 $P \rightarrow Q$ 分析树中的 P 和 Q 节点上的结果。

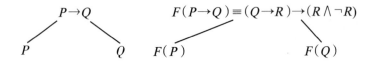

基于语句构造的归纳

在第 7 章中，我们看到定义自然数集合 $\mathbb{N}$ 是为了允许使用"归纳证明"的方法。这个方法粗略地表示：如果能证明 0 是 ϕ，并且能证明当 n 是 ϕ 时，$n+1$ 也是 ϕ，那么就能证明，所有的自然数都是 ϕ。接下来我们将看到，这种证明方法可以适用于命题逻辑的一组语句——这为我们提供了一个强大的工具，用于证明所有语句都具有某种属性。

令 $\sum$ 是一组固定的原子句。为了方便起见，首先考虑一个简单的情况：$\sum = \{P\}$，以及 Δ 是由联结词 $\neg$ 和 $\vee$ 构成的语句集。如果考虑类比自然数 $\mathbb{N}$ 的语句集，那么句子 P 是 0，联结词 $\neg$ 和 $\vee$ 类似于后继函数。在自然数集合 $\mathbb{N}$ 中，每个数 $n \in \mathbb{N}$ 是将后继函数 s 应用于 0 有限次数的结果。在语句集 Δ 中，每个语句 $\phi \in \Delta$ 是获取一定数量的 P 副本并应用联结词 $\neg$ 和 $\vee$ 有限次数产生的结果。以此方式定义集合 Δ，可以确保使用以下的归纳证明方法。

基于语句结构的归纳

（1）原子语句具有 *X* 属性。   基始

（2）如果 ϕ 和 ψ 具有 *X* 属性，那么 $\phi \vee \psi$ 也具有 *X* 属性。归纳 $\vee$

（3）如果 ϕ 具有 *X* 属性，那么 $\neg \phi$ 也具有 *X* 属性。   归纳 $\neg$

（C）Δ 中的每个语句都具有 *X* 属性。   结论

这里有一系列推理规则，每个属性 *X* 都可以在命题逻辑的元理论中描述。我们还没有完全准确地说出句子的哪些属性可以清晰地表达出来。然而作为一般规则，其唯一相关的属性是纯粹的句法属性。

例如，"φ 的主要联结词是 ∧"或者"φ 有三个左括号"。

现在我们使用归纳法证明Δ中的每个语句都等值于以下菱形中的四个语句之一：

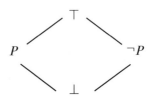

其中，⊤ 是重言式的简写（如 $P \lor \neg P$），⊥ 是矛盾式的简写（如 $P \land \neg P$），并且 φ 和 ψ 是**可证明等值**的，意味着 φ ⊣⊢ ψ。

命题　9.1

可以证明，Δ中每个语句都等值于上面菱形中的四个语句之一。

在我们开始正式证明之前，请注意：如果可证明 φ 和 ψ 是等值的，那么 ¬φ 和 ¬ψ 也是等值的。事实上，假设我们证明了 φ⊢ψ 和 ψ⊢φ。然后，我们可以通过使用（导出的）置换规则获得 ¬φ⊢¬ψ 和 ¬ψ⊢¬φ 的证明。同样的，如果可证明 φ 和 φ′ 与 ψ 和 ψ′ 都是等值的，那么 φ∨ψ 和 φ′∨ψ′ 也是等值的。

练习　9.1

证明　如果 φ⊣⊢φ′，并且 ψ⊣⊢ψ′，那么 (φ∨ψ)⊣⊢(φ′∨ψ′)。

证明　基始　显然 P 等值于它自身。因此，P 等值于菱形中四个语句之一。

归纳　假设 φ 等值于菱形中的四个语句之一。如果 φ 等值于⊤，那么 ¬φ 等值于⊥；如果 φ 等值于 P，那么 ¬φ 等值于 ¬P。依此类推。

归纳 假设 ϕ 和 ψ 都等值于菱形中的某个语句。如果 ϕ 等值于 $\bot$，那么 $\phi \vee \psi$ 等值于 ψ。如果 ϕ 等值于 $\top$，那么 $\phi \vee \psi$ 等值于 $\top$。如果 ϕ 等值于 $\bot$ 或 $\top$，则类似结论成立。如果 ϕ 和 ψ 相互等值，那么 $\phi \vee \psi$ 等值于 ϕ。最后，如果 ϕ 等值于 $\neg \psi$，那么 $\phi \vee \psi$ 等值于 $\top$。

我们已经了解如何通过归纳来证明仅包含联结词 $\vee$ 和 $\neg$ 的语句集Δ中的每个语句为真。现在只需要将另外两个联结词 $\wedge$ 和 $\rightarrow$ 添加到归纳步骤中，以上证明方法就可以扩展到所有语句集。

（4）如果 ϕ 和 ψ 具有 X 属性，那么 $\phi \wedge \psi$ 也具有 X 属性。

归纳 $\wedge$

（5）如果 ϕ 和 ψ 具有 X 属性，那么 $\phi \rightarrow \psi$ 也具有 X 属性。

归纳 $\rightarrow$

现在使用归纳法来证明每个句子（其唯一的原子句是 P）都等值于菱形中四个语句之一。前面已经证明了Δ中每个语句等值于菱形中四个语句之一。因此，只要通过逻辑等价的传递性证明每个句子都等值于集合Δ中一个语句即可。

命题 9.2

每个语句都可以被证明等值于集合Δ中的一个语句。

证明 假设只要证明 ϕ 等值于集合Δ中的一个语句，则语句 ϕ 具有 X 属性。我们用归纳公式的结构来证明每个语句都有 X 属性。在开始之前，请注意可以使用以下结果：如果 ψ 具有 X 属性并且 $\phi \dashv\vdash \psi$，那么 ϕ 具有 X 属性。

基始 由于 $P \in \Delta$，因此 P 具有 X 属性。

归纳∨和¬　如果 ϕ 和 ψ 具有 X 属性，那么 $\neg\phi$ 和 $\phi\vee\psi$ 显然也具有 X 属性。

归纳∧　假设 ϕ 和 ψ 都具有 X 属性，那么 $\neg(\neg\phi\vee\neg\psi)$ 具有 X 属性且 $\phi\wedge\psi\dashv\vdash\neg(\neg\phi\vee\neg\psi)$。因此，$\phi\wedge\psi$ 具有 X 属性。

归纳→　假设 ϕ 和 ψ 都具有 X 属性，那么 $\neg\phi\vee\psi$ 具有 X 属性且 $\phi\rightarrow\psi\dashv\vdash\neg\phi\vee\psi$。因此，$\phi\rightarrow\psi$ 具有 X 属性。

这就完成了归纳步骤，因此每个语句都有 X 属性。

练习　9.2

设 Θ 是一组语句集，其唯一的原子句是 P 且只有两个联结词 $\neg$ 和 $\wedge$。证明每一个语句都可等值于 Θ 中的一个语句。

练习　9.3

令 Γ 为定义如下的公式集：

- $P\in\Gamma$。
- 如果 $\phi\in\Gamma$ 且 $\psi\in\Gamma$，那么 $\phi\vee\psi\in\Gamma$。
- Γ 的每一个元素都由前面的有限步骤产生。

使用数学归纳法证明：对于所有 $\phi\in\Gamma$，$\phi\vdash P$。

真值函数

在第 5 章中，我们介绍了真值表。其可作为判断论证是否有效的工具。现在我们该从理论上思考真值表是什么以及它们可以做什么。

我们的每一个联结词 ¬、∧、∨ 和 → 都对应一个相关的真值表。因此，这些联结词是真值函数，比如输出语句 ¬φ 的真值完全由输入语句 φ 的真值决定。现在，你可能会想，在这个世界上，联结词怎么可能不是**真值函数**？如"唐纳德·特朗普说……"这个短语确实是一个命题联结词，因为对于任何陈述句 φ，你可以将它放入空白处并输出一个新语句："唐纳德·特朗普说 φ"。然而，即使是特朗普最忠实的捍卫者也不会说这个联结词是真值函数，因为至少存在一个假语句 φ 使得"唐纳德·特朗普说 φ"这一语句为真，并且至少存在一个假语句 ψ，使得"唐纳德·特朗普说 ψ"这一语句为假。因此，联结词不能简单地根据输入真值确定输出真值。

"唐纳德·特朗普说过……"这一联结词没有被哲学家仔细研究过。但是，也有其他非真值函数联结词被使用。哲学家们最喜欢的一个联结词是"必然为真……"。只要存在一些真值不一定为真，那么这个联结词就不是真值函数。由于哲学家们长期以来对必然真值感兴趣，因此他们对非真值函数联结词十分感兴趣。他们在一门叫作**模态逻辑**的学科中研究这些联结词。①

然而，这里的重点是真值函数联结词。我们现在可以提出一个问题：除了 ¬、∨、∧、→ 之外还有其他真值函数联结词吗？答案是肯定的，显然还有联结词 ↔，它的真值表与后三者中的任何一个都不同。然而，有人可能会很快指出可以通过使用 ∧ 和 ¬ 联结词来模拟 ↔ 的真值表。那么，不妨来区分可以用 ¬、∨、∧、→ 表达的联结词以及不能如此表达的联结词。然后我们就可以将这个问题重新表述为：是否存在不能用我们已有的联结词来表达的真值函数联结词？

---

① 现代模态逻辑教科书中，通常把"必然""知道""应该"等此类连词按照模态词处理。——译者注

乍一听，这个问题似乎难以回答。不妨让我们从思考可能有多少个真值函数开始（这里，**真值函数**只是把真值作为输入并返回真值作为输出的函数。因为我们的真值是 0 和 1，因此真值函数是从集合 $\{0,1\}$ 到其自身的映射）。为此，我们只需要做一些基本的计算。从一元真值函数（即接受一个输入的函数）的情况开始，从 $\{0,1\}$ 到其自身正好有四个函数：恒等函数、交换 0 和 1 的函数、将两个元素映射到 0 的函数以及将两个元素都映射到 1 的函数。显然，我们可以用联结词的组合来表达这四个函数（如常函数 0 可由 $P \wedge \neg P$ 表示）。

接着，对于二元真值函数（即具有两个输入的函数），我们可以发现更多的可能性。从 $\{0,1\} \times \{0,1\}$ 到 $\{0,1\}$ 的每个函数都将前一个集合划分为两部分：赋值给 0 的元素以及赋值给 1 的元素。由于前一个子集是后者的补集，可见每个这样的函数都可由赋值给 1 的那部分元素确定。因此，二元真值函数与 $\{0,1\} \times \{0,1\}$ 的子集，即 $\{0,1\} \times \{0,1\}$ 的幂集中的元素之间存在一一对应关系。

如果集合 X 有 $|X|$ 个元素，那么 X 有 $2^{|X|}$ 个子集。在本例中，$\{0,1\} \times \{0,1\}$ 有四个元素，因此有 2^4 个子集以及 $2^4=16$ 个二元真值函数。所以，除了由 $\vee$、$\wedge$、$\rightarrow$ 表示的真值函数外，还有 13 个真值函数。这样看来，我们还远不能表达所有的二元真值函数。但事实恰恰相反，在图 9.1 中，可以展示 16 个具有不同真值表的句子。

我们有以下等值式：

$$P \rightarrow Q \equiv \neg P \vee Q \qquad 以及 \qquad P \wedge Q \equiv \neg(\neg P \vee \neg Q)$$

任何语句都等值于一个只有联结词 $\vee$ 和 $\neg$ 的语句，16 个真值函数中的每一个函数都可以用这些联结词来表示。同样，这 16 个真值函数中的每一个函数都可以用联结词 $\neg$ 和 $\wedge$ 来表示。如果每个真值函数都可以用一组联结词 Γ 来表示，那么我们称 Γ 是**表达完全的**或**表达充分的**。由此可见，以上我们只是粗略地证明 {¬, ∨} 和 {¬, ∧} 是表达完全的。

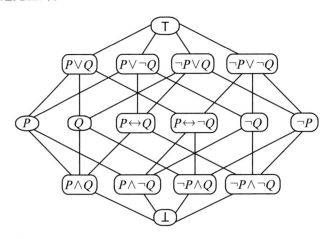

图 9.1　每一行上公式的真值函数为 1 的数目相同；连接线表示向上的逻辑含义

令人惊讶的是，只有一个真值函数本身在表达上也可以是完全的。其相应的联结词被称为"与非"，通常用符号 ↑ 表示。根据定义，$P \uparrow Q$ 的真值表与 $\neg(P \wedge Q)$ 的真值表相同。

$P\,Q$	$P \uparrow Q$
1 1	1 **0** 1
1 0	1 **1** 0
0 1	0 **1** 1
0 0	0 **1** 0

为了证明 {↑} 在表达上是完整的，只要证明它可以重现 ¬ 和 ∨ 的真值表即可。经过反复试验，我们发现以下定义确实成立：

P	$P \uparrow P$
1	1 **0** 1
0	0 **1** 0

PQ	$(P \uparrow P) \uparrow (Q \uparrow Q)$
1 1	1 0 1 **1** 1 0 1
1 0	1 0 1 **1** 0 1 0
0 1	0 1 0 **1** 1 0 1
0 0	0 1 0 **0** 0 1 0

练习 9.4

给出一个只使用 P、Q 和 $\uparrow$ 的公式，其真值表与 $P \wedge Q$ 相同。

如果任何真值函数都可以用联结词 $\uparrow$ 表示，那么有人可能会问，为什么不用它来代替由 4 个联结词 $\{\neg, \vee, \wedge, \rightarrow\}$ 构成的冗余集？简言之，答案是我们面临简单性和自然性之间的权衡，后者是我们所熟悉的函数。对大多数人而言，用"并且"来推理是相当自然的，而用"与非"来推理则不那么自然。为什么呢？因为我们不会假装知道。尽管如此，可以确定的是，如果有人掌握"与非"的概念，那么他们可以表达任何其他真值函数的概念。

证明一组联结词在表达上是不完整的可能会更困难。例如，假设我们想证明集合 $\{\vee\}$ 本身是不完全的真值函数。解决这个问题的方法是开始尝试表达一些真值表，以了解我们不能做什么。有了联结词 $\vee$，可以写出与 P 等值的 $P \vee P$。当然，还可以写 $P \vee Q$。但我们似乎在这一点上陷入了困境。如果我们写更长的析取式 $P \vee (P \vee Q)$，很快就会意识到这没有表达任何新的内容。也就是说，只要 P 和 Q 为真，我们就会被真值函数所困扰。这一认识给了我们一个想法：也许可以证明用 $\vee$ 表示的每个真值都具有这个特性，即当 P 和 Q 为真时，真值函数为真。这个想法提供了以下证明背后的直觉。

为了让这个证明更清楚，我们需要对术语稍作修改。与其说是一行真值表，不如说是**赋值**。准确地说，一个赋值 v 为每个原子句

（在本例中为 P 和 Q）赋值 0 或 1。如果我们遵循真值表，那么赋值会自然扩展到为每个语句赋值 0 或 1。例如，如果 $v(\phi)=1$ 并且 $v(\psi)=1$，那么 $v(\phi \lor \psi)=1$。因此断言：如果存在一个赋值 v，使得 $v(P)=1$ 并且 $v(Q)=1$，那么对于任何一个只有联结词 $\lor$ 的语句，都有 $v(\phi)=1$。

命题 9.3

集合 $\{\lor\}$ 是不完全真值函数。

证明 令 Γ 为仅用 $\lor$ 构建的语句集。令 v 是为每个原子句赋值 1 的赋值。我们证明了对于每个语句 $\phi \in \Gamma$，$v(\phi)=1$。我们的论证通过对 Γ 的结构进行归纳。根据定义，对于 Γ 中的 ϕ 原子句，有 $v(\phi)=1$。此外，如果 $v(\phi)=1$ 并且 $\phi(\psi)=1$，那么 $v(\phi \lor \psi)=1$。因此，对于所有的 $\phi \in \Gamma$，都有 $v(\phi)=1$。所以，在 Γ 中不存在逻辑上等值于 $P \land \neg P$ 的语句，$\{\lor\}$ 是不完全的真值函数。

练习 9.5

证明集合 $\{\land\}$ 是不完全真值函数。

练习 9.6

考虑由原子句 P 和 Q 构成的句子。如果 ϕ 仅在其中 0 个、2 个或 4 个赋值上为真，那么语句 ϕ 是偶的。证明如果 ϕ 是偶的，那么语句 $\neg \phi$ 是偶的；如果 ϕ 和 ψ 都是偶的，那么 $\phi \leftrightarrow \psi$ 是偶的。

练习 9.7

说明集合 $\{\neg, \leftrightarrow\}$ 是否是完全真值函数？

一个关于证明的理论

在前面的章节中，我们阐述了一个关于命题逻辑的语法和语义的理论。本节我们将阐述一个关于证明的理论，即关于命题逻辑的推理规则可以证明什么和不能证明什么这样的问题。为此，我们在语言中引入了描述命题逻辑的语言——关系符号⊢，采用中缀表示法，在它的左边和右边各设置一个论元（从技术上讲，符号⊢含糊地表示几个不同的关系符号，每个对应于左侧出现的有限数量的语句。这里我们先不谈这个复杂的问题）。

命题逻辑的推理规则为有效矢列式集提供了一个归纳定义，即关系⊢的外延。这里的基始步是假设规则：对于任何公式 ϕ，矢列式 $\phi \vdash \phi$ 都是有效的。其他每个推理规则都是从1个、2个或3个旧矢列式构造新的有效矢列式。既然⊢的外延是通过归纳定义方式获得，我们可以通过归纳模式证明所有矢列式都具有某种属性。归纳模式如下：

基于矢列式结构的归纳	
（1） $\phi \vdash \phi$ 具有X属性。	基始
（2）如果 $\Gamma \vdash \phi \to \psi$ 并且 $\Gamma \vdash \phi$ 具有X属性，那么 $\Gamma \vdash \psi$ 也具有X属性。	归纳MP
（C） 所有的矢列式都具有X属性。	结论

正如我们所看到的，矢列式结构的归纳证明涉及许多归纳步骤，即每个推理规则都有一个步骤。但是关于所有矢列式的集合，我们可能想展示哪些类型的内容呢？关于矢列式的集合，我们已经假设

并使用了以下两点。首先，我们假设查找和代入操作不会使矢列式变得混乱，即对于任何矢列式 $\phi \vdash \psi$ 而言，如果对命题常数进行语句的统一代入，则得到另一个有效矢列式 $F(\phi) \vdash F(\psi)$。其次，假设真值表可以检测矢列式在什么情况下无法被证明。换句话说，假设对于任何有效矢列式 $\phi \vdash \psi$，ϕ 和 ψ 的真值表都不存在 ϕ 为真且 ψ 为假的情况。现在是时候证明这两个假设是正确的了。

为了建立这些证明，设想两种不同的语言并使用不同的原子句是很有帮助的。令 Σ 是一个原子句列表，并令 Σ' 是另一个原子句列表。我们称 Σ 为一种语言的记号（signature），而 Σ' 为第二种语言的记号（为便于记忆，可以将 Σ' 视为诸如 P'、Q'、R' 这样的在前一种语言记号右上角加一撇这样的原子句）。然后，令这两种语言使用逻辑联结词 ¬、∧、∨、→ 在各自的原子句中构建语句。

现在让我们想象一下什么可以算作是语言 Σ 和 Σ' 之间的翻译。请记住，语言之间的良好翻译不必逐字逐句。例如，是否有一个英语单词可以翻译德语单词 Zeitgeist，或者有一个英语单词可以翻译丹麦语单词 hygge，这是值得怀疑的（印地语、乌尔都语和汉语等语言中也有很多有趣的例子）。因此，我们不应该要求从 Σ 到 Σ' 的翻译必须将 Σ 中的原子句与 Σ' 中的原子句匹配。相反，我们允许 Σ 中的原子句被重新构建为 Σ' 中的任何语句。

定义 令 Σ 和 Σ' 是命题记号。从 Σ 到 Σ' 中**重构** F，是指将 Σ 的原子句转换为 Σ' 语句的函数。

重构 $F: \Sigma \rightarrow \Sigma'$ 自然延伸到从 Σ 的所有语句到 Σ' 语句的函数。我们定义

$$
\begin{aligned}
F(\neg \phi) &= \neg F(\phi) \\
F(\phi \wedge \psi) &= F(\phi) \wedge F(\psi) \\
F(\phi \vee \psi) &= F(\phi) \vee F(\psi)
\end{aligned}
$$

$$F(\phi \to \psi) = F(\phi) \to F(\psi)$$

为了了解这一扩充是如何进行的，不妨看一个具体的例子。假设 $\Sigma = \{P, Q\}$，$\Sigma' = \{R, S\}$，并且通过 $F(P) = R \land S$ 和 $F(Q) = \neg S$ 来定义重构 F。那么，

$$F(\neg P \lor Q) = \neg F(P) \lor F(Q) = \neg(R \land S) \lor \neg S$$

一种翻译 F 可以在不同的语言间运行，它也可以从一种语言返回到自身。事实上，这种事情在科学界经常发生。例如，几十年前，一些聪明的经济学家发现有些物理微分方程可以应用于金融市场。他们的建议相当于将物理学语言翻译成经济学语言，既然两者都是我们整体语言的一部分，因此可以是一个返回语言自身的翻译。

在命题逻辑中，我们可以使用将语言翻译到自身的概念来理解语句代入特例的概念。简言之，一个语句 ϕ 的代入特例是任何 ϕ 可以翻译成其他的语言的语句。此处考虑不同语言间的翻译可能会有所帮助。在这种情况下，我们语言中的一个语句可以在许多其他不同的语言中有代入特例。

定义 ϕ 的代入特例是形式为 $F(\phi)$ 的任何语句，其中 $F: \Sigma \to \Sigma'$ 是一个重构。

这里的关键思路是，一个语句的代入特例具有与该语句相同的形式。一个支持我们观点的证据是，重言式的任何代入特例仍然是重言式。这里我们从语义的角度使用"重言式"：一个相对于每个赋值都为真的语句。

命题 9.4

如果 ϕ 是重言式，那么 ϕ 的任何代入特例也是重言式。

证明 假设 ϕ 是重言式并且 $F(\phi)$ 是 ϕ 的代入特例。令 v 为任意赋值。我们需要证明 $v(F(\phi))=1$。考虑由 $w(P)=v(F(P))$ 为每个原子句 P 定义赋值 w。由于 ϕ 是重言式，$w(\phi)=1$。此外，因为 w 和 $v \circ F$ 在原子句上一致，并且两者都可以与所有的语句联结词交换，所以 $w=v \circ F$。因此，$v(F(\phi))=(v \circ F)(\phi)=w(\phi)=1$。由于 v 是一个任意赋值，因此 $F(\phi)$ 是一个重言式。

命题 9.5

如果 ϕ 是一个或然句，那么 ϕ 有一个重言式代入特例。

证明 假设 ϕ 是或然的，并令 $P_0,\cdots,P_n$ 是出现在 ϕ 中原子句的列表。由于 ϕ 是或然句，因此存在一个赋值 v，使得 $v(\phi)=1$。令 F 为任意矛盾式，T 为任意重言式。对于 $i=0,\cdots,n$，如果 $v(P_i)=1$，则定义 $f(P_i)=T$，并且如果 $v(P_i)=0$，则定义 $f(P_i)=F$。因此，可以断言 $f(\phi)$ 是重言式。令 w 为任意赋值。对于每个原子句 P_i 而言，如果 $v(P_i)=1$，那么 $v(P_i)=w(T)=w(f(P_i))$；如果 $v(P_i)=0$，那么 $v(P_i)=w(F)=w(f(P_i))$。因此，v 和 $w \circ F$ 对所有原子句都一致。由于 v 和 $w \circ f$ 是真值函数并且它们在所有语句上都一致，所以在 ϕ 中也一致。因此，$w(f(\phi))=v(\phi)=1$。由于 w 是任意赋值，因此 $f(\phi)$ 是重言式。

练习 9.8

给出语句 $P \to (Q \wedge R)$ 的重言式代入特例。

练习 9.9

按照前面证明的要点说明，如果 ϕ 是一个或然句，那么 ϕ 有一个不一致的代入特例。

我们已经为下列主证明做好了准备。代入元规则表示，在有效证明基础上执行统一代入，那么结果仍然是有效证明。现在证明以下事实。

代入定理 令 $F:\sum \rightarrow \sum'$ 是一个重构。如果 $\phi_1, \cdots, \phi_n \vdash \psi$，那么 $F(\phi_1), \cdots, F(\phi_n) \vdash F(\psi)$。

证明 我们通过对矢列式结构的归纳来证明这个结果。（本书证明 $\wedge$I、CP 和 $\vee$E 的归纳步骤，其他步骤留给读者）。

基始 假设规则不仅给出了 $\phi \vdash \phi$，还给出 $F(\phi) \vdash F(\phi)$，所以基始步成立。

归纳 $\wedge$I 设 $\phi_1, \cdots, \phi_n, \psi_1, \cdots, \psi_n \vdash \phi \wedge \psi$ 是将 $\wedge$I 应用于 $\phi_1, \cdots, \phi_n \vdash \phi$ 和 $\psi_1, \cdots, \psi_n \vdash \psi$ 的结果，并且后两个矢列式成立（归纳假设），即 $F(\phi_1), \cdots, F(\phi_n) \vdash F(\phi)$ 并且 $F(\psi_1), \cdots, F(\psi_n) \vdash F(\psi)$。通过合取归纳，我们可以得出：

$F(\phi_1), \cdots, F(\phi_n), F(\psi_1), \cdots, F(\psi_n) \vdash F(\phi) \wedge F(\psi)$。

由于 $F(\phi) \wedge F(\psi) = F(\phi \wedge \psi)$，因此

$F(\phi_1), \cdots, F(\phi_n), F(\psi_1), \cdots, F(\psi_n) \vdash F(\phi \wedge \psi)$。

归纳 CP 设 $\phi_1, \cdots, \phi_n \vdash \psi \rightarrow \chi$ 是由 CP 从 $\phi_1, \cdots, \phi_n, \psi \vdash \chi$ 推导得到。根据归纳假设，代入规则对后一个矢列式成立，即 $F(\phi_1), \cdots, F(\phi_n), F(\psi) \vdash F(\chi)$。于是，可得出 CP。

$F(\phi_1), \cdots, F(\phi_n) \vdash F(\psi) \rightarrow F(\chi)$。

由于 $F(\psi) \rightarrow F(\chi) = F(\psi \rightarrow \chi)$，

因此 $F(\phi_1), \cdots, F(\phi_n) \vdash F(\psi \rightarrow \chi)$。

归纳 RAA 设 $\phi_1, \cdots, \phi_n \vdash \neg \psi$ 是由 RAA 从 $\phi_1, \cdots, \phi_n, \psi \vdash \chi \wedge \neg \chi$ 推导出的，并且代入规则对后一个矢列式成立（归纳假设），

即 $F(\phi_1),\cdots,F(\phi_n),F(\psi)\vdash F(\chi\wedge\neg\chi)$。根据 F 的属性，得出 $F(\chi\wedge\neg\chi)=F(\chi)\wedge\neg F(\chi)$ 是一个矛盾式。因此，根据 RAA 可以得到 $F(\phi_1),\cdots,F(\phi_n)\vdash\neg F(\psi)$。由于 $\neg F(\psi)=F(\neg\psi)$，则有我们想要证明的 $F(\phi_1),\cdots,F(\phi_n)\vdash F(\neg\psi)$。

归纳 ∨E 设 $\phi,\psi_1,\psi_2\vdash\chi$ 是将 ∨E 应 E 用于以下三个矢列式得到的结果：

$$\phi\vdash\theta_1\vee\theta_2 \qquad \psi_1,\theta_1\vdash\chi \qquad \psi_2,\theta_2\vdash\psi$$

且代入规则对假设后三个矢列式成立（归纳假设），即

$F(\phi)\vdash F(\theta_1\vee\theta_2)$
$F(\psi_1),F(\theta_1)\vdash F(\chi)$
$F(\psi_2),F(\theta_2)\vdash F(\psi)$
由于 $F(\theta_1\vee\theta_2)=F(\theta_1)\vee F(\theta_2)$，因此结合 ∨E 得出
$F(\phi),F(\psi_1),F(\psi_2)\vdash F(\chi)$。

如前所述，我们将剩下的步骤留给感兴趣的读者。完成这些步骤后，我们就能断定，对于任何语句 $\phi_1,\cdots,\phi_n,\psi$，如果 $\phi_1,\cdots,\phi_n\vdash\psi$，那么 $F(\phi_1),\cdots,F(\phi_n)\vdash F(\psi)$。

根据以上定理可以马上得到以下推论。

命题 9.6

如果 ϕ 是可证明的，那么 ϕ 的任何代入特例也是可证明的。

现在我们着手证明命题逻辑推理规则的**可靠性**。这个证明本质上是代入定理证明的另一个版本，我们只是将语句映射到数字 0 和 1，而不是映射到其他句子。

可靠性定理　对于任意赋值v，如果$\phi_1,\cdots,\phi_n \vdash \psi$，那么$\min\{v(\phi_1),\cdots,v(\phi_n)\} \leqslant v(\psi)$。

在定理的陈述中，min 处理合取形成的前提$\phi_1,\cdots,\phi_n$：$v_1(\phi_1),\cdots,v_n(\phi_n)$的最小值与$v(\phi_1\wedge\cdots\wedge\phi_n)$相同。

证明　施归纳法于矢列式的结构。这里只展示几种情况，其余的留给读者。

归纳 MP　设$\phi_1,\phi_2 \vdash \chi$是$MP$应用于$\phi_1 \vdash \psi \to \chi$和$\phi_2 \vdash \psi$得到的结果。根据归纳假设有$v(\phi_1) \leqslant v(\psi \to \chi)$并且$v(\psi_1) \leqslant v(\psi)$。如果$\min\{v(\phi_1),v(\phi_2)\}=0$，那么我们就完成了这一步骤。如果$\min\{v(\phi_1),v(\phi_2)\}=1$，那么$v(\psi \to \chi)=1$并且$v(\psi)=1$，由此得出$v(\chi)=1$。在任一情况下，$\min\{v(\phi_1),v(\phi_2)\} \leqslant v(\chi)$。

归纳 CP　设$\phi \vdash \psi \to \chi$是由 CP 从$\phi,\psi \vdash \chi$推导获得，并且假定可靠性结果对于矢列式$\phi,\psi \vdash \chi$成立（归纳假设），即$\min\{v(\phi),v(\psi)\} \leqslant v(\chi)$。在$v(\psi)=0$或$v(\psi)=1$的任一情况下：如果$v(\psi)=0$，那么$v(\psi \to \chi)=1$，则我们就完成了这一步骤。如果$v(\psi)=1$，根据$v(\chi)=1$，则$v(\psi \to \chi)=1$。因此，无论哪种情况下，均有$v(\phi) \leqslant v(\psi \to \chi)$。

这实现了我们在第 5 章中作出的承诺，即真值表方法为矢列式无法被证明的情况提供了一种可靠的检验方法。特别是，如果真值表中有一行ϕ的赋值为 1 而ψ的赋值为 0，那么表明矢列式$\phi \vdash \psi$不能被证明。同样，如果真值表中有一行ψ的赋值为 0，则$\vdash \psi$无法被证明。

练习　9.10

证明　$\vee$I 和$\vee$E 规则的可靠性。

练习 9.11

    证明   如果 ϕ 不一致，则它的任何代入特例都不一致。这里"不一致"的意思是指，在语义上，所有赋值都为 0。

练习 9.12

    证明   如果 ϕ 是一个或然句，那么 ϕ 有一个矛盾的代入特例。

析取范式

    接下来我们要做的工作是证明**完全性**定理：如果一个论证是保真的，那么可以用推理规则来证明它。这着实是一个不平凡的定理，直到 20 世纪初才被人们发现。所以，为了实现证明，我们需要做一些工作。这里将从一些看似无聊的语法簿记开始。我们定义一种特殊形式的语句，然后证明命题逻辑中每个语句都等值于一个具有这种特殊形式的语句。事实表明这样的做法特别有用，因为这种形式的语句自带了它们的推理关系（就好像这些句了有一个地址来显示它们在逻辑空间中的位置）。

    定义   只要一个语句 ϕ 是文字句（原子句和原子句的否定）合取的析取，那么语句 ϕ 就是**析取范式**（DNF）。

    例如，以下句子就都是 DNF：

$$P \quad P \wedge \neg Q \quad (P \wedge \neg Q) \vee (\neg P \wedge Q)$$

我们可以归纳地定义 DNF 公式族，如下所示：

- 文字的所有合取（原子句和原子句的否定）都是 DNF。

• DNF 公式的所有析取都是 DNF。

析取范式定理表明：可以证明每个命题逻辑语句都等值于一个 DNF 语句。这个结果可以用两种不同的方式来证明，而且它在两种不同的方式上都是有用的。一方面，人们可以通过建立一组矢列式来直接证明 DNF 定理并用数学归纳法将其推广到所有语句。在这种情况下，DNF 定理在证明命题逻辑完全性的过程中可以起帮助作用。另一方面，如果我们用其他方法完成了完全性定理的证明，那么就可以给出 DNF 定理的快速证明。接下来，我们将首先概述从完全性到 DNF 定理的论证；然后简述 DNF 定理的直接证明。

首先，我们假定：如果两个语句有相同的真值表，那么可以证明它们是等值的（这个假定是完全性定理的直接后承）。现在给定语句 ϕ，我们将从 ϕ 的真值表中构造一个 DNF 语句 ϕ'。如果 ϕ 始终为假（即它在主列的所有行中都为 0），则令 ϕ' 为语句 $P \wedge \neg P$。否则，对于 ϕ 为真的每一行 i，令 ψ_i 为该行中所有赋值为真的原子句以及该行中所有赋值为假的原子句的否定的合取。请注意，ψ_i 在真值表的第 i 行上为真并且在每一行 $j \neq i$ 上为假。最后，令 ϕ' 为构造的所有 ψ_i 的析取。

很明显，ϕ' 是 DNF 语句。所以接下来只需要证明 ϕ 和 ϕ' 有相同的真值表即可。假设我们将它们并排放置并考虑真值表的第 i 行。如果 ϕ 在第 i 行中为真，那么 ϕ' 的析取支之一是 ψ_i 且它在第 i 行为真。因此，ϕ' 在第 i 行为真。相反，如果 ϕ' 在第 i 行为真，则 ψ_i 出现在其中，通过公式构造结构可知 ϕ 在第 i 行时为真。这样我们就证明了 ϕ 和 ϕ' 具有相同的真值表。如果先假设完全性，那么我们可以证明 ϕ 和 ϕ' 是等值的。

这个有些抽象的论证可以通过一个例子来说明。考虑语句 $\phi \equiv (P \rightarrow R) \rightarrow (Q \wedge R)$。如果写出 ϕ 完整的真值表，你会发现它在

第1、2、4和5行为真而在其他行中为假。因此,根据以上论述可得出:

$$(P \wedge Q \wedge R) \vee (P \wedge Q \wedge \neg R) \vee (P \wedge \neg Q \wedge \neg R) \vee (\neg P \wedge Q \wedge R)$$

这里很容易确定 $\phi' \vdash \phi$。如果要进行大的析取消除,那么第一个和第四个析取支将立即产生 $Q \wedge R$,于是再通过正悖论可得到 ϕ。第二个和第三个析取产生 $P \wedge \neg R$,它等价于 $\neg(P \rightarrow R)$,然后通过负悖论可得到 ϕ。反过来,由于 ϕ' 是析取式,$\phi \vdash \phi'$ 很难被看出来。然而,ϕ 蕴涵 $\neg(P \rightarrow R) \vee (Q \wedge R)$,而后者又蕴涵 $(P \wedge \neg R) \vee (Q \wedge R)$。这里最后一个公式实际上在 DNF 中,虽然与 ϕ' 并不完全相同,但不难看出它与 ϕ' 的关系。

采用已知等值条件的字面意思,我们可以以将 ϕ' 改写为

$$(P \wedge \neg R \wedge Q) \vee (P \wedge \neg R \wedge \neg Q) \vee (Q \wedge R \wedge P) \vee (Q \wedge R \wedge \neg P)$$
$$\dashv\vdash [(P \wedge \neg R) \vee (Q \vee \neg Q)] \vee [(Q \wedge R) \wedge (P \vee \neg P)]$$
$$\dashv\vdash (P \wedge \neg R) \vee (Q \wedge R)$$

此例也表明 DNF 等值式通常不是唯一的。

现在我们来讨论 DNF 定理的论证。事实上,证明更强大的东西是最容易的,为此我们需要另一个定义。

定义 如果一个语句是文字句析取的合取,那么这个语句是**合取范式(CNF)**

DNF 定理 每个语句 ϕ 都可被证明等值于析取范式中的一个语句 ϕ^d 以及合取范式中的一个语句 ϕ^c。

证明 将归纳用于语句中的结构。

- 每个原子句都在 DNF 和 CNF 中。
- 假设 ϕ 等值于 ϕ^c 和 ϕ^d。那么,$\neg\phi$ 等值于 $\neg\phi^d$,其形式

为¬($\psi_1 \lor \cdots \lor \psi_n$）。根据德摩根律，后者等值于¬$\psi_1 \land \cdots$
$\land \neg \psi_n$。再次应用德摩根律可得，每个¬ψ_i等值于文字句的
析取。如果将所有这些析取结合在一起，则¬ϕ^d等值于一个
CNF语句。类似的论证表明¬ϕ等值于¬ϕ^c，而ϕ^c等值于一
个DNF语句。因此，¬ϕ等值于CNF和DNF中的语句。

- 对于析取和合取，$\lor$自动保持DNF的语句族，并且$\land$自动保持
  CNF的语句族。因此，如果ϕ和ψ是满足定理假设的句子，那
  么$\phi \lor \psi$等值于一个DNF语句。并且，它也等值于CNF语
  句¬(¬$\phi \land \neg \psi$）。类似的论证表明$\phi \land \psi$等值于DNF和
  CNF语句。

- 对于条件句，我们有$\phi \to \psi \dashv\vdash \neg\phi \lor \psi$。通过前面两个归纳
  步骤，如果ϕ和ψ满足定理的假设，那么¬$\phi \lor \psi$也满足定
  理的假设。

练习 9.13

回顾 DNF 定理的证明过程并确定引用的每个可证明等值式。确
定需要哪些推理规则来证明这些等值式。上述证明过程中有没有一
些不需要的原始推理规则？

每个句子都等值于一个 DNF 语句的意义是什么？首先，它为我
们提供了一种快速理解语句之间所有可能的逻辑关系的方法。例如，
考虑所有的语句只是原子句 P 的情况。这种情况下仅有的文字句是
P 和 ¬P，并且每个基本的合取式都等值于 P、¬P 或 $P \land \neg P$ 中的一个。
因此，DNF 公式等值于 P、¬P、$P \land \neg P$ 或 $P \lor \neg P$ 中的一个。也就是说，
每个语句在逻辑上等值于这四个语句中的一个。

此外，如果两个语句 ϕ、ψ 在 DNF 中，那么很容易看出
$\phi \vdash \psi$ 是否成立。简单地说，当 ϕ 中包含一个与 ψ 中某个合取式一

样长的合取式，则 $\phi \vdash \psi$。例如，考虑一下两个 DNF 公式：

$$Q \wedge P \qquad Q \vee (\neg Q \wedge \neg P)$$

快速检验表明 $\phi \vdash \psi$：通过合取消去规则，有 $Q \wedge P \vdash Q$，再通过析取引入规则，得到 $Q \vdash \psi$。

由上可见，如果 ϕ 是一个只包含 P 的语句，那么 ϕ 等值于四个语句 P、$\neg P$、$\top$、$\bot$ 中的一个。如果在 DNF 中写出公式，你也会看到对于同时包含 P 和 Q 的语句有 16（2^4）种可能性。可能性是下列四种一致的基本合取的所有两个分支的析取。

$$P \wedge Q \quad P \wedge \neg Q \quad \neg P \wedge Q \quad \neg P \wedge \neg Q$$

一般来说，如果有 n 个原子句，那么至多可能有 2^{2^n} 个逻辑不等值的语句。毫不奇怪的是，2^{2^n} 也是在输入 n 个原子句时产生的不同真值函数的数量（每一不同的语句对应不同的真值函数）。

实际上，是否需要将语句转换为 DNF 或 CNF 是值得怀疑的。我们可以让计算机来完成这项任务。但是，你可能会想，如何写一个程序将语句转换成 DNF 呢？一方面，你可能先采用计算机编程来计算真值表，然后使用真值表的行来构造相应的公式。另一方面，通过编写计算机程序对相关公式进行一系列语法操作，你可以使用以下算法：

- 用 $\neg \phi \vee \psi$ 替换 $\phi \rightarrow \psi$ 的所有特例。
- 每当 $\neg$ 为合取或析取的前缀时，使用德摩根律等值式将 $\neg$ 向内推进。
- 每当 $\wedge$ 作用于一个析取式时，使用分配律将其转换为合取的析取。

为了信任这样的算法，我们需要证明它在一个 DNF 公式中总是会在有限的步骤后达成目标。

完全性

这一核心观点是，上述逻辑系统有足够的推导规则能够证明我们想证明的一切，特别是对所有保真（有效）的论证。然而，在证明这一点之前，我们已经证明无法再添加任何推理规则，至少如果我们想保持可靠性，就不能继续添加。也就是说，如果我们添加更多的推理规则，那么就能导出一个非保真的论证。

首先需要弄清楚添加"新"推理规则意味着什么。例如，假设添加以下推理规则，即德摩根律：

$$\frac{\Gamma \vdash \neg(\phi \vee \psi)}{\Gamma \vdash \neg\phi \wedge \neg\psi}$$

我们可能认为自己很聪明，提出了一个似乎可信的新推理规则。不过这里的问题是，这条规则其实并不新鲜：它可以从已有的规则中派生出来。事实上，我们已经证明了 $\vdash \neg(\phi \vee \psi) \rightarrow \neg\phi \wedge \neg\psi$。现在假设我们得到了一个以 Γ 开始并以 $\neg(\phi \vee \psi)$ 结束的推导。然后，我们可以附加该条件的推导规则，并执行 MP 步骤，这将产生从 Γ 到 $\neg\phi \wedge \neg\psi$ 的证明。换句话说，$\Gamma \vdash \neg(\phi \vee \psi)$ 总是可以转换为 $\Gamma \vdash \neg\phi \wedge \neg\psi$。

因此，一个真正新的推导规则必须是允许推导出一个语句 ϕ 的规则，且没有任何其他的依赖项，而 ϕ 之前是不可推导的，换句话说，是 $\nvdash \phi$，其中 $\vdash \phi$ 表示使用先前的规则 ϕ 是可推导的。

命题 9.7

如果 ϕ 不可证明，那么存在 ϕ 的一个替换特例可证明它等值于 $\bot$。

证明 为了说明证明背后的思路，我们首先考虑 ϕ 中只含唯一原子句 P 的情况。如果 ϕ 不可证明，则 ϕ 一定等值于 P、$\neg P$ 或 $\bot$ 中的一个。最后一种情况下，结果微不足道（正确但无意义）。如果 ϕ 等值于 P，则令 P 的替换 $F(P)=\bot$。如果 ϕ 等值于 $\neg P$，则令 P 的一个替换 $F(P)=\top$，满足要求。

一般情况下，假设 ϕ 中的原子句是 $P_1,\cdots,P_n$。根据 DNF 定理，ϕ 等值于由 P_i 组成的基本合取为析取支的一个析取式。如果 ϕ 等值于由所有 2^n 个不同基本合取组成的一个析取式，那么 ϕ 是可证明的。由于 ϕ 被假定为不可证明，因此 2^n 个合取中至少有一个不会出现在 ϕ^d 中。不失一般性情况下，假设 $P_1\wedge\cdots\wedge P_n$ 不出现在 ϕ^d 中。现在令 $F(P_i)=\top$（$i=1,\cdots,n$）。那么存在某个 j，ϕ^d 中出现的每一个析取支 ψ 包含 $\neg P_j$，并且由于 $F(\neg P_j)=\neg\top$，$F(\psi)\vdash F(\neg P_j)\vdash\bot$。因此，$F(\phi)\vdash\bot$ 和 $F(\phi)$ 就是我们想要的 ϕ 的替换特例。

现在我们可以证明，如果在原系统中添加了一个新的推理规则，那么就可以证明任何事情。因为如果有一个新的推理规则，我们就可以证明一些之前无法证明的句子 ϕ。重要的是，我们不仅可以证明 ϕ，而且可以证明 ϕ 的任何替换特例 $F(\phi)$。由于 ϕ 之前是不可证明的，这就存在 ϕ 的替换特例 $F(\phi)$，使得 $\vdash F(\phi)\leftrightarrow\bot$。于是我们可以证明 $\bot$，而对于所有语句 ψ 都有 $\bot\vdash\psi$，意味着我们可以证明任何事情。[1]

现在我们可以证明完全性定理。为此，使用方便的符号记法

---

[1] 为了纪念逻辑学家埃米尔·波斯特 (1897—1954)，这个结果通常被称为"波斯特完全性"。

$\phi \vDash \psi$ 表示对于任何赋值 v，如果 $v(\phi)=1$，那么 $v(\psi)=1$。换句话说，$\phi \vDash \psi$ 表示具有前提 ϕ 和结论 ψ 的论证是保真的。

引理 如果 ϕ 不可证明，则存在一个赋值 v，使得 $v(\phi)=0$。

证明 通过前面的证明，将每个 $F(P)=\top$ 的情况替换为 $v(P)=1$，将每个 $F(P)=\bot$ 的情况替换为 $v(P)=0$，将每个 $F(\phi)\equiv\bot$ 的情况替换为 $v(\phi)=0$。

有限完全性定理 如果 $\phi \vDash \psi$，那么 $\phi \vdash \psi$。

证明 我们证明它的逆否命题。假设 $\phi \nvdash \psi$，那么 $\nvdash \phi \rightarrow \psi$。通过引理可知，存在赋值 v，使得 $v(\phi \rightarrow \psi)=0$。因此，$v(\phi)=1$ 且 $v(\psi)=0$ 意味着 $\phi \nvDash \psi$。

有限完全性定理表明，如果一个论证是保真的，那么就存在其成立的相关证据。但它并没有给出证明的方法。从这个意义上说，完全性是一个非结构化的结果：它表明 $\exists x \phi(x)$ 成立，但并没有告诉我们某个具体的 a，使得 $\phi(a)$ 成立。在命题逻辑的情况下，可以重做完全性证明，使其真正具有建设性，即采用相关的真值表并构建一个证明（可能会繁杂）。然而，我们的目标并不是要一个将证明工作丢给计算机的方法。

关于命题逻辑，我们可以证明另一件非常有趣的事情，因为它涉及无限集，所以在数学上的要求要高得多。假设我们有一种语言有无限多的原子句 P_0，P_1…，在这种情况下，不仅有无限多个不同的语句，还有无限多个逻辑上不等值的语句。现在再假设 Γ 是任意语句集，它可能是一个无限集。如果使 Γ 中所有语句为真的赋值，也使 ϕ 为真，我们就记作 $\Gamma \vDash \phi$。如果存在一个从 Γ 中一些有限数量的语句开始并以 ϕ 结束的证明，我们就记作 $\Gamma \vdash \phi$。现在可以进一步提出一个问题：在更一般的情况下，完全性是否仍然成立？

答案是肯定的，前提是我们求助于有关语句集的另外一个预设。

这一预设可以用多种方式表述。例如：

紧致性（C） 如果语句集 Δ 不一致，那么存在 Δ 的某个有限子集 Δ_0 不一致。（这里，我们描述了不一致性的一个语义概念。）

增长（G） 如果语句集 Γ 中的语句不蕴涵 $\bot$，那么它被包含在满足该属性的极大集合 Γ^* 中。（这里，我们描述的是一致性的一个语法概念。）

增长公理很有道理。假设你当前的信念状态由集合 Γ_0 表示并想象你足够幸运，你的信念并不意味着矛盾。然后，第二个假设是你的信念集可以增长到极限点 Γ，在那里你不能再添加任何东西而不陷入矛盾。这个想法不仅有道理，而且显然是正确的。

现在证明 C 等值于 G。首先假设 C 为真，并假设 Γ 是一组不蕴涵 $\bot$ 的语句。因此，Γ 的每一个有限子集 Γ_0 都不蕴涵 $\bot$。根据有限完全性定理，Γ 的每个有限子集 Γ_0 在语义上是一致的。因此，通过 C，Γ 在语义上是一致的，即存在一个赋值 v 使得 Γ 中的每个语句取值为 1。设 Γ^* 是所有被 v 赋值为 1 的语句集。如果 $\Gamma^* \vdash \bot$，那么可靠性就会失效。因此，$\Gamma^* \nvdash \bot$。如果 $\phi \notin \Gamma^*$，那么 $v(\phi)=0$ 并且 $v(\neg\phi)=1$。所以 $\neg\phi \in \Gamma^*$，得出 $\Gamma^* \cup \{\phi\} \vdash \bot$。因此，$\Gamma^*$ 是极大一致集（在语法意义上）。

假设 G 为真。我们首先要证明对于任何集合 Δ，如果 $\Delta \nvdash \bot$，那么 Δ 是相容的。假设 $\Delta \nvdash \bot$。根据 G，存在一个极大一致集 Γ 使得 $\Delta \subseteq \Gamma$ 且 $\Gamma \nvdash \bot$；如果 $\phi \notin \Gamma$，那么 $\Gamma \cup \{\phi\} \vdash \bot$。因此我们断言，$\Gamma$ 就是某个赋值函数赋值为 1 的语句集。

- 下面证明如果 $\Gamma \vdash \phi$，那么 $\phi \in \Gamma$。假设 $\Gamma \vdash \phi$，如果 $\Gamma \cup \{\phi\} \vdash \bot$，那么 $\Gamma \vdash \neg\phi$。于是，$\Gamma \vdash \bot$。这与我们对 Γ 的一致性假设矛盾。因此，$\Gamma \cup \{\phi\} \nvdash \bot$，根据极大性，有 $\phi \notin \Gamma$。

- 下面我们证明如果 $\Gamma \nvdash \phi$，那么 $\neg \phi \in \Gamma$。假设 $\Gamma \nvdash \phi$。如果 $\Gamma \cup \{\neg \phi\} \vdash \bot$，那么 $\Gamma \vdash \neg \neg \phi$。于是，$\Gamma \vdash \phi$。这与我们的假设矛盾。因此，$\Gamma \cup \{\neg \phi\} \nvdash \bot$，根据 Γ 的极大性，可得 $\neg \phi \in \Gamma$。

- 接下来证明 $\phi \wedge \psi \in \Gamma$，当且仅当 $\phi \in \Gamma$ 并且 $\psi \in \Gamma$。如果 $\phi \wedge \psi \in \Gamma$，那么 $\Gamma \vdash \phi$ 并且 $\phi \in \Gamma$。同样地，有 $\Gamma \vdash \psi$ 并且 $\psi \in \Gamma$。相反，如果 $\phi \in \Gamma$ 且 $\psi \in \Gamma$，那么 $\Gamma \vdash \phi$ 并且 $\Gamma \vdash \psi$。因此，$\Gamma \vdash \phi \wedge \psi$ 并且 $\phi \wedge \psi \in \Gamma$。

- 下面证明 $\phi \vee \psi \in \Gamma$，当且仅当 $\phi \in \Gamma$ 或者 $\psi \in \Gamma$。先考虑从左到右。如果 $\phi \notin \Gamma$ 并且 $\psi \notin \Gamma$，那么 $\neg \phi \in \Gamma$ 并且 $\neg \psi \in \Gamma$，由此可推出 $\neg \phi \wedge \neg \psi \in \Gamma$。但是 $\neg(\phi \vee \psi) \in \Gamma$ 意味着 $\phi \vee \psi \notin \Gamma$。再考虑从右到左，如果 $\phi \in \Gamma$，那么 $\Gamma \vdash \phi$，由此可推出 $\Gamma \vdash \phi \vee \psi$，因此 $\phi \vee \psi \in \Gamma$（$\psi \in \Gamma$ 的情况证明过程类似）。

然后我们可以定义 $v(\phi) = 1$ 当且仅当 $\phi \in \Gamma$，这样的 v 是良定义的赋值。因此，v 将 Δ 中的所有语句都赋值为 1，并且 Δ 是一致的。

根据前面的论证，如果 Δ 不一致，则 $\Delta \vdash \bot$。但如果 $\Delta \vdash \bot$，那么对于 Δ 的某个有限子集 Δ_0，则有 $\Delta_0 \vdash \bot$。根据可靠性可知，Δ_0 是不一致的，这就完成了从 G 至 C 的证明。

现在让我们再确认一下，C 加上有限完全性是否蕴涵着一般完全性。如果 $\Gamma \vDash \psi$，那么 $\Gamma \cup \{\neg \psi\}$ 不一致。根据紧致性定理，存在 Γ 的一个有限子集 $\{\phi_1, \cdots, \phi_n\}$ 使得 $\{\phi_1, \cdots, \phi_n, \neg \psi\}$ 不一致，因此 $\phi_1, \cdots, \phi_n \vDash \psi$。根据有限完全性定理，$\phi_1, \cdots, \phi_n \vdash \psi$ 意味着 $\Gamma \vdash \psi$。

或许某天会出现另一本声称证明紧致性定理的逻辑书。那么，既然可以证明紧致性定理为真，我们为什么还要预设它呢？在这种情况下，紧致性定理的证明不仅假定了集合论公理，并且还假定了一条拥有不同名称如"选择公理""豪斯多夫极大原则"这样的额外公理。后一类公理就像强有力的电动工具，旨在破解一些最难的数学问题。作为一本导论性的教科书，我们不需要如此复杂的集合论假设。尽管如此，有人可能对命题逻辑的紧致性可被证明等价于其他一些著名的数学事实感兴趣。首先，如果你学过抽象代数的课程，那么会学到每个布尔理想（Boolean ideal）都可以扩展到一个素理想（prime ideal）（布尔素理想定理）。这一事实与我们的"增长"公理非常相似，并且确实可以证明它等价于紧致性定理。同样，如果你学过图论课程，可能会涉及在一棵有无限多节点的树 T 中，如果每个节点只有有限多个子节点，那么 T 有一个无限长的分支（柯尼格引理）。我们也可以证明这一事实等价于紧致性定理。

紧致性看起来似乎有点矛盾。例如，思考以下在无限多个前提下显然有效的论证。

这里有不止一个天使。

这里有两个以上的天使。

$\vdots$

这里有无限多个天使。

如果这个论证是有效的，那么紧致性意味着结论仅仅是有限多个前提的逻辑后承。特别地，我们认为存在一个最大的自然数 n，使得前提"有 n 个以上的天使"蕴涵结论"有无限多的天使"，但这显然是错误的。解决这个问题的办法很简单，其实是命题逻辑对上述论证结构做出了错误判断。这并不奇怪；我们已经知道命题逻辑只提供了使论证有效的部分图景。

练习 9.14

* 1. 令T代表具有联结词¬、∧以及∧I、∧E、RAA、DN规则的命题逻辑系统。我们用≻ϕ表示ϕ在系统T中是可证的。请证明或驳斥以下陈述：对于只包含¬和∧的语句ϕ，如果⊢ϕ，那么≻ϕ。

* 2. 在本练习中，需要证明RAA规则是多余的。令T表示放弃RAA规则后而产生的命题逻辑系统，并用$\phi \succ \psi$表示相应的矢列式在系统T中是可证明的。请证明如果$\phi \vdash \psi$，那么$\phi \succ \psi$。（提示：证明$P \to \neg P \succ \neg P$。）

  3. 请证明DN引入规则是多余的，即它可以从我们系统中的其余规则推导出来。

  4. 请证明MT规则是多余的，即它可以从我们系统中的其余规则推导出来。

* 5. 请证明第0阶段的推理规则集（即第2章中给出的规则）是不完全的。（提示：为∨构造一个候补真值表，并证明第0阶段规则相对于真值表是可靠的。）

* 6. 给出与非联结词↑的引入和消去规则。请证明你的规则相对于↑的真值表是可靠的。

第

10

章

谓
词
逻
辑
理
论

在本章中，我们简要介绍谓词逻辑理论，也通常被称为"谓词逻辑元理论"。该理论始于 20 世纪初，从那时起，它产生了许多不同的数学分支：证明论、模型论和递归论等。谓词逻辑的元理论也是库尔特·哥德尔著名的不完全性定理证明的背景。我们将对元理论主题中如何更熟练地运用谓词逻辑的部分进行重点讲解。

替　换

形式逻辑的目的是阐明有效论证形式的概念。一旦我们知道某个形式是有效的，我们就可以不断使用它并生成新的有效论证。我们通过使用某个有效论证形式并用新内容替换旧内容来生成这些新的有效论证。然而，其诀窍在于解释究竟什么可以算作是对内容的一个合法的替换。

在命题逻辑中，替换的概念很简单：像 p 这样的基本语句可以被任何语句 ϕ 替换。在谓词逻辑中，事情不得不变得复杂些。例如，假设我们有一个序列 $\vdash \forall x(Fx \lor \neg Fx)$ 的证明。特别是，假设证明的最后两行如下所示：

（1）$Fa \lor \neg Fa$

（2）$\forall x(Fx \lor \neg Fx)$

直观地说，我们在这里使用符号 F 还是其他并不重要，因为我们可以使用 G 来替换 F。因此，假设对上述证明执行"发现 F 并替换为 G"。那么其结果应是一个有效证明 $\vdash \forall x(Gx \lor \neg Gx)$。

然而"发现并替换"在这里是不够的。例如，$\forall x(Fx \lor \neg Fx)$ 的有效性不依赖于 Fx 是一个简单公式（不含子公式）这一事实。我们应该能够修改 $\forall x(Fx \lor \neg Fx)$ 的证明从而产生结构相同的证明 $\forall x((Fx \land Gx) \lor \neg(Fx \land Gx))$。尽管如此，这种修改不能像用 $Fx \land Gx$ 的实例替换 Fx 实例那样简单，因为证明可能还包含如 Fa 之类的公式，并且应该用 $Fa \land Ga$ 进行替换。

同样的，我们也可以证明矢列 $\forall x \forall y Rxy \vdash \forall x Rxx$，一个结构相似的证明可以得出如下矢列：

$$\forall x \forall y(Fx \land Gy) \vdash \forall x(Fx \land Gx)$$

为了得到后一种证明，我们需要用 $Fx \land Gy$ 替换 Rxy，$Fa \land Gb$ 替换 Rab 等。

现在，我们将使替换的概念更加精确。在第一种情况下，我们认为替换是将一个词汇表中的关系符号重构为另一个词汇表中的公式。

定义 从 Σ 到 Σ' 的重构 F 是将 Σ 中的每个原子公式 $r(t_1, \cdots, t_n)$ 赋值为 Σ' 中的公式 $Fr(t_1, \cdots, t_n)$。

这里我们隐含地要求，如果 r 之后的项发生了变化，那么输出公式 Fr 也会以同样的方式发生改变。例如，如果 $r(x, y)$ 被重构为

$p(x) \wedge q(y)$，那么 $r(z,z)$ 必须重构为 $p(z) \wedge q(z)$。

从 Σ 到 Σ' 的重构 F 自然扩展到所有 Σ-公式。特别地，我们规定 $F(\phi \wedge \psi) = F(\phi) \wedge F(\psi)$，其他二元联结词类似。我们还规定 $F(\neg \phi) = \neg F(\phi)$，以及对于量词 $F(\forall x \phi) = \forall x F(\phi)$ 并且 $F(\exists x \phi) = \exists x F(\phi)$。

例子 考虑从 $r(x,y)$ 到 $p(x) \wedge q(y)$ 的重构 F，那么

$$F(\forall z r(z,z)) = \forall z F(r(z,z)) = \forall z (p(z) \wedge q(z))$$

现在考虑将 $p(x)$ 转换为 $\forall y r(x,y)$ 的重构 G。在这种情况下，G 必须将 $p(y)$ 重构为具有自由变元 y 的相应公式。既然公式 $\forall y r(x,y)$ 等值于公式 $\forall z r(x,z)$，我们令 $G(p(y)) \equiv \forall z r(y,z)$。

现在我们可以定义公式的替换实例概念。

定义 对于某个重构 F，公式 ϕ 的替换实例是 $F\phi$ 形式的任何公式。

与命题逻辑中的情形一样，替换保持可证性。

替换定理 令 F 是关系符号到公式的转换。如果 $\phi \vdash \psi$，那么 $F\phi \vdash F\psi$。特别地，如果 ϕ 是重言式，那么 ϕ 的任何替换实例都是重言式。

这个结果的证明实际上与命题逻辑的情况类似，就是对证明结构的简单归纳。

练习 10.1

假设已经得到了矢列 $\forall x Fx \to P \vdash \exists x(Fx \to P)$ 的证明。请使用替换证明 $\vdash \exists x(Fx \to \forall y Fy)$。

如果 Σ 和 Σ' 两者都含有等号，并且要求重构保持相等，那么替换定理仍然成立。不幸的是，在包含函数符号或名字的情况下，

如果没有进一步的调整，则替换定理不成立。事实上，首先决定函数符号（或名字）被重构有点复杂。例如，如果 Σ 有一个名字 c，但 Σ' 没有名字，那么 c 如何从 Σ 转换至 Σ'？

解决这一难题的潜在方案是根据相关公式 $\phi(x) \equiv (x = c)$ 来考虑名字 c。然后思考 $\phi(x)$ 是否可以转换为 Σ' 公式 $F(\phi(x))$。

定义　一个 n 元函数符号 f 的重构是一个 $(n+1)$ 元公式 $Ff(x_1, \cdots, x_n, y)$。常数符号 c 的重构 F 是公式 $Fc(y)$。

尽管有些乏味，但是将重构 F 扩展到诸如 $1+1$ 或 $father(a)$ 这样的复合项是相当直观的。这里的关键是，如果 n 元项由 $(n+1)$ 元公式表示，那么复合项可以通过组合公式来表示。

例子　假设 $f(y) = z$ 被重构为 $\phi(y, z)$，并且 $c = y$ 被重构为 $\psi(y)$。那么，$f(c)$ 可以看作常函数 c 与函数 f 的组合。换句话说，$f(c) = z$ 将表示为

$$\exists y (\psi(y) \wedge \phi(y, z))$$

即 z 是通过 ϕ 与满足 ψ 相关的唯一事物。

一个一般项的形式为 $f(t_1, \cdots, t_n)$，其中 f 为 n 元函数符号，$t_1, \cdots, t_n$ 为项。在这种情况下，公式 $f(t_1, \cdots, t_n) = z$ 等值于以下公式：

$$\exists y_1 \cdots \exists y_n ((t_1 = y_1) \wedge \cdots \wedge (t_n = y_n) \wedge (f(y_1, \cdots, y_n) = z))$$

因此，如果 $t_1, \cdots, t_n$ 已被重构为公式，我们可以使用上述公式作为如何重构复合项 $f(t_1, \cdots, t_n)$ 的指南。

现在我们有了一个用来生成公式新替换实例的通用方法。然而，替换定理不再以其原始形式成立。例如，$\phi \equiv \exists y (y = c)$ 是重言式，但如果 $Fc(y)$ 是公式 $P(y)$，那么 $F\phi$ 是公式 $\exists y P y$，这就不是重言式。尽管如此，修改替换定理的陈述是非常简单的，便于我们得到

一些有效的结果。简单地说，如果 f 是一个函数符号，则令 Δ_f 是语句 $\forall x \exists ! y F f(x,y)$。类似地，如果 c 是一个常数符号，那么令 Δ_c 是语句 $\exists ! y F c(y)$。如果我们令 Δ 是出现在 ϕ 和 ψ 中的常数和函数符号的所有语句列表，那么可以得到结果：如果 $\phi \vdash \psi$，那么 Δ，$F\phi \vdash F\psi$。

此时，我们需要确认是否找到了最普遍的保持有效性的替换概念。这样的工作意义重大，我们只有在理解哪些替换保持有效性的情况下，才能真正理解"形式上的有效性"。在目前的情况下，我们有充分的理由认为存在更普遍的替换概念，即单个变元可以替换为多个变元。[1]

可靠性

当你第一次学习使用形式逻辑时，完全有理由相信所得到的规则体系既安全又足够强大。试想：如果你从信誉良好的经销商那里购买汽车，那么你有理由相信它的车轮会一直转动并且发动机会使它达到一定的速度。然而，如果你想成为一名专业司机，那么迟早你得学习一些汽车运转背后的理论。同样，如果你想拥有更高水平的逻辑专业知识，那么迟早你也必须学习一些逻辑背后的理论。

首先，我们证明本书中给出的谓词逻辑系统是可靠的。也就是说，我们需要确认这样的系统不是任何东西都可以证明；我们甚至希望让自己确信，它可以证明的界限与我们觉得应该证明的直觉相当吻合。

为了证明可靠性，我们需要利用以下事实：

---

[1] 参见 Halvorson，*The Logic in Philosophy of Science*，Cambridge，2019。

命题 10.1

假设 M 是一个解释并且 c 是一个名字。那么对于任何 $a \in M$ 都有解释 N，使得 $c^N = a$，并且对于不出现专名 c 的所有公式 ϕ，都有 $\phi^N = \phi^M$。特别地，如果 ϕ 是一个不出现 c 的语句，那么 $M \vDash \phi$ 当且仅当 $N \vDash \phi$。

我们不会在这里详细讨论命题 10.1，但应该很清楚为什么它是真的。特别是，解释 N 被定义为与 M 在除 c 外的所有符号一致，其中 N 被定义为 $c^N = a$。这个论证工作是为了表明，对于任何不出现 c 的公式 ϕ，都有 $\phi^N = \phi^M$。为了严格证明这一点，可以针对公式的结构使用归纳法。我们把细节留给读者。

现在来证明它的可靠性。我们想表明"正确书写"证明中的任何一行都是可靠的，即对于任何解释 M，如果该行的依赖前提在 M 中为真，那么该行右侧的语句在 M 中也为真。因此，只要证明预设规则能产生可靠的行，并且所有其他推理规则都能从可靠行转换至可靠行即可。预设规则的情况是显而易见的，因此我们继续讨论其他推理规则。

首先请关注布尔联结词规则转换的可靠性。要证明这一点，我们需要确认类似以下的例子：如果 ϕ 和 ψ 在解释 M 中为真，那么 $\phi \wedge \psi$ 在 M 中也为真。我们将把这些步骤的检验留给读者。

练习 10.2

证明条件证明的可靠性。

接下来表明 $\forall$ 引入规则转换可靠性。假设 $\phi \vDash \psi(c)$，其中名字 c 不出现在 ϕ 中。现在令 M 为一个解释，使得 $M \vDash \phi$。我们需要证明 $M \vDash \forall x\, \psi(x)$，即 $\psi(x)^M = M$。令 a 是 M 的任意元素。由于 c 不出现在 ϕ 中，根据命题 10.1 可知存在一个解释 N，使得 $c^N = a$

并且 $N \vDash \phi$。由于 $\phi \vDash \psi(c)$，因此 $a = c^N \in \psi(x)^N$。因为 c 不出现在 $\psi(x)$ 中，所以有 $\psi(x)^N = \psi(x)^M$，因此 $a \in \phi^M$。由于 a 是 M 的任意元素，所以有 $\psi(x)^M = M$，因此 $M \vDash \forall x \psi(x)$。

请注意，我们刚才所做的论证了使用名字 c 不出现在 $\psi(x)$ 中这个前提，这是使用 UI 规则的限制之一。如果 c 出现在 ψ 中，那么推演中可能会出现不可靠的行，如下所示：

1	（1） $\forall x Rxx$	A	
1	（2） Rcc	1 UE	
1	（3） $\forall x Rxc$	2 UI	⇐ 错误
1	（4） $\forall y \forall x Rxy$	3 UI	

这里，步骤 3 违反了 UI 规则的限制，因为它将 $\forall x$ 应用于 c 出现的公式 $\psi(x) \equiv Rxc$ 中。这样第 3 行和第 4 行就不具有可靠性。例如，考虑域 $\{1, 2\}$ 的解释 M，其中 $R^M = \{\langle 1, 1 \rangle, \langle 2, 2 \rangle\}$ 并且 $c^M = 1$。

现在我们证明 EE 规则的可靠性。假设 $\phi \vDash \exists x \psi(x)$ 并且 $\psi(c) \vDash \theta$，其中 c 不出现在 ϕ 或 $\psi(x)$ 中。我们需要证明 $\phi \vDash \theta$。令 M 为满足 $M \vDash \phi$ 的解释，于是 $M \vDash \exists x \psi(x)$。因此，存在 $a \in M$，使得 $a \in \psi(x)^M$。由于 c 不出现在 $\psi(x)$ 中，根据命题 10.1 可知：存在一个解释 N 使得它对所有不含 c 的公式都与 M 一致，而 $c^N = a$。因此，$c^N \in \psi(x)^N$ 意味着 $N \vDash \phi(c)$。由于 $\phi(c) \vDash \theta$，有 $N \vDash \theta$，并且由于 c 不出现在 θ 中，因此 $M \vDash \theta$。最后，由于 M 是一个任意解释，因此有 $\phi \vDash \theta$。

练习 10.3

证明 EI 和 UE 规则的可靠性。

一旦证明了每一条推理规则转换都具有可靠性，那么我们就知道（正确书写的）证明中的每一行都是可靠的。因此，这样的论证规则不会使我们误入歧途。但这也仅仅是进行了一半的"工作"。另一半工作是找到可以让我们达到目的的论证规则。

完全性

谓词逻辑解释可以用于与命题逻辑的真值表相同的目的。特别是，可靠性和完全性定理表明，存在一个矢列证明当且仅当该矢列没有反例。由于可靠性成立，我们可以给出一个反例来展示矢列无法被证明的情况。并且由于完全性成立，如果我们知道 ψ 在 ϕ 为真的每个模型中都为真，那么我们就知道一定有从 ϕ 到 ψ 的证明。

谓词逻辑的完全性定理往往没有很大的实用价值。一方面，证明 $\phi \vDash \psi$ 与证明 $\phi \vdash \psi$ 一样困难（如果不是更困难的话）。另一方面，即使知道 $\phi \vDash \psi$ 和存在某个从 ψ 到 ϕ 的证明，但这不一定能帮助我们找到证明。

完全性定理没有那么实用，存在一个原则上的原因：对解释进行推理需要集合论的全部力量（满功率）。此外，逻辑学家已经证明，在力量和可处理性之间存在权衡。这里，"可处理性"是一个半专业术语，粗略地说它意味着使用一个理论的容易程度。由于集合论非常强大，因此它不是很容易处理的。

因此，完全性定理的价值往往是概念性的而不是实用的。它帮助我们更好地理解逻辑中发生的事情，虽然对于个别问题，它可能不会为我们提供更快的解决途径。

要严格证明谓词逻辑的完全性定理，你就得等待第二门逻辑课程。在这里，我们仅限于做两件事：首先，我们会勾勒出完全性定理的一个版本背后的思想。其次，将解释谓词逻辑的完全性定理与哥德尔证明中著名的不完全性定理的不同之处。

假设 Σ 没有函数符号或名字，即 Σ 只有关系符号。令 ϕ 是一个 Σ 语句。我们将给出以下结果的证明：

如果不能从 ϕ 中导出矛盾，则存在 ϕ 的模型 M。

这个结果的优点在于它模仿了罗巴切夫斯基对非欧几何的处理（参见第 187 页）。罗巴切夫斯基预设了一个语句 ϕ，这是对欧几里得平行公设的否定。然后他从 ϕ 开始证明推演出一些结果，从未出现矛盾 $\perp$。从他证明的语句清单中，罗巴切夫斯基本质上已能够描述 ϕ 为真的模型 M。

让我们进一步预设 ϕ 具有以下简单形式：如果它包含任何量词，那么它们都出现在前面。你可能会认为这个预设大大降低了我们证明的一般性。但事实上只要稍加努力，就可以证明任何语句 ϕ 都与刚才描述的形式中的语句 ϕ 是等值的，这被称为**前束范式**。所以不妨预设 ϕ 本身就是前束范式。

首先假设 ϕ 具有简单形式 $\exists x \psi(x)$，其中在 ψ 中没有出现量词。然后以 $\psi(1)$ 为例，它不包含任何变元（自由或约束）。如果 $\psi(1) \vdash \perp$，那么意味着给出了 EE 规则的一个实例 $\exists x \psi(x) \vdash \perp$，这与我们的假设不一致。因此，$\psi(1) \nvdash \perp$。根据命题逻辑的完全性，对 $\psi(1)$ 中的原子句存在一个赋值，使得 $v[\psi(1)]=1$。通过设置 $M=\{1\}$ 来定义一个解释 M，并且对于出现在 $\psi(1)$ 中的每个关系符号 R，令 $<1,\cdots,1> \in R^M$ 当且仅当 $(R(1,\cdots,1))=1$。于是立即可得 $M \vDash \psi(1)$ 以及 $M \vDash \exists x \psi(x)$。因此，$\phi$ 有一个模型。

接下来假设 ϕ 的形式为 $\exists x \exists y \psi(x,y)$。然后尝试对论域 $M=\{1\}$ 进行重复，这可能很有诱惑力但不一定奏效。例如，语句 $\exists x \exists y (Rxy \wedge \neg Ryx)$ 有一个包含两个元素的模型，但没有包含一个元素的模型。因此，当 ϕ 以多个存在量词开头时，我们应该为每个存在量词生成一个新对象。在这种情况下，我们可以取论域 $M=\{1,2\}$ 并生成实例 $R(1,2) \wedge \neg R(2,1)$，给出 $R^M = \{\langle 1,2 \rangle\}$。

上面的例子十分简单。事实上，这些例子的共同特征是相关模型 M 都是有限的。然而，我们知道存在没有有限模型的一致语句。有趣的是，所有此类语句都有一个共同的特征，即当放入前束范式时它们混合了存在量词和全称量词。因此，我们需要考虑如何从这样的语句中生成模型。

首先考虑语句 $\forall x \exists y (Rxy \wedge \neg Ryx)$。我们先生成一个实例 $R(1,2) \wedge \neg R(2,1)$，为存在性声明选择一个新名字 2，因为我们不知道它必须是同一事物。然而，仅此实例无法生成 ϕ 的模型，因为当引入新事物 2 时，需要确保原始全称量词 $\forall x$ 也适用于它。因此，我们必须添加一个新对象 3 并以另一个实例 $R(2,3) \wedge \neg R(3,2)$ 为例。这种情况会无限重复，按照这种方法将生成论域 $M=\{1,2,\cdots\}$ 以及 $R^M = \{\langle 1,2 \rangle, \langle 2,3 \rangle, \cdots\}$。在这个特殊的情况下，实际上并不需要一个无限模型——一个包含两个元素的模型就足够了。但我们需要的是一个通用的方法，它有时会使我们构建一个无限模型。

事实上，只要 ϕ 不存在矛盾，我们刚才所描述的过程一般都能生成 ϕ 的 M 模型。因此，这表明了我们在本书中给出的推理规则是完全的，至少对于具有有限多个前提的论证而言是如此。对于无限多前提的情况，我们必须再次调用一个新的集合论公理（如紧致性）。

完全与不完全理论

在紧致性符号形式表示中，完全性定理表明，如果 $\phi \models \psi$，那么 $\phi \vdash \psi$。**哥德尔的不完全性定理**中关于"不完全性"的事情又是指什么呢？

定义 令 T 为 Σ 记法中形成的一个理论。如果对于每个 Σ-语句 ϕ，有 $T \vdash \phi$ 或者 $T \vdash \neg \phi$，则称 T 具有**完全性**。

练习 10.4

假定 T 是命题逻辑中的一致性理论。证明 T 是完全的，当且仅当 T 恰好有一个模型。

需要注意的是，理论的完全性与表述该理论的语言有关。例如，在一个空符号记法（含有等词）中，"恰好有一个事物"的理论是完全的。然而，在带有谓词符号 P 的符号记法中，同样的理论是不完全的，因为它不能决定 $\exists x Px$ 是真还是假。

有人可能会认为不完全性是一个理论的缺陷，因为它似乎表明该理论尚未对某些相关问题给出答案。然而，数学中的许多理论都是故意不完全的，它们的力量恰恰来自这样一个事实，即这些理论有许多不同的实现方式。例如，我们在第 7 章中简单讨论过的自动集理论，它（正如在第 7 章提到的那样）被证明等价于数学家们喜爱的称为群论这样的分支。自动集理论有各种大小的模型：有一个元素的模型、两个元素的模型等。更重要的是，语句"正好有 n 个元素"对应自动集语言中的一个语句，所以自动集理论既不包含 ϕ 也不包含 $\neg \phi$。因此，自动集理论和群论是不完全的。"不完全"这个词听起来可能不太好，但数学家们对群论的不完全性相当满意。关于群的有趣之处正是在于，它们种类繁多且具有各种不同的特征。

逻辑学入门：普林斯顿大学的经典逻辑课

练习 10.5

令 T 是在只有等词符号的符号记法中没有公理（除了重言式）的理论。证明 T 是不完全的。

1931 年，哥德尔发表了关于算术不完全性的证明，更准确地说，是一阶皮亚诺（Peano）算术不完全性的证明。[①] 哥德尔的这一卓越结果通常被解释为，存在不可证明的为真的算术命题。这种说法可以通过以下简单结果确认。

命题 10.2

令 T 是一个一致理论，那么以下三个条件是等价的：

1. T 是完全的。
2. 对于 T 的每个模型 M，如果 $M \vDash \phi$，那么 $T \vdash \phi$。
3. 对于 T 的某个模型 M，如果 $M \vDash \phi$，那么 $T \vdash \phi$。

练习 10.6

证明上述命题。

如果 T 是皮亚诺算术，那么自然数集 $\mathbb{N} = \{0, 1, \cdots\}$ 就是 T 的模型。哥德尔证明了算术语言中存在一个句子 ϕ，使得既非 $T \vdash \phi$ 也非 $T \vdash \neg \phi$。现在我们知道它等值于一个语句 ϕ，使得 $\mathbb{N} \vDash \phi$，但 $T \nvdash \phi$。换句话说，有一个关于 $\mathbb{N}$ 的真语句 ϕ 不能从皮亚诺算术中导出。

现在，有人可能会对哥德尔定理的假设提出以下反对意见：虽然皮亚诺算术 T 是不完全的，但能不能继续添加新公理直到它完全吗？从某种意义上说，答案是肯定的。事实上，有一个简单的方法可以构造 T 的完全扩展（如果事实上 N 存在）：让 T^+ 成为模型 N

[①]   Kurt Gödel,1931, über formal unentscheidbare Sätze der Principia Mathematica und verwanter Systeme,I,*Monatshefte für Mathematik und Physik*,v.38 n.1,pp.173−198.

中为真的语句集（有时 T^+ 理论被称为**真算术**），那么 T^+ 显然是完全的并且扩展了 T。为什么不把 T^+ 当作比 T 更好的理论呢？

简单地说，T^+ 的问题在于它本质上是一个不可说明（ineffable）的理论。我们知道 T^+ 的结果，但我们没有生成 T^+ 所有结果的通用方法。事实上，哥德尔定理的一个完整精确的陈述可以表述为，关于自然数的任何可说明的（effable）理论都不可能是完全的。

练习 10.7

假定 T 有一个模型 M，使得 $M \vDash \phi$，并且 T 有一个模型 N，使得 $N \vDash \neg \phi$。证明 T 是不完全的。

可判定性

在结束对完全性的讨论时，我们可以确定关于自然数的任何"可说明的"理论都是不完全的。如果哥德尔确实用数学严谨地证明了这一说法，那么"可说明的"一词在上下文中必须具有精确的数学含义。事实上，它确实是递归可枚举的，尽管它使用了一个听起来更专业的术语。

直观地说，递归可枚举聚合是可以通过应用某些规则逐步生成的类。本书中已涉及以下一些递归可枚举聚合的范例。

- 自然数集 $\mathbb{N}$ 是递归可枚举的：它是通过将后继函数 $s: \mathbb{N} \to \mathbb{N}$ 反复应用于数字 $0 \in \mathbb{N}$ 生成的。
- 如果 Σ 是一个命题逻辑符号记法，那么 Σ-语句是递归可枚举的。它是通过将结构规则（对应联结词）反复应用于 Σ 中的原子句而生成的。

- 如果Σ是命题逻辑符号记法，则可证明矢列式集是递归可枚举的。它是通过将推理规则反复应用于假设规则的实例而生成的。

基于这些特征，很容易看出谓词逻辑公式的集合是递归可枚举的，谓词逻辑中的可证明矢列集也是如此。

根据以上所述并不能得出递归可枚举子集的每个子集也是递归可枚举的结论。为了激发对这个问题的直觉，我们可以参考自然数集的子集。自然数有无数个子集，但生成子集的方法是有限多的。

考虑谓词逻辑的情况，我们的理论T通常有有限数量的公理，因此它们是自动递归可枚举的，就如它们所有后承的集合一样。然而，一个理论不一定只有有限数量的公理。例如，考虑具有以下公理的理论T：

$$\exists_{>1}, \exists_{>2}, \cdots, \exists_{>n}, \cdots$$

其中$\exists_{>n}$表示存在多于n个事物的语句。这个理论有时被称为**无限集理论**，因为它的模型都是无限集合。虽然无限集理论有无限多个公理，但直觉上，它的公理集是递归可枚举的。事实上，通过在前几个公理之后写省略号，这里提出了一种生成T的所有无限公理的方法。

现在回到真算术理论T^+，它由自然数模型N中所有为真的语句组成。哥德尔不仅证明了皮亚诺算术是不完全的，而且他还证明皮亚诺算术任何完全的与一致的扩展都不可能有递归可枚举的公理集。特别是T^+不是递归可枚举的，即没有任何规则生成T^+的全部和全部结果。

递归可枚举集的概念是在数理逻辑子领域的**递归论**中研究的。这一理论也涵盖**可判定集**的相关概念,而这是我们现在熟悉的一个概念。

假设 Σ 是某个固定的命题逻辑符号记法,并令 Γ 为所有重言的 Σ-语句集合。集合 Γ 比较无聊,不妨从以下意义上来理解:我们可以用计算机进行编程,这样对于任何输入的语句 ϕ,它都会告诉我们 $\phi \in \Gamma$ 是否正确。算法很简单:让计算机写出 ϕ 的真值表,如果主列下的所有行都是 1,那么计算机表示**接受**,否则**拒绝**。鉴于集合 Γ 的这个特征,我们说它是一个**可判定集合**。

上述论述还表明,有效命题逻辑矢列集也是可判定集(我们已经知道它是一个递归可枚举集,因为它是通过应用有限数量的推理规则生成的)。事实上,给定一个矢列 $\phi \vdash \psi$,只要让计算机来判断 $\phi \to \psi$ 是否为重言式即可。如果计算机**接受**,那么矢列是可证明的;如果计算机**拒绝**,那么矢列是不可证明的。

令人惊讶的是,在谓词逻辑中的情况可能会有所不同。同样,有效谓词逻辑矢列集显然是一个递归可枚举集。实际上,我们在本书的前面部分忙于生成这样的集合。尽管如此,有效谓词逻辑矢列集却**不是**可判定集,这一事实被称为丘奇定理,其证明绝非易事。[①] 这对实践逻辑学家来说,意味着没有机械的方法来检查谓词逻辑矢列是否可以被证明。

紧致性

回想一下对命题逻辑的讨论,如果我们允许有一个新的集合论公理——紧致性,则完整的完全性定理可以从有限完全性定理中推

---

① 以阿隆佐·丘奇 (1903—1995) 命名。

导出来。紧致性公理的一个版本似乎有悖常理：如果语句集 Γ 的每个有限子集都是一致的，那么 Γ 是一致的。紧致性公理的另一个版本显然是正确的：如果一个集合 Γ 并不蕴涵矛盾 $\perp$，那么可以将 Γ 增长到一个不蕴涵矛盾的极大集 Γ^*。

紧致性公理也适用于谓词逻辑。在谓词逻辑的情况下，紧致性公理的争议可能更小，但在应用中它更强大。事实上，人们可以用紧致性公理证明关于模型各种有意思的事情。我们也可以用紧致性公理来证明一阶逻辑中不能表达的一些有趣的内容。

只要我们使用等号 =，一阶逻辑就可以做出我们想要的任何有限数值断言。例如，我们可以说有比 n 件少、比 n 件多或正好是 n 件的事物，即对于上述每一个断言都有一个谓词逻辑语句 ϕ 抓住了它的精确含义。然而，不可能有一个谓词逻辑语句 ϕ 表示"有无限多的事物"。需要明确的是，正如我们已经看到的那样，有一些谓词逻辑语句只在无限域中成立，例如，描述没有端点的线性序的语句。然而，这些语句必须比"存在无限多的事物"说得更多，因为如果 ϕ 表示存在无限多的事物，那么 $\neg\phi$ 表示存在有限多的事物。但正如我们现在看到的，如果一个语句 ϕ 的模型有任意大小的有限模型，那么 ϕ 也有一个无限模型。

假设对于每个自然数 n，ϕ 都有一个模型 M_n，该模型包含 n 个以上的元素，因此，$M_n \vDash \exists_{>n}$。其中后一句表示"不止 n 个事物"。现在令 Γ 为所有语句的集合：$\phi, \exists_{>1}, \exists_{>2}, \cdots$。我们前面证明了 Γ 的每个有限子集是一致的。根据紧致性公理，Γ 本身是一致的，即 Γ 有一个模型 M。然而，M 必须是一个无限集，因为对于每个 n，$M \vDash \exists_{>n}$。因此，ϕ 有一个无限模型。

有趣的是，虽然一阶逻辑没有一个语句 ϕ 表示有无限多的事物，但它确实有一组无限多的语句集 T，这些语句加起来可以表述无限多的事物。事实上，集合 $T = \{\exists_{>1}, \exists_{>2}, \cdots\}$ 只有无限模型。然而，这一事实与紧致性公理并不矛盾；紧致性公理是指，如果 T 是不一致的，那么 T 的某个有限子集也是不一致的。

我们刚刚已经证明一阶逻辑不能表示一些事情，特别是它不能表示有无限多的东西。更有趣的是，一阶逻辑无法区分无限集的不同大小。要理解这是怎么回事，你应该相信实数集（即十进制展开式）的大小严格大于自然数集的大小。这是集合论证明中经常采用的事实。然而，如果一阶逻辑语句 ϕ 有一个自然数集大小的模型 N，那么它也有一个实数集大小的模型 M。

假设 N 是 ϕ 的一个模型。无论语句 ϕ 写在什么符号记法 Σ 中，我们都可以通过为每个实数 r 添加一个新名字 c 来扩展它。现在令 Γ 包含 ϕ 和针对 $r \neq s$ 的语句 $c_r \neq c_s$ 的语句集。于是我们断言，Γ 的每个有限子集是一致的。实际上，Γ 的任何有限子集 Γ_0 只包含有限多个名字 c_r。令 M 是在 ϕ 中的词汇表上与 N 一致的解释，并将每个 c_r 赋值一个 N 中的不同名字。显然，$M \vDash \phi$，并且 M 使得出现在 Γ_0 中的每个语句 $c_r \neq c_s$ 有效。因此，Γ_0 是一致的。通过紧致性公理，可知 Γ 是一致的。显然 Γ 的模型 M 必须与实数集一样大。因此，ϕ 有一个与实数集一样大的模型。

接下来考虑线性序的情况。假设 < 是一个二元关系符号并且假设 T 是一个理论，即 < 是一个没有端点的离散线性序（这里的"离散"一词意味着每个点都有一个直接后继和一个直接前导）。T 的一个"标准"模型是整数，即所有负整数、0 和正整数：$\{\cdots, -2, -1, 0, 1, 2, \cdots\}$。然而，$T$ 也有非标准模型，如我们现在描述的"双整数"。取整数的两个副本 M_1 和 M_2 并将它们粘贴在一起，声明第一个副本中的每个数字严格小于第二个副本中的每个数字。令 M 作为由此产生的解释。那么，可以直接验证 M 也是 T 的一个模型。

现在假设你是一名数学家，你的工作是你提出一套公理来挑选整数。如果你的公理 T 也允许双整数，那么可能合理地推断出，我们需要一个额外的公理来排除这种情况。那么，我们想要排除的双整数的特征又是什么？双整数有以下有趣的性质：存在有限数 a 和 b 使得 a 和 b 之间有无限多个数字。例如，令 a 是来自第一个整数副本的 0；b 是来自第二个整数副本的 0。因此，尝试添加以下新的公理是有意义的：

在任意两个数 x 和 y 之间，最多有有限多个其他数。

那么是否存在一阶逻辑语句可以表达上述语句呢？答案是否定的，原因如下：

假设 $\phi(x,y)$ 表示 x 和 y 之间的数是有限的。那么，$\phi(x,y)$ 与 "x 和 y 之间有 n 个数" 一致，也与 "$n+1$ 个数" 一致，依此类推。换句话说，对于每个 n，$\phi(x,y)$ 与以下陈述一致：

$\psi_n(x,y) \equiv x$ 和 y 之间有 n 个以上的数字。

然而，公式 $\psi_n(x,y)$ 可以用一阶逻辑语言表示。因此，根据紧致性可以表明以下整个集合 $\{\phi(c,d), \psi_1(c,d), \psi_2(c,d), \cdots\}$ 是一致的。其中 c 和 d 是新名字。但是如果 c^M 和 d^M 之间的距离没有限制，那么说 c^M 和 d^M 之间有有限多个数字是不正确的。因此，公式 $\phi(x,y)$ 并不能表示 x 和 y 之间的数字是有限的这样的情况。

我们前面刚说明，一阶逻辑不能表达 "任意两个其他数字之间有有限多个数" 这样的公理。当然，问题在于 "有限" 这个词。一阶逻辑可以解释特定的有限数，但 "有限性" 的无定形概念超出了其能 "理解" 的范围。如果要用这种方式说清楚，就必须使用一种比我们在本书中使用的语言更具表达力的语言。

让我们来看最后一个一阶逻辑无法表达的例子，这一次对于任何学习过微积分的人来说都是熟悉的。在微积分的更高级应用中，知道存在很多实数就显得非常重要。事实上，每个实数的每个有界子集 S 都有一个最小上界（这就是我们知道的无理数 π 存在的原因：令 S 为小于 π 的所有有理数子集。因为 S 有一个最小上界，因此 π 存在）。用符号表示 y 是 S 的一个上界，可用以下公式表示：

$$\phi(y) \equiv \forall x \, (x \in S \to x \leq y)$$

因此，称 r 是 S 的最小上界，可以表示为

$$\phi(r) \land \forall y \, (\phi(y) \to r \leq y)$$

因此，一阶逻辑能够表达 r 是一个最小上界，但不能直接说每个子集 S 都有一个最小上界。事实上，当一个量词（如"每个"）位于相关论域的子集 S 的名字之前时，就应该立即产生怀疑。这种说法是一种信号，表明它不仅在论域中的点上而且在论域的子集上进行量化。在这种情况下，我们正在做一些一阶逻辑无法做到的事情。

上面的例子分析至少表明，对实数系统 $\mathbb{R}$ 的研究无法在一阶逻辑的范围内继续。这似乎是对逻辑形成人类知识基础的一个打击。然而事实上，故事比这更微妙。正如我们在第 7 章所看到的，一阶逻辑可以用于公理化集合论。也正如我们在数学分析课上所学的，集合论可以用来阐述实数理论，包括每个有界子集都有一个最小上界这样的原理。因此，一阶逻辑的基本愿望仍然健康"活着"。

第

11

章

超
越
逻
辑

因为逻辑没有实质性内容，因此这本书也不会让你感觉难以学会其中的内容。我们只希望展示一个如何更清晰、更严谨、更自由地思考问题的例子。

你可能会失望。你可能希望逻辑能告诉你该相信什么或如何行动。然而，由于逻辑只关心形式（而不关心内容），它不可能建议我们应该相信什么。逻辑只是帮助我们计算信念的成本，然后由你决定你愿意付出多少代价。

例如，思考一下上帝存在的简单论证。

如果上帝不存在，那么就没有道德准则。

有道德准则。

因此，上帝是存在的。

这个论证是有效的。那又怎样？它不会告诉我们该相信什么。也许你不相信这个前提。或者你相信前提，并且在发现它们导致此结论时决定拒绝这个前提。逻辑并没有告诉你不应该那样做。有一个古老的哲学谚语：一个人的"肯定前件式"就是另一个人的"否定后件"（每个人都有自己的方式）。换句话说，逻辑不会告诉我们是要接受前提和结论，还是因为拒绝结论而拒绝其中一个前提。

接下来怎么做

你是不是浪费了一堂课（或者很多小时，或者两者兼而有之）去学习那些永远不会再使用的技巧？即使再也没有写过形式证明，我们相信你学习形式逻辑方面所做的努力也不会白费。举一个例子，一个有竞争力的运动员可能花费大量时间做她在比赛中永远不会做的练习。当然，这些练习并不是浪费时间。不同的单独练习就像向量，可以在比赛中汇总在一起产生期望的结果。影响性能的各个组件可能是无形的，但如果它们不存在，性能就会受到影响。

生活比任何体育比赛都重要，大脑是我们在生活中获胜的最重要的工具之一（不管你如何定义"获胜"）。我们可以把形式逻辑看作是大脑的孤立练习，通过学习单个的推理规则并反复使用它们来建立一些精致的心智力量。在现实生活中，我们可能永远没有机会单独使用这些心智力量。然而，在需要努力、快速或清晰地思考的时候，这些单独的心智力量将结合起来，让我们尽可能高水平地发挥。

如果想进一步研究形式逻辑，那么有一个好消息：它是一门蓬勃发展的学科，与许多其他研究领域（如计算机科学）相关。至于逻辑学本身的研究，也有很多不同的方向，这里简要地讨论其中的六个。

第一，研究**经典逻辑的扩展**。对哲学家来说，这些扩展中最重要的是**模态逻辑**，它研究诸如"这必然是真的……"之类的内涵联结词，通常用方框 □[①] 表示。

虽然模态逻辑的主要受众是哲学家，但经典逻辑的其他扩展在精确科学中也很有趣。在这里，我们应该提到高阶逻辑（可以在子

[①] 命题模态逻辑参见 J. C. Beall, and B. van Fraassen, *Possibilities and Paradox*, Oxford, 2003, 或者 G.Forbes, *Modern Logic*, Oxford,1994.
量化模态逻辑参见 K Konyndyk, *Introductory Modal Logic*, University of Notre Dame Press,1986, 或者 T. Sider, *Logic for Philosophy*, Oxford,2010.

集上进行量化）[1]、无限逻辑（可以形成句子的无限合取或析取）和 lambda 演算（可以添加一个用于从谓词短语形成名字的运算符）[2]。

第二，研究更具革命性的**经典逻辑替代方案**。这些经典逻辑的替代方案可以再次细分为两类：经典逻辑的片段和子结构逻辑。经典逻辑的一个片段是仅使用逻辑词汇或推理规则的某些子集的逻辑。例如，**直觉主义逻辑**放弃了双重否定消除规则，而是采用了一个爆炸原理规则。在这种情况下，排中律不再是有效式。向直觉主义逻辑的转变最初是由数学哲学中的一种观点推动的，这种观点在很大程度上已不可信。然而，直觉主义逻辑仍然是推理不"存在于"集合宇宙中的数学结构的重要工具。[3] 更一般的，**连贯逻辑**放弃了否定符号和全称量词，因此在直觉主义逻辑和经典逻辑之间是中立的。

子结构逻辑修改了我们在处理依赖数字时默认采用的一些规则。特别地，我们默认假设依赖数列表像集合一样聚合，例如，"2"和"2，3"的聚合是"2，3"，它与"3，2"没有区别。在子结构逻辑中，这些恒等式不再被假设为保持不变。早在 20 世纪 60 年代，一些逻辑学家就认为，结构规则的改变是解决实质蕴涵悖论的最佳方案。[4] 最近，人们观察到，结构规则的变化可以产生更能代表量子物理（如量子逻辑）[5]和计算机科学（如线性逻辑）[6]中使用的推理类型的逻辑。

第三，本书的讨论都集中在好的论证的一种特殊情况，即前提为结论提供决定性支持的论证（即演绎有效的论证）。因此，现在

---

① https://plato.stanford. edu/entries/logic-higher-order.

② https://plato. stanford. edu/entries/lambda-calculus.

③ S. Mac Lane, I. Moerdijk. *Sheaves in Geometry and Logic.Springer*, 1994.

④ https://plato. stanford. edu/entries/logic-relevance.

⑤ P. Gibbins，*Particles and Paradoxes: The Limits of Quantum Logic*, Cambridge, 1987.

⑥ A. S. Troelstra，*Lectures on Linear Logic*, CSLI, 1992. 关于一般概述参见 G. Restall, *An Introduction to Substructural Logics*, Routledge, 2000.

继续研究不那么理想化的情形会有很大意义，即前提只是为结论提供一些（不是决定性的）支持。实现这一想法的一个很有希望的方法是使用**概率演算**，它提供了各种方法来衡量前提为结论提供的证据支持。[①] 更直观地说，人们提出了各种**归纳逻辑**，尽管哲学家们对归纳支持的概念是否可以恰当地形式化存在一些争议。[②]

第四，更深入地研究一阶逻辑的元理论。例如，在**证明论**中，我们建立并研究优雅的"矢列演算"。事实上，我们在本书中故意选择的证明系统与矢列演算非常相似，因此任何学习该系统的人都可以准备好进入证明论。[③] 从一个不同的元理论方向来看，在**模型论**中，我们研究理论和模型之间的关系，在这里我们证明了一些最有力的元逻辑结果。[④] 例如，洛文海姆－司寇伦（Löwenheim-Skolem）定理表明，任何具有无穷模型的理论也有一个可数无穷模型，当应用于策梅罗－弗兰克尔（Zermelo-Fraenkel）集合理论时，这一模型令人深感困惑，因为策梅罗－弗兰克尔集合论蕴涵着一个不可数无穷集。[⑤]

第五，在一阶逻辑中学习特定理论。当然，这正是在数学的许多不同部分所做的。例如，一个人学习群论、环理论、域或者其他。然而，某些这样的理论是逻辑学家特别感兴趣的，尤其是策梅罗－弗兰克尔集合论和皮亚诺算术。集合论本身已经成为一个庞大的研究领域，并且有很多好的教科书。关于皮亚诺算术和哥德尔不完全定理的研究，我们将向感兴趣的读者介绍伯吉斯、布勒斯和杰

---

①   Colin Howson and Peter Urbach.*Scientific Reasoning: The Bayesian Approach*, Open Court, 2005.

②   Brian Skyrms，*Choice and Chance: An Introduction to Inductive Logic*, Cengage, 1999.

③   A. S. Troelstra and H. Schwichtenberg，*Basic Proof Theory*，Cambridge, 2000.

④   D. Marker，*Model Theory: An Introduction*, Springer, 2002.

⑤   有关元理论的一般概述参见 G. Hunter，*Metalogic: An Introduction to the Metatheory of Standard First Order Logic*, University of California Press, 1996 或者 H Enderton, *A Mathematical Introduction to Logic*, Academic Press, 2001.

弗里的《可计算性与逻辑》（剑桥大学出版社，2007年），或史密斯的《哥德尔定理导论》（剑桥大学出版社，2013年）。

第六，也是最后一点，研究所有理论间通过转化产生的相互关联。在这里我们（不谦虚地）向你推荐哈沃森的《科学哲学中的逻辑》（剑桥大学出版社，2019年）。

附录一　推理规则概览

∧I

$$\frac{\Gamma \vdash \phi \quad \Delta \vdash \psi}{\Gamma, \Delta \vdash \phi \wedge \psi}$$

∧E

$$\frac{\Gamma \vdash \phi \wedge \psi}{\Gamma \vdash \phi \quad \Gamma \vdash \psi}$$

∨I

$$\frac{\Gamma \vdash \phi}{\Gamma \vdash \phi \vee \psi \quad \Gamma \vdash \psi \vee \phi}$$

∨E

$$\frac{\Gamma \vdash \phi \vee \psi \quad \Delta, \phi \vdash \chi \quad \Theta, \psi \vdash \chi}{\Gamma, \Delta, \Theta \vdash \chi}$$

CP

$$\frac{\Gamma, \phi \vdash \psi}{\Gamma \vdash \phi \rightarrow \psi}$$

MP

$$\frac{\Gamma \vdash \phi \rightarrow \psi \quad \Delta \vdash \phi}{\Gamma, \Delta \vdash \psi}$$

MT

$$\frac{\Gamma \vdash \phi \rightarrow \psi \quad \Delta \vdash \neg \psi}{\Gamma, \Delta \vdash \neg \phi}$$

RAA

$$\frac{\Gamma, \phi \vdash \psi \wedge \neg \psi}{\Gamma \vdash \neg \phi}$$

DN

$$\frac{\Gamma \vdash \phi}{\Gamma \vdash \neg \neg \phi}$$

DN

$$\frac{\Gamma \vdash \neg \neg \phi}{\Gamma \vdash \phi}$$

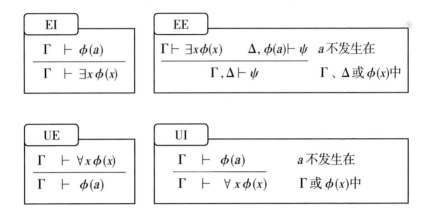

逻辑学入门：普林斯顿大学的经典逻辑课

附录二　有用的有效推理形式

假言三段论	$\phi \to \psi, \psi \to \chi$	$\vdash \quad \phi \to \chi$
前置	$\psi \to \chi$	$\vdash \quad (\phi \to \psi) \to (\phi \to \chi)$
后置	$\phi \to \psi$	$\vdash \quad (\psi \to \chi) \to (\phi \to \chi)$
置换	$\phi \to (\psi \to \chi)$	$\vdash \quad \psi \to (\phi \to \chi)$
收缩	$\phi \to (\phi \to \psi)$	$\vdash \quad \phi \to \psi$
正悖论	ψ	$\vdash \quad \phi \to \psi$
负悖论	$\neg \phi$	$\vdash \quad \phi \to \psi$
爆炸原理	$\phi, \neg \phi$	$\vdash \quad \psi$
弱化	$\neg \phi$	$\vdash \quad \neg(\phi \wedge \psi)$
选言三段论	$\phi \vee \psi, \neg \phi$	$\vdash \quad \psi$
排中律		$\vdash \quad \phi \vee \neg \phi$
交换律	$\phi \wedge \psi$	$\dashv\vdash \quad \psi \wedge \phi$
交换律	$\phi \vee \psi$	$\dashv\vdash \quad \psi \vee \phi$
结合律	$\phi \wedge (\psi \wedge \chi)$	$\dashv\vdash \quad (\phi \wedge \psi) \wedge \chi$
结合律	$\phi \vee (\psi \vee \chi)$	$\dashv\vdash \quad (\phi \vee \psi) \vee \chi$
实质蕴涵	$\phi \to \psi$	$\dashv\vdash \quad \neg \phi \vee \psi$
实质蕴涵	$\neg(\phi \to \psi)$	$\dashv\vdash \quad \phi \wedge \neg \psi$
假言易位	$\phi \to \psi$	$\dashv\vdash \quad \neg \psi \to \neg \phi$
德摩根律	$\neg(\phi \vee \psi)$	$\dashv\vdash \quad \neg \phi \wedge \neg \psi$
德摩根律	$\neg(\phi \wedge \psi)$	$\dashv\vdash \quad \neg \phi \vee \neg \psi$
分配律	$\phi \wedge (\psi \vee \chi)$	$\dashv\vdash \quad (\phi \wedge \psi) \vee (\phi \wedge \chi)$
分配律	$\phi \vee (\psi \wedge \chi)$	$\dashv\vdash \quad (\phi \vee \psi) \wedge (\phi \vee \chi)$

外推律	$\phi \to (\psi \to \chi)$	$\dashv\vdash \ (\phi \wedge \psi) \to \chi$
重复律	ϕ	$\dashv\vdash \ \phi \wedge \phi$
重复律	ϕ	$\dashv\vdash \ \phi \vee \phi$
重言式	$\top$	$\dashv\vdash \ \phi \vee \top$
重言式	ϕ	$\dashv\vdash \ \phi \wedge \top$
矛盾式	ϕ	$\dashv\vdash \ \phi \vee \bot$
矛盾式	$\bot$	$\dashv\vdash \ \phi \wedge \bot$
自否定	$\phi \to \neg\phi$	$\dashv\vdash \ \neg\phi$
双条件	$\neg(\phi \leftrightarrow \psi)$	$\dashv\vdash \ \neg\phi \leftrightarrow \psi$
双条件	$\phi \leftrightarrow \psi$	$\dashv\vdash \ (\phi \wedge \psi) \vee (\neg\phi \wedge \neg\psi)$
双条件	$\phi \leftrightarrow \psi$	$\dashv\vdash \ (\phi \to \psi) \wedge (\psi \to \phi)$
双假言易位	$\phi \leftrightarrow \psi$	$\dashv\vdash \ \neg\phi \leftrightarrow \neg\psi$

逻辑学入门：普林斯顿大学的经典逻辑课

附录三　有用的量词逻辑等价式

量词否定	$\neg\forall x\,\phi \;\;\dashv\vdash\;\; \exists x\neg\,\phi$	
量词否定	$\neg\exists x\,\phi \;\;\dashv\vdash\;\; \forall x\neg\,\phi$	
易字	$\forall x\phi \;\;\dashv\vdash\;\; \forall y\phi\,[y/x]$	用 y 替换 x
易字	$\exists x\phi \;\;\dashv\vdash\;\; \exists y\phi\,[y/x]$	用 y 替换 x
分配	$\forall x(\phi \wedge \psi) \;\;\dashv\vdash\;\; \forall x\phi \wedge \forall x\psi$	
分配	$\exists x(\phi \vee \psi) \;\;\dashv\vdash\;\; \exists x\phi \vee \exists x\psi$	
	$\forall x(\chi\rightarrow\phi) \;\;\dashv\vdash\;\; \chi\rightarrow\forall x\phi$	x 不在 χ 中自由出现
	$\exists x(\chi\rightarrow\phi) \;\;\dashv\vdash\;\; \chi\rightarrow\exists x\phi$	x 不在 χ 中自由出现
	$\forall x(\phi\rightarrow\chi) \;\;\dashv\vdash\;\; \exists x\phi\rightarrow\chi$	x 不在 χ 中自由出现
	$\exists x(\phi\rightarrow\chi) \;\;\dashv\vdash\;\; \forall x\phi\rightarrow\chi$	x 不在 χ 中自由出现
	$\forall x\forall y\phi \;\;\dashv\vdash\;\; \forall y\forall x\phi$	
	$\exists x\exists y\phi \;\;\dashv\vdash\;\; \exists y\exists x\phi$	

附录四　真值表

ϕ	ψ	$\phi \wedge \psi$
1	1	1 **1** 1
1	0	1 **0** 0
0	1	0 **0** 1
0	0	0 **0** 0

ϕ	$\neg \phi$
1	**0** 1
0	**1** 0

ϕ	ψ	$\phi \vee \psi$
1	1	1 **1** 1
1	0	1 **1** 0
0	1	0 **1** 1
0	0	0 **0** 0

ϕ	ψ	$\phi \rightarrow \psi$
1	1	1 **1** 1
1	0	1 **0** 0
0	1	0 **1** 1
0	0	0 **1** 0

逻辑学入门：普林斯顿大学的经典逻辑课

附录五　谓词逻辑的有效性测试

在本附录中，我们给出了一个用于测试只包含一元谓词符号的论证是否有效的算法。请注意，拥有一个测试语句一致性的算法就足够了。因此，首先描述一个测试不包含量词语句一致性的算法（算法A）。然后描述算法B，它测试简单的一元语句（开头只有一个量词）的一致性。最后，我们描述算法C，它测试简单一元语句的布尔组合的一致性。

算法A

用途：测试一组不包含量词语句的一致性。

算法：对于不包含量词语句的任一集合 Γ，尝试为构成 Γ 中语句的所有基本语句赋真值，以使 Γ 中的所有语句为真。如果存在这样的赋值，则 Γ 中的语句是一致的。如果不是，那么它们是不一致的。

判断谓词的外延：如果给定的语句为真，则将指定的对象放入语句中使用的谓词外延中。例如，如果 Fa 为假，那么将 a 从 F 的外延中去掉。

算法B

用途：测试一组简单的一元语句一致性（注：只要一个语句的主联结词是一个量词并且在主量词的辖域内不包含其他量词或名字，这个句子就是简单的一元语句）。步骤如下：

（1）选取每个以存在量词开头的语句并给出该语句的一个实例，使每个语句包含不同的任意名字。

（2）然后，选取每个以全称量词开头的语句，并为步骤（1）中使用的每个名字生成一个量词实例。如果没有以存在量词开头的语句，那么每个全称语句只需要一个实例。

（3）获取实例列表并将这组语句插入算法 A。如果这些语句是一致的，那么这组简单的一元语句是一致的。如果不是，那么它们就不是一致的。

算法 C

用途： 测试纯一元语句的一致性（注：纯一元语句是简单一元语句的真值函数组合的语句）。步骤如下：

（1）将纯一元语句连成一个形式为 $\phi \wedge \psi \wedge \chi$ 等的巨大语句。

（2）将简单的一元句作为基本句，将整个巨大语句转化为**析取范式**。

（3）将量词外部的否定词移至内部。

（4）现在有一个很大的合取的析取式，即形式为 $(\phi \wedge \psi) \vee (\chi \wedge \theta)$ 的语句，其中每个语句都是一个简单的一元语句。每次取一个析取支并将简单的一元句插入算法 B。如果任意一个析取支是一致的，那么整个语句是一致的，原始的纯一元语句集是一致的。如果没有一个析取支是一致的，那么整个集合就是不一致的。

附录六 词汇表

⊨：语义蕴涵。当该符号左边的语句为真时，其右边的句子也为真。

⊢：由推理规则定义的可证明性关系。

前件：条件句的前件是在"如果"之后的语句。例如，在"如果天在下雨，那么人行道是湿的"一句中，"天在下雨"是前件。

原子句：原子句是一个没有任何其他语句作为适当句法部分的语句。在命题逻辑中，原子句用大写字母表示，如 P、Q、R 等在量词逻辑中，原子句或者是用于闭合项的关系符号，如 Rab，或者是闭合项之间的等式，如 $a=b$。

双条件句：双条件句是形式为"ϕ 当且仅当 ψ"的陈述。它断言 ϕ 是 ψ 的充要条件。

完全：（1）一个完全的证明系统就是能证明它应该证明的一切：如果 $\phi \vDash \psi$，那么 $\phi \vdash \psi$。（2）只要对其语言中的每个语句 ϕ 都有 $T \vdash \phi$ 或 $T \vdash \neg \phi$，则理论 T 是完全的。

条件句：（蕴涵）条件句的主联结词是"如果……那么……"，以符号 $\rightarrow$ 表示。

合取支：一个合取支是以 $\wedge$ 组合在一起形成合取式的两个子公式之一。

后件：条件句的后件是在"那么"之后出现的语句。例如，在"如果下雨，那么人行道是湿的"一句中，"人行道是湿的"是后件。

或然性： 或然性是指在某些情况下为真而在其他情况下为假的语句。

反例： 一个论证的反例是一种情境或事态概念的形式化，它使得论证的前提为真而结论为假。

依赖性数字： 证明最左边列中的数字，它显示了在证明的特定步骤中哪些假设是有效的。

析取式： 一个析取式是指它的主联结词是"或"的语句，用符号 $\vee$ 表示。

存在量词： 符号 $\exists$ 表示"有"或"存在"。

表达完整的： 如果联结词集合能够表达所有的真值函数，那么它就是表达完整的。

不一致： 是指在任何情况下都为假的语句。

解释： 解释是一种从符号集到集合论结构的映射。

主列： 是语句真值表中与该语句的主联结词对应的列。

主联结词： 命题逻辑句子 ϕ 的主联结词是指 ϕ 语句结构中的最后一个联结词。

模型： 一个理论的模型是一种解释，在这一解释中该理论的所有语句都为真。

必要条件： 在条件句"如果 ϕ，那么 ψ"中，后件 ψ 是 ϕ 的必要条件。

重构： 将非逻辑符号分配给相应的语法结构。例如，重构将谓词符号分配给具有一个自由变元的公式。

序列： 一个序列由语句列表（前提集）、符号 $\vdash$ 以及其他语句（结论）组成。它是有效论证形式的符号表示。

记号： 记号是一组非逻辑符号：命题常元、关系、函数和常元符号。

可靠： 一个可靠的系统不证明它不应该证明的东西，如果 $\phi \vdash \psi$，那么 $\phi \vDash \psi$。

子公式： ϕ 的子公式是在 ϕ 的结构中出现的任何公式。

替换： 当一些非逻辑符号被其他合适的句法结构置换的情况。

替换实例： 一个语句的替换实例是指通过由统一替换的非逻辑术语，从第一个语句而产生的任何其他语句，即将该语句翻译成另一种语言可能产生的任何语句。

充分条件： 条件语句"如果 ϕ，那么 ψ"中的前件 ϕ 是 ψ 的充分条件。

重言式： 重言式是一个不用前提就可证明的句子 ϕ（即 $\vdash \phi$），或者仅形式为真，或在所有情况下都为真。

平移： 平移是从公式集到公式集的映射，由这些公式中的非逻辑词汇表的重构生成。

真值函项： 只要一个联结词的真值是相关成分句的真值的函数，则是真值函项。

全称量词： 符号 $\forall$ 表示"全部"或"每个"。

有效： 一个论证只有在其前提为其结论提供决定性支持的情况下才有效，其前提为真能保证其结论为真。

变元： 变元是一种如 x 的符号，它起到开放项的作用。